# 金融システム

## 第4版

酒井良清・鹿野嘉昭 [著]

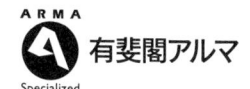

有斐閣アルマ

# 第4版の刊行にあたって

　旧版を刊行して以来，およそ5年が経過した。この間，日本経済は，まさに激動のなかにあった。2008年9月のリーマンブラザーズというアメリカの大手投資銀行の破綻を契機として，日本のみならず，世界経済は第二次世界大戦後では最大の金融経済的な危機に陥った。いわゆるリーマンショックである。このリーマンショックはわれわれに対し経済活動における金融の重要性を改めて認識させた。そうしたなか，金融に関する基礎的な知識への関心が従来以上に高まっている。加えて，時間の経過とともに旧版の内容が陳腐化し，時代遅れとなりつつあった。

　そうした状況下，われわれとしても再度，機会があれば本書の内容をアップツーデートし，現実の動きに対応した改訂を行うことができればと考えるようになった。幸い，本年3月ごろ，有斐閣のほうから「そろそろ改訂しませんか」というお誘いがあり，著者一同，快諾した次第である。改訂に際しては，旧版と同様の執筆方針を維持し，金融や金融システムの理論を現実に即して理解できるよう心掛けた。

　その際，第3版までの第7章と第8章とを入れ替え，第8章ではリーマンショック以降その重要度が高まっているマクロ・プルーデンス政策（金融システム全体としての安定性確保を目指した取組み）についても新たに取り上げ，説明を加えた。その結果，第7章で伝統的なミクロ・プルーデンス政策（個々の金融機関の破綻防止のための金融規制・監督）を，次いで第8章では新しいマクロ・プルーデンス政策について説明するという，現代の金融監

督・規制をめぐる議論をスムーズにわかりやすく学べる構成になっている。

　そのほか，読者からの要望を受け，従来は紙幅の都合で割愛していた貨幣需要に関する理論やマネーストックの定義などについても，新たに取り上げ，わかりやすく説明することにした。われわれとしては，理論，制度と現実との間のギャップを埋めるという当初からの狙いが達成され，本書が金融あるいは金融システムを理解するうえでの基本的な文献となることを祈念している。

　最後に，改訂に際しては，有斐閣書籍編集第二部の長谷川絵里さん，得地道代さんのお二人に大変お世話になった。ここに記して，その労に感謝したい。

　　2011 年 9 月

酒井　良清
鹿野　嘉昭

## はしがき

　第二次世界大戦後のわが国や欧米主要国においては，一般に経済成長に不可欠である資金の低利供給や金融システムの安定化を目的として，金融取引のあり方が政府によりこと細かく規制されていた。このような事情を背景として，金融システム論あるいは金融制度論といえば，各国金融制度の特徴点や主要金融機関の概要を説明するだけの，とるに足らない分野とみなされることが多かった。実際，大学の講義においても，金融システム論が単独の講義としてとりあげられることは少なく，多くの場合，金融論の講義のなかで各国の金融事情として触れられるにとどまっていた。

　しかしながら，1980年代以降の世界的な金融の自由化，エレクトロニクス化，グローバル化の動きは，こうした事情を一変させた。すなわち，金融取引にかかわる諸規制の緩和・撤廃は，需要者のニーズに適合した新しい金融商品を提供するというイノベーティブな動きを金融機関サイドにおいて生じさせるとともに，銀行とそれ以外の金融機関との間に設けられた業務上の垣根を縮小させることになった。そうした流れのなかで，金融市場全体としての効率性が向上する一方で競争が激化し，金融機関に対しては新しい金融環境に即応した行動様式の採用が求められるようになっている。

　本書は，こうした金融を取り巻く環境変化のほか，日本における金融取引の実際や金融にかかわる経済理論の発展，さらには国際比較の観点にも留意しつつ，金融システムに関する議論を整理し，そのあり方を考えるうえでの基礎を提供しようとするもので

ある。その意味で，新しいタイプの金融システムに関するテキストであるということができる。読者としては，これから金融のことを学ぼうとする学生諸君や，金融システムについての体系的な知識を習得しようとしている若手の社会人を想定している。金融に関するテキストは，多くの場合，ミクロ経済学やマクロ経済学の知識を一応の前提としているが，本書では，経済学をはじめて学ぶ人でも理解しやすいように工夫されている。

　本書の構成は次のとおりである。第1章では，金融にかかわる基礎概念が一般の商業取引との対比で説明され，金融とは借り手の将来所得を現在所得に引き直すことに等しく，その意味で金融システムは円滑な所得の移転・返済を保障する制度的枠組みであることが強調される。第2章は，日本の金融システムについての概説であり，明治期以降の発展とその特色を振り返った後，近年における規制緩和，制度改革の概要とそれらを促した要因が説明される。第3章は，一国経済における資金の流れを統計的に捉える資金循環の考え方を説明した後，資金循環勘定に基づき，日本の金融構造の特色とその変容について議論する。

　第4章では，貨幣の意義と機能や決済システムにおける銀行の役割についてやや理論的な観点から整理した後，手形交換システム，全銀システムといったわが国の主要な決済システムの概要を説明する。第5章は，わが国における金融市場の発展と取引の具体的あり方を整理したものであり，短期金融市場，証券市場，外国為替市場，金融派生商品取引および資産流動化の順に説明される。第6章は，わが国貸出市場の構造的特徴，貸出金利決定メカニズムのほか，わが国独特の金融取引慣行であるとされるメインバンク関係の意味とあり方について実態に即して説明する。

第7,8章は,本書の中核を構成する部分であり,理論と現実面の動きとのバランスに留意しつつ,金融システムにおいてはなぜ中央銀行という特別な主体が必要とされるのか,金融システムの安定性維持に対し中央銀行はどのような役割を果たしうるのか,金融機関に対する当局の監督・規制はどうあるべきか,といった問題に関する考え方をやや理論的に整理したものである。最後に,第9,10章では,欧米主要国における金融システムの特徴点のほか,近年における制度改革の動きを説明する。

　本書の作成に際しては,われわれ2人が共同で構成と各章の内容を検討したうえ,それぞれが準備した原稿を相互に交換して批評しあうとともに意見交換を行い,著書としてのまとまりや一貫性が確保されるよう心がけた。また,叙述については平易かつ簡潔で,親しみやすいテキストとなるよう配慮した。
　最後に,本書の企画者であるとともにその刊行に向け,寛容の精神でもって原稿の完成を温かく見守ってくださった有斐閣書籍編集第二部の千葉美代子氏に感謝したい。なお,本書での意見は著者個人のものであるほか,誤解や誤りがあるとすれば,それはすべて著者自身の責任に帰することを記しておきたい。


　1996年9月

酒井　良清<br>鹿野　嘉昭

## 著者紹介

### ◎ 酒井　良清（さかい　よしきよ）

1951 年　福島県に生まれる。
1975 年　慶應義塾大学経済学部卒業。
1977 年　慶應義塾大学大学院経済学研究科修士課程修了。
1986 年　ミネソタ大学大学院経済学研究科博士課程修了。
現在，神奈川大学経済学部教授。横浜市立大学名誉教授。ミネソタ大学 Ph.D（経済学）。
主要著書に，『新しい金融理論』（共著，有斐閣，2003 年），『金融システムの経済学』（共著，東洋経済新報社，2004 年），『金融論をつかむ』（共著，有斐閣，2006 年），『金融政策（第 3 版）』（共著，有斐閣，2011 年）などがある。

### ◎ 鹿野　嘉昭（しかの　よしあき）

1954 年　京都府に生まれる。
1977 年　同志社大学経済学部卒業。
1977 年　日本銀行入行。
筑波大学助教授，日本銀行金融研究所調査役，21 世紀政策研究所研究主幹を経て，現在，同志社大学経済学部教授。大阪大学博士（経済学）。
主要著書に，『日本の銀行と金融組織』（東洋経済新報社，1994 年），『金融論をつかむ』（共著，有斐閣，2006 年），『日本の中小企業』（東洋経済新報社，2008 年），『金融政策（第 3 版）』（共著，有斐閣，2011 年），『日本の金融制度（第 3 版）』（東洋経済新報社，2013 年）などがある。

---

**執筆分担**

酒井：第 4, 7～9 章，Column ⑦, ⑧, ⑰
鹿野：第 1～3, 5, 6, 10 章，Column ①～⑥, ⑨～⑯, ⑱～㉑

## Information 本書について

●**本書とは何か**　本書は，金融取引の実際，金融理論の発展や国際比較など理論と現実との関係に配慮して記述することによって，金融論あるいは金融システム論をより現実的に理解できることを狙いとした，従来にはない新しいタイプの教科書です。同時に，金融の自由化，国際化，情報化の下で大きく変貌した日本の金融問題について，グローバルな観点から考えるうえでの基礎を提供することをも目指しています。

●**本書の構成**　本書は，第1～10章の全10章で構成されています。本書では，金融取引においてはなぜ政府による介入が容認されるのかを明らかにする一方で，そうした政府規制の存在が各経済主体の金融取引行動や金融市場のあり方に対し，どのような影響を及ぼしているかが検討されています。

●**各章の構成**　各章は，その章で学ぶことがらを簡潔にまとめた「サマリー」と，「本文」「Column」「参考文献」から構成されています。

●*Column*　全体で21のColumnが挿入されています。これらのColumnでは，本文では触れることができなかったものの，より正確な理解のためには必要とされる理論的な話題や，日本の貨幣・金融史などをおもしろく解説しています。

●**参考文献**　各章ごとに，さらに進んで勉強しようとする際にはぜひ読んでほしい本や論文がリストアップされています。当該分野における必読書のなかからできるだけ入手しやすい本を選択のうえ，掲載しています。

●**本文中のゴシック体（太字）の語**　その章の説明や議論を理解するうえで重要となるキーワードについては，ゴシック体で強調しています。

●**索　引**　巻末には，キーワードのほか，基礎的な用語から専門的な用語までを網羅した索引を掲載しました。関連項目の理解や検索手段として利用してください。

# Contents 目次

## 第1章 金融取引と金融システム　　1

### 1 金融取引の意味と本質 ……………………………………… 2
金融取引の意味（2）　金融取引の本質はどこにあるのか（4）　金融取引とリスク（4）　デリバティブと金融取引（5）

### 2 金融取引の機能と種類 ……………………………………… 8
金融取引が行われるための条件（8）　金融機関の存在理由（8）　金融機関の種類（10）

### 3 銀行の機能 ……………………………………………………… 12
証券会社と銀行の違い（12）　銀行の金融仲介機能（13）　銀行の決済機能（13）　銀行の信用創造機能（15）

### 4 金融システムの意味と形態 ……………………………… 19
金融システムの意味（19）　商業銀行主義と総合銀行主義（20）　グローバル化が促す金融システムの収斂（22）

## 第2章 日本の金融システム　　27

### 1 日本の金融システムの発展とその特色 ……………… 28
わが国における金融システムの確立と改編（28）　第二次世界大戦後における金融システムの再編・整備（29）

わが国金融システムの現状とその特色（30）　普通銀行の意味するもの（34）　公的金融システム（36）

## 2 金融業務に関する規制・慣行とその変容 ...................... 39
業務分野規制の意義とその見直し（39）　長短金融の分離（39）　銀行・信託の分離，銀行・証券の分離（41）　取引慣行としての有担保原則（43）　預金金利規制の緩和（43）　為替管理の緩和・撤廃（44）

## 3 金融環境の変化と金融システムの対応 ...................... 46
金融革新の進展と金融の自由化（46）　預金類似商品の登場と業務分野規制の緩和（47）

## 4 金融環境の変化と金融制度改革 ...................... 49
金融制度改革に至る経緯（49）　業態別子会社の業務範囲（50）　日本版ビッグバンという規制撤廃・緩和措置の実施（51）

# 第3章　資金循環と金融構造　57

## 1 金融取引と資金循環 ...................... 58
資金循環勘定とは（58）　わが国における資金循環勘定とその読み方（59）　資金循環勘定の利用方法（61）　資金循環勘定利用に際しての留意点（63）

## 2 日本の金融構造の特色とその変容 ...................... 64
高度成長期の金融構造（64）　日本経済の構造変化と金融構造の変容（65）

## 3 家計・企業部門の金融取引行動 ...................... 67

部門別にみた貯蓄投資バランスの推移（67）　個人部門による資産運用の多様化（67）　企業部門によるエクイティ・ファイナンスの増大（70）

# 第4章　貨幣と決済　77

## 1　貨幣の意義と機能 …… 78
貨幣，金融の起源（78）　信用取引の発生（79）　貨幣の機能（81）　現代の通貨（84）　決済とは何か（86）　決済と効率性（87）

## 2　決済システムと銀行 …… 88
銀行の成り立ち（88）　現代の銀行の機能（90）　銀行預金と決済（91）　決済の仲介者としての銀行（93）　決済システムと銀行の役割（94）　決済システム効率化の仕組み（95）

## 3　わが国の主要決済システム …… 98
わが国の決済システム（98）　手形交換制度（98）　内国為替制度（100）　外国為替円決済制度（102）

# 第5章　金融市場と新しい金融取引手法　111

## 1　金融市場の機能と類型化 …… 112
金融市場の意味と種類（112）

## 2　短期金融市場 …… 114

わが国短期金融市場の現状（114）　コール・手形市場（115）　債券現先市場（120）　譲渡性預金市場（121）　国内コマーシャル・ペーパー市場（121）　国庫短期証券市場（122）　東京ドル・コール市場およびJOM市場（124）　債券レポ市場（125）

## 3 証券市場 ............................................................. 126
証券市場の機能（126）　債券市場（127）　株式市場（129）　進む株式公開市場の整備（132）

## 4 外国為替市場 ....................................................... 132
外国為替取引と外国為替市場（132）　東京外国為替市場の発展と現状（133）　外国為替市場における取引の実際（135）

## 5 金融派生商品取引 ............................................... 136
わが国におけるデリバティブ取引の発展（136）　先物・先渡し取引（137）　FRA, FXA（137）　スワップ取引（138）　オプション取引（140）

## 6 資産流動化と金融の証券化 ............................... 141
資産流動化の意義と機能（141）　資産流動化の形態（142）　わが国における資産流動化の動き（143）

# 第6章　貸出市場とメインバンク関係　147

## 1 貸出市場の性格と銀行業務 ............................... 148
顧客市場としての貸出市場（148）　一般事業法人との対比でみた銀行業務の特徴（149）

## *2* 貸出金利とフルコスト原理 .................................................. 151
貸出金利の上限と下限,制度金利との連動関係（151）
約定平均金利としての貸出金利統計（152）　銀行行動の定式化（154）　貸出金利設定方式としてのフルコスト原理（155）

## *3* 高度成長期の金融メカニズム .......................................... 159
高度成長時代の金融メカニズム（159）　金融債を通じた金融機関相互間での資金融通（160）　信用割当基準としてのメインバンク（162）　事後的な貸出金利調整メカニズムとしての実効金利（163）　金利の自由化と貸出金利（164）

## *4* メインバンク関係をどのように捉えるか ..................... 165
メインバンク関係に関する定型化された事実（165）
メインバンクの意味するもの（167）　メインバンク関係の日本的特徴（169）　メインバンク関係と銀行経営（171）　金融の自由化の進展と銀行取引関係の変容（172）

# 第7章　金融システムの安定性と監督・規制　177

## *1* 金融システムの安定性の意味するもの ......................... 178
金融システムの不安定性とは（178）　銀行取付け（179）
サンスポット・タイプの取付け（182）　金融恐慌（184）

## *2* 金融システムの安定性維持とプルーデンス効果 ......... 186
プルーデンス政策とは（186）　市場規律に基づく事前的措置とは（187）　公的規制による事前的措置（188）

事後的措置（189）　最後の貸し手機能とモラル・ハザード（190）　預金保険制度とモラル・ハザード（191）　破綻した金融機関をどう処理するか（193）

## 3 金融機関に対する監督・規制のあり方をめぐって ...... 196
プルーデンス政策の国際協調（196）　バーゼル I（197）　バーゼル II（198）　バーゼル III（200）　ナロー・バンク論（203）

# 第8章　金融システムと中央銀行　209

## 1 中央銀行制度の生成と発展 ................................. 210
中央銀行の成り立ち（210）　発券銀行としての機能（210）　銀行の銀行としての機能（213）　政府の銀行としての機能（216）

## 2 金融システムにおける中央銀行の役割 .................... 218
現代の中央銀行（218）　決済リスクと中央銀行（221）　わが国の決済リスク（223）　金融システムに対する監視（224）　中央銀行による監視のあり方（225）

## 3 中央銀行の独立性とアカウンタビリティ ................. 227
中央銀行の独立性とは（227）　アカウンタビリティとは（228）　独立性とアカウンタビリティの関係（229）　独立性の現状（230）

## 4 金融危機とマクロ・プルーデンス政策 .................... 231
マクロ・プルーデンス政策（231）　金融危機対策（233）

# 第9章 アメリカ，カナダの金融システム　239

## 1 アメリカの金融システム .................................... 240
大恐慌以前の金融システム（240）　本店銀行制度（241）
大恐慌の教訓から構成された競争制限的な金融システム
（242）　預金保険制度の創設（243）　金融機関の概要
（245）

## 2 アメリカにおける金融システム改革 ............................ 248
資金循環構造の変化（248）　規制からの逃避（250）
ディスインターミディエーション（金融仲介離れ）（251）
預金金利規制の段階的撤廃（252）　アメリカの預金保
険制度とモラル・ハザード（253）　預金保険制度の見
直しと早期是正措置の導入（254）　州際規制・業際規
制の撤廃（256）

## 3 グローバルな金融危機と制度改革 ............................ 258
サブプライムローン問題（258）　LIBOR-OIS スプレッ
ド（259）　ドッド゠フランク法（261）

## 4 カナダの金融システムとその改革 ............................ 264
カナダの金融システムの特徴（264）　制度改革の狙い
と業態間での垣根の撤廃（265）

# 第10章 欧州諸国の金融システム　271

## 1 EU の金融統合 .................................... 272
EU 金融統合に向けての動き（272）　金融サービスの

自由化（273）　　欧州中央銀行制度・単一通貨制度への
移行（274）　　実現した EU 金融統合（276）

## 2 イギリスの金融システム ................................................... 277
金融システム面での特徴（277）　　金融組織の概要（278）
近年における金融システム改革（280）

## 3 ドイツの金融システム ...................................................... 284
金融システム面での特徴（284）　　金融機関の概要（286）
ドイツにおける資本市場改革の動き（289）

## 4 フランスの金融システム .................................................. 291
金融システム面での特徴（291）　　金融機関の概要（292）
近年における金融システム改革（295）

索　引 ———————————————————— 301

☙貨幣等の写真類については，
　日本銀行金融研究所から提供を受けた。

## Column 一覧

① 「一石三鳥」を狙った出挙の話 ........................ 23
② 金融取引と資源配分の効率性 ........................ 24
③ 土倉は日本における銀行の起源？ ........................ 53
④ 銀行業と商業の分離 ........................ 54
⑤ 11世紀からあった為替取引 ........................ 72
⑥ 資産選択の理論と最適ポートフォリオ ........................ 73
⑦ 貨幣の供給とは ........................ 104
⑧ 貨幣の需要とは ........................ 106
⑨ エレクトラムとエレクトロン ........................ 107
⑩ 悪貨は良貨を駆逐する vs. 撰銭 ........................ 108
⑪ 江戸期・堂島の米市場にみる多様な金融取引 ........................ 144
⑫ 金利裁定と期待理論 ........................ 145
⑬ 江戸時代の幣性は三貨制という多通貨会計の世界 ........................ 173
⑭ 金融サービスのアンバンドリングとリバンドリング ........................ 174
⑮ 江戸時代にもあった取付け騒ぎ ........................ 205
⑯ システム崩壊の危機 ........................ 206
⑰ 危機管理モデル ........................ 235
⑱ わが国最初の紙幣は山田羽書 ........................ 237
⑲ 銀行の競争力とは ........................ 267
⑳ ポンド，ドルの起源 ........................ 297
㉑ ギリシャ危機とユーロ ........................ 298

---

本書のコピー，スキャン，デジタル化等の無断複製は著作権法上での例外を除き禁じられています。本書を代行業者等の第三者に依頼してスキャンやデジタル化することは，たとえ個人や家庭内での利用でも著作権法違反です。

# 第 1 章　金融取引と金融システム

***わが国初の公鋳貨：和同開珎***
*和同開珎は，708年に唐の開元通宝を模して作られた。*

*Financial System*

　家計や企業といった経済主体は，その時々に必要とされる貨幣を常に保有しているとは限らない。このとき，資金的に余裕のある人が手許資金の不足している人にお金を融通することを，金融取引という。金融システムとは金融取引の円滑な遂行の確保・維持を目的として構成された社会的仕組みであり，金融取引にかかわる業務を専門的に営む機関を金融機関と呼ぶ。
　代表的な金融機関としては銀行と証券会社がある。これらの機関は，経済主体間の資金過不足の調整を通じて経済活動の活発化・効率化に貢献している。銀行は金融取引に随伴する各種のリスクを預金者に代わって負担しているのに対し，証券会社は情報の提供やアドバイスを行うにとどまり，資産運用に伴うリスクは投資家が負担しているという点で異なる。本章では，こうした金融取引や金融システムの意味するところなどについて説明する。

# *1* 金融取引の意味と本質

**金融取引の意味**　大学の講義は，重要な概念あるいは用語の説明からはじまる。本書でもこうした慣例にしたがって，金融取引や金融システムの意味するところから論じることにしよう。

最初は金融である。**金融**あるいは**金融取引**とは通常，貨幣あるいは資金を融通することをいう。われわれが住んでいる貨幣社会においては，財・サービスの交換取引は貨幣を媒介として行われるが，家計や企業といった経済主体のすべてが，その時々に必要とされる貨幣を常に手元に保有しているとは限らない。少なくとも一時的に資金が不足したり，余ったりすることは大いにありうる。このとき，資金面でゆとりのある人（**黒字主体**または**資金の最終的貸し手**という）が現時点では手元資金が不足している人（**赤字主体**または**資金の最終的借り手**という）にお金を融通すれば，そうした人たちも資金面での制約から行いたくとも行いえなかった投資を実行できるようになる。

たとえば，ある企業が太陽熱を利用した発電技術を開発したとしても，そうした技術を商品化のうえ販売するためには，工場を建設したり，販路を開拓しなければならない。しかしながら，工場建設費用は巨額にのぼるため，自己資金だけでは賄えない場合が多い。このとき，誰かが不足資金を融通すれば，当該企業は太陽熱発電技術を商品化させることができる。また，会社員の場合も，金融機関から住宅ローンを借り入れて住宅を購入すれば，自

### 表1-1 金融取引の諸形態

| 取引形態 | 金融商品としての特性 |  |  |
|---|---|---|---|
|  | 利息・配当 | 元本価値 | 経営への参加 |
| 負債取引 | 確　定 | 発行時に償還元本の名目価値を固定 | な　し |
| 株式取引 | 企業業績に応じて変動 | その時々の市場価格による | 可　能 |

> 金融取引は，その商品特性に応じて負債取引と株式取引に分けられる。貸出や債券に代表される負債取引の場合，発行時に定められた条件にしたがって元利金が支払われる。これに対し，株式取引では，配当・元本とも市場動向に応じて変動する一方，会社経営への参加権が保証されている。

家保有に伴う住宅サービスを若いうちから享受できる。

このように金融取引とは，赤字主体が将来所得による支払を確約して，黒字主体から貨幣の貸与というかたちで現在所得の提供を受けることをいう。そして，借り手が貸し手に対し確約した将来時点での所得支払約束は**債務**と呼ばれる。これらの債権・債務関係を表した証券類のことを一般に**金融商品**（financial instrument）という。また，借り手による将来所得の支払約束は，**表1-1**に示されるように，その取引形態にしたがって貸出，債券という**負債**（debt）**取引**と**株式**（equity）**取引**に大別される。負債取引においては，あらかじめ定められた条件にしたがって元利金が支払われる。一方，株式の場合には，会社経営への参加権が保証されている反面，毎期の配当は企業業績に応じて変動するところに特徴がある。

### 金融取引の本質はどこにあるのか

貨幣に限らず，住宅，機械などのモノも貸借の対象となる。とすると，金融取引は財の貸借とどういった点で異なるのだろうか。財の場合，取引の対象となった財の利用権が貸借される。これに対し，金融取引において貸借の対象となるのは貨幣である。しかも，金融取引の場合には貨幣を融通することにより，借り手の将来所得を現時点での所得あるいは購買力に変換させ，その資金不足を解消するという効果を有しているのである。一方，お金を融通した人は，利息，配当という資金融通の対価を受け取ることができるため，その分だけ将来時点での所得が増加することになる。

このような金融という仕組みを通じて，黒字主体の手許で遊休化している貨幣を資金不足に直面している赤字主体へと融通することにより経済主体間の資金過不足が調整されると，経済活動が一段と円滑に進むようになる。その結果，経済全体としての支出水準や資源配分上の効率性が高まる。それゆえ，金融取引は古代エジプト・メソポタミア文明においてもみられたように，古くから行われているのである。また，こうした側面を捉えて，金融は「経済の潤滑油」であるといわれることが多いが，その本質は先に述べたように，貨幣の貸借を通じて借り手の将来所得を現在所得へと変換させるところにある。

### 金融取引とリスク

以上，借り手の立場から金融の意義や効果について議論してきたが，それでは貸し手は，金融取引の実行に際しどういった点に留意する必要があるのだろうか。借り手が貸し手あるいは投資家に対し確約した利息・配当という将来における貨幣（＝キャッシュ・フロー）の支

払は，借り手の将来所得という不確実な資産を返済原資としている。このため，借り手が真面目に仕事をしなかったり，融資実行後におけるマクロ経済環境の変化を主因として投資プロジェクトの採算性が大きく悪化したりすると，貸し手は約定どおりの対価支払いを受け取ることができなくなるおそれがある。これを**債務不履行リスク**（default risk）あるいは**信用リスク**（credit risk）という。

このため，貸し手にとっては，多数の借入れ希望者のなかで誰に資金を融通すべきかが重要な問題となる。貸し手においては，運用資産の安全性確保のため，借り手の支払能力などを事前に**審査**のうえ融資の適格性を判断・評価するだけでなく，融資実行後は借り手が約束した条件にしたがって行動しているかどうか**監視**することが求められるのである。これら貸し手による審査・監視活動は，借り手に関する各種の情報を収集のうえ分析・評価するものであることにちなんで，一般に**情報生産**（information production）と呼ばれる。貸し手からみた場合，金融取引の基本は借り手の信用リスクを分析・評価のうえ，どれだけのリスクを負担するのが適切かを判断するところにある。そして，そうしたリスクに見合ったかたちで融資条件が決定されるほか，資産の安全性を確保するうえで必要と判断された場合には，借り手に対し担保の提供や第三者による信用保証が求められることになる。

デリバティブと金融取引

貸し手が負担するリスクは信用リスクにとどまらない。貸出金利，担保等の融資条件あるいは債券・株式の取得価格はその時々の金融経済情勢を反映して決定されるが，資金融通契約あるいは資金提供時点での金利や株価水準が先行きずっと持続するとは限らない。このため，貸し手や投資家は**表1-2**に掲げた**金利**

1 金融取引の意味と本質 5

### 表1-2　金融取引に潜むリスクの種類と内容

| リスクの種類 | | リスクの内容 |
|---|---|---|
| 信用リスク | | 与信先（貸出先，保有有価証券の発行主体，債務保証先等）の財務状況の悪化等により，与信にかかる資産の価値が減少ないし消失し，損害を被るリスク。典型的には，貸出先が倒産し貸出の元利金返済が行われなくなるケースが挙げられる。<br>海外向け与信においては，与信先の属する国の外貨事情や政治・経済情勢等により損害が生じるというカントリー・リスクが存在する。 |
| 市場リスク | 金利リスク | 金利変動に伴うリスクで，資産と負債の金利改定時期や金利改定幅が異なることにより利益の低下ないし損失が発生するリスク。 |
| | 価格変動リスク | 有価証券の価格変動に伴って資産価格が減少するリスク。金利上昇や個別企業の業績悪化等に伴って債券価格・株価が下落するケースなどがある。 |
| | 為替リスク | 外貨建て資産・負債についてネット・ベースで資産超または負債超ポジションが造成されていた場合に，為替相場が当初想定されていた方向と逆方向に動くことによって損失が発生するリスク。 |
| 流動性リスク | | 金融機関が運用と調達の期間のミスマッチあるいは予期せぬ資金の流出等により，通常よりも著しく高い金利での資金調達を余儀なくされたり，マーケットからの資金調達自体が不可能となるリスク。 |

> 金融取引に際し，貸し手は各種のリスクを負担している。最も典型的なのは，借り手が債務不履行に陥るという信用リスクである。このほか，貸し手は，金利，債券価格・株価，為替相場の変動に伴う市場リスクや，流動性リスクについても負担を求められている。

（出所）　鹿野〔2006〕。

リスク，為替リスクや価格変動リスクといった**市場リスク**（market risk）についても負担を求められることになる。金融取引に随伴する市場リスクをヘッジ（軽減）する手段としては，従来たとえ

ば外貨建て延払い輸出債権にかかわる為替リスクをヘッジするためには外貨建ての債務を取り入れるなど，現物取引しか利用しえなかった。

　しかし，近年における金融の自由化，情報化のなかで，スワップ，先物，オプションなどの効率的な市場リスクの管理手段として機能する**金融派生商品**（デリバティブ，第5章参照）取引が実務的にも利用可能となっただけでなく，実際にも広く利用されるに至っている。このように金融取引に潜むリスクも活発に売買されるなかで，資金融通という観点だけにとどまっていると，金融取引の意味するところを正確に理解・把握することが困難となっている。

　このため，金融取引は現在では，貸出，債券といった伝統的な資金融通商品に基づくキャッシュ・フローの創造に加え，デリバティブ取引によるリスクの分解・移転・再配分という2つの機能を座標軸として捉えられるようになっている。言い換えると，資金融通ニーズのほか，**収益・リスク管理**またはポートフォリオ・マネジメント（金融資産管理）に基づくニーズを背景として，さまざまな金融資産・負債あるいは金融取引にかかわる権利・義務が取引されることを総称して金融取引と呼ぶようになっているのである。

## 2 金融取引の機能と種類

> 金融取引が行われるための条件

金融取引が行われるためには，貸し手，借り手とも自らが希望する条件に合致した取引相手を探す必要がある。しかしながら，今日のように複雑な経済社会では，黒字主体と赤字主体が互いに直接交渉のうえ，取引条件がちょうど一致する取引相手を見つけ出すのは至難の業といわざるをえない。仮に独力でみつけようとすると，その場合には，取引相手を探すのに莫大な取引費用を負担しなければならないだけでなく，返済原資となる借り手の将来所得が不確実なものであるだけに，そうした案件が本当に貸出適格なのかを判断したり，融資実行後も完済されるまでの間，借り手の行動を監視しなければならないなど，審査・監視にかかわる専門的能力や費用負担が求められる。

　また，無事に融資の実行に漕ぎ着けるとともに借り手の行動を監視し続けたとしても，貸出資産の内訳がある特定の分野に偏っていると，当該部門に加わった予想外のショックにより借り手の将来所得が低下し，貸出の多くが返済不履行となるリスクが高まる。このため，多種多様な借り手を探し出し，特性の異なった融資先を多数確保するなど，**分散投資**を通じて信用リスクを適切に管理のうえ，万が一借り手が破綻しても，その影響が最小限にとどまるように工夫・努力する必要がある。

> 金融機関の存在理由

このように個人や企業が自ら金融取引を行おうとすると，多くの困難に遭遇する

ほか，多額の費用の負担を強いられる。とすると，自然のままに任せておけば，金融取引は成立しえないのだろうか。たぶん，そうであろう。しかしながら，現実の世界においては，そういった困難や費用負担を乗り越えて資金の融通が何の不都合もなく円滑に行われている。なぜだろうか。金融機関という金融取引の仲介に特化した専門機関が，貸し手と借り手との間に立って，そうした困難等の解消に努めているからである。

先にみた金融取引にかかわる困難は，取引相手を探し出すという取引一般に付随するものと，借り手のリスクの評価・管理という金融取引に固有のものに大別される。とりわけ，後者の情報生産やリスクの管理に際しては，**規模の経済性**（規模が大きくなるほど追加的な費用負担が小さくなる）や**専門化の利益**が働くことを期待できる。このため，個々の貸し手が個別に情報生産活動やリスク管理を営むよりは，そうした活動に特化した専門機関に借り手の審査・監視やリスクの管理を委ねるほうが費用節約的であるという意味において社会的にも効率的と考えられるのである。ここに，金融機関の存立意義があるといえよう。

実際，金融取引に随伴するリスクを適切に管理し，資産内容の健全性を維持するに際しては，資金供与先を地域別・業種別・資金使途別に分散のうえ信用リスクの軽減に努めたり，デリバティブ取引を利用のうえ市場リスクをヘッジすることが重要となる。しかも，そうした取引を円滑かつ効率的に実行するためにはかなりの金額の資産を有していなければならないほか，専門的ノウハウも求められることから，黒字主体が個別に行うよりも金融機関という専門機関に資金の仲介を委ねるほうが社会的にみて有益であると考えられるのである。

### 金融機関の種類

このように**金融機関**とは，その名称に金融という言葉が付されていることからも明らかなように，資金の融通など資金の運用・調達にかかわる各種の金融取引を業として営んでいる専門機関のことをいう。ただし，一口に金融取引といっても，その目的，取引方法，取引経路はさまざまであり，また，それらが果たしている役割・機能も異なる。それでは，金融機関にはどのような種類があるのだろうか。ここでは，金融取引にかかわる困難の解消方法という観点から，金融機関の種類や形態を整理しよう。

第1の方法は，資金的に余裕のある人やリスクの管理に長けている人を主たる対象として，赤字主体の信用度を適切に評価のうえ，そのリスクに見合った価格でもって彼らが発行した債券・株式・借用証書（これらを総称して**本源的証券**〔primary securities〕という）を黒字主体に売りさばくことにより，金融取引の円滑化に努めるというものである（図1-1 a 参照）。これは，主として証券会社により営まれている方法であり，一般に**直接金融**と呼ばれる。このとき，証券会社は，多数の黒字主体のなかから赤字主体の資金ニーズにちょうど合致した資産運用を行おうとしている黒字主体を探し出すのに支払わなければならない取引費用の節約に貢献している。そしてまた，この場合には，本源的証券に付随する各種のリスクはすべて黒字主体が負担することになる。

第2の方法は，金融機関が黒字主体と赤字主体との間に立って，黒字主体に対し自らが債務証書を発行することにより調達した資金によって，赤字主体が発行した本源的証券を取得するというかたちで資金を融通するものである（図1-1 b 参照）。こうした方法により金融取引の円滑化を図っている金融機関のことをとくに**金

### 図1-1 直接金融と間接金融

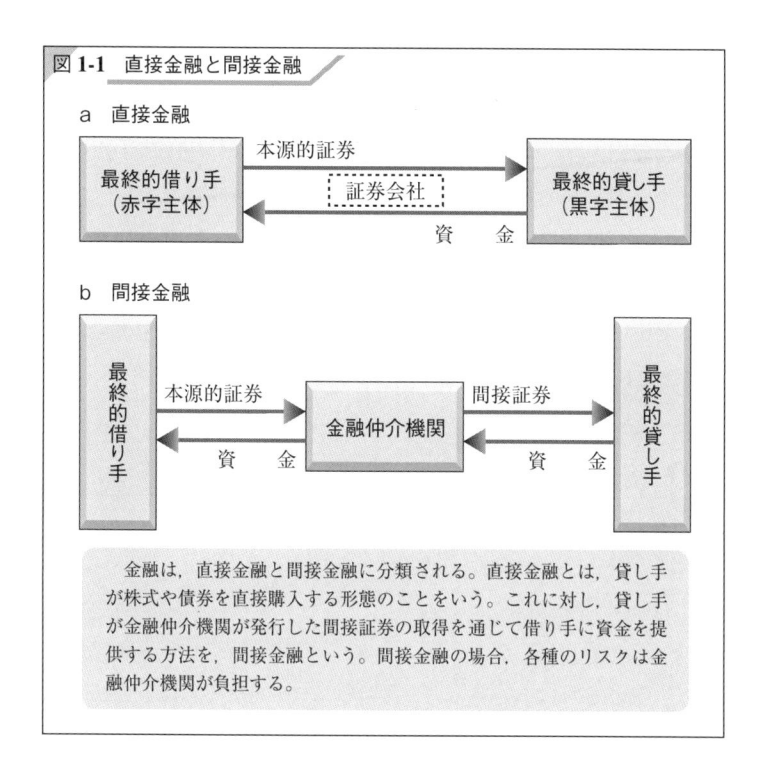

a 直接金融

最終的借り手（赤字主体） ──本源的証券──→ 最終的貸し手（黒字主体）
最終的借り手 ←── 証券会社 ── 資金 ── 最終的貸し手

b 間接金融

最終的借り手 ──本源的証券──→ 金融仲介機関 ──間接証券──→ 最終的貸し手
最終的借り手 ←── 資金 ── 金融仲介機関 ←── 資金 ── 最終的貸し手

> 金融は，直接金融と間接金融に分類される。直接金融とは，貸し手が株式や債券を直接購入する形態のことをいう。これに対し，貸し手が金融仲介機関が発行した間接証券の取得を通じて借り手に資金を提供する方法を，間接金融という。間接金融の場合，各種のリスクは金融仲介機関が負担する。

融仲介機関（financial intermediary）あるいは狭義の金融機関，また，金融仲介機関を媒介とした資金融通を**間接金融**という。金融仲介機関は，資金の仲介業務に特化した専門機関であり，本源的証券の取得・保有に伴う各種の取引費用やリスクを黒字主体に代わってすべて負担し，その対価として収益を得ている。その意味で，金融仲介機関経営の核心はリスク管理にあるといえる。

　金融仲介機関はまた，種々の機関からなる。最も典型的なのは預金証書の発行により調達した資金を貸付の原資とする銀行や信用金庫などであり，これらの機関は預金を資金調達手段としてい

ることにちなんで、とくに**預金取扱機関**（depository institution）と呼ばれる。この預金の受入れは、銀行等の預金取扱機関を特徴づけるものであり、後で詳しく述べるように、銀行が決済手段の提供、信用創造といった機能を提供するうえでの基礎となっている。このほか、保険会社、消費者信用会社、リース・信販会社なども金融仲介業務に従事しているが、これらの機関は保険証書、借用証書といった預金以外の方法で資金を調達しており、**非預金取扱金融機関**あるいは**ノンバンク**と呼ばれることが多い。

## 3 銀行の機能

### 証券会社と銀行の違い

一国経済においてどのような種類の金融機関が各種の金融取引で主導的な役割を果たしているかは、国により、時代により異なる。**証券会社**は赤字主体の発行する有価証券の引受け・販売や流通売買を通じて金融取引の効率的な推進に努めている。この場合、証券会社は情報の提供や投資アドバイスを行っているが、最終的な投資判断は黒字主体あるいは投資家が行う。その意味で、証券会社は、困難の解消につながるような良質の情報を提供するが、何らかの付加価値を生産してはいない。

これに対し、**銀行**を中心とする金融仲介機関は、間接証券の発行を通じて黒字主体のリスクを赤字主体に代わって引き受けている。ここでは、①**金融仲介機能**、②**決済機能**、③**信用創造機能**という銀行の本質的な機能の経済的な意味合いを検討しつつ、なぜ銀行においてはそうしたことが可能となっているのかを考えること

にしよう。

### 銀行の金融仲介機能

金融機関は黒字主体と赤字主体の間に立って資金の仲介を行っているが、これを銀行の業務に即していうと、銀行は顧客から預金を受け入れ（預金業務）、これをその他の顧客に貸し出す（貸出業務）ことによって、顧客間の資金の融通を図っているということができる。もっとも、銀行はただ単に資金を右から左へと流しているわけではなく、資金を借り手のニーズに合致した形態に変換（**資産変換**〔asset transformation〕という）のうえ行っているのである。たとえば、銀行は顧客から普通預金・当座預金といった比較的短期の期間で小口の資金を多数預かり、それらの資金を合算運用のうえ、預金の受払いに伴う資金移動をならすことにより、3か月や6か月などといった比較的長期かつ大口の貸出として運用している。

それでは、なぜ銀行は信用されたり、安いコストで金融仲介機能を営むことができるのだろうか。それは、先に指摘したように、金融仲介においては規模の経済性や専門化の利益が働くからである。つまり、銀行は各種の金融取引業務を専門的に行っており、しかも大量にまとめて処理しているため、金融取引に際し必要となる情報収集、事務処理等に伴うコストを低く抑えることが可能となっているのである。また、銀行は黒字主体から集めた資金を多種多様な資産へと運用することにより、運用資産全体としての回収不能リスクの分散を図るように努めている。この結果、銀行は預金という安全性の高い金融債務を発行できるのである。

### 銀行の決済機能

個人や企業など各経済主体間で行われているさまざまな経済取引によって発生する債権・債務は、最終的には何らかの対価の支払をもって決済さ

れる必要がある。こうした決済のなかでも最も単純なのは，現金による決済である。しかしながら，現金による決済の場合，遠隔地間の決済や大口の決済には不向きである。大量の現金の持ち運びは不便であると同時に危険でもあるからだ。それゆえ，企業間の大口資金決済には，小切手・手形や為替など，銀行が提供する現金以外の決済手段が広く用いられている。公共料金やクレジット・カードの支払など，個人による定例的な支払に関しても，口座振替などを用いて行われるのが一般的となっている。

それでは，なぜ銀行が決済機能を果たすことができるのだろうか。この問題に関しては，次のように考えることができる。

第1に，銀行の負債である預金は決済手段として利用するのに適した特性を備えている。現金以外の決済手段については，現金に代わるものであるだけに現金に近い性質，すなわち，①いつでも直ちに現金に換金できる流動性，②元本の確実性，③広く誰にでも受領される一般的受領性を有していることが望ましいが，たとえば当座預金，普通預金などはこれらの性質を十分満たしているのである。

第2に，決済サービスを提供しうる機関は，多種多様な顧客の決済ニーズに応えるためにも，地理的・空間的に広がりのある決済ネットワークをもっていることが求められる。これに対して銀行の場合は，全国にまたがる広範な店舗網や銀行相互間の為替ネットワークを通じて，全国各地に資金を送金できる体制を構築しているのである。

第3に，決済機能の担い手については，経済取引における決済の重要性から判断して，高い信用力を備えている必要があるが，銀行は歴史的にみてもそれにふさわしい評価を得てきたと考えら

れる。

　近年におけるコンピュータ・情報通信技術の発展を背景として決済にかかわる技術は急速に進展し，従来の小切手や手形といったペーパー・ベースの決済からエレクトロニクス・ベースのEFT（electronic funds transfer, **電子資金振替**）決済へと進んでいる。このように決済業務のエレクトロニクス化が進展すると，決済は従来とは比較にならないほど大量かつ迅速に処理されるようになる一方で，ある銀行における経営の失敗やコンピュータの故障等が一瞬にして他の銀行に次々と波及していく可能性が高まっているといえよう。こうしたリスクは，**システミック・リスク**（systemic risk）と呼ばれる。

### 銀行の信用創造機能

　銀行の場合，資金を受け入れることを**受信**，資金を供与することを**与信**ないし**信用供与**という。銀行が金融仲介機能を果たすに際しては，最初に受け入れた預金の範囲を越えて貸出，有価証券投資といった信用供与を行うことができる。言い換えれば，銀行は預金を受け入れるだけでなく，自ら預金を創造することができるという意味で**信用創造**を行っているのである。なぜ，こんなことができるのだろうか。鍵は金融取引と当座預金の受入れにある。すなわち，銀行は，赤字主体に貨幣を融通することを通じてその将来所得を現時点での所得に変換させることにより，本来であれば将来に発生する貯蓄を現時点で前倒し的に発生させる。次いで，その貯蓄の大部分を当座預金として受け入れ，当該預金を原資としてその他の赤字主体に資金を融通するという活動に従事しているからである。

　具体例で考えることにしよう。ある日，祖父から100万円の現金をもらった祐一は，この現金をA銀行に預金（これを**本源的**

預金という）したとしよう。A 銀行では，これまでの経験から，この預金が引き出される確率は 20 ％程度であるとの判断のうえ，80 万円を取引先の太平企業に貸し出すことにした。通常，銀行は貸出を行う際には直接現金を手渡すのではなく，貸出額を借入先の当座預金口座に振り込む。このとき，A 銀行の貸借対照表をみると，**図 1-2** のとおり，祐一の預金 100 万円に太平企業の預金 80 万円が加わり，80 万円の預金が新たに創造されたことがわかる（この預金を**派生的預金**という）。

　派生的預金はいくらでも創造できるのだろうか。この問題を考えるためにも，話を先に進めよう。太平企業は昭和建材から建設資材を購入し，その代金として 80 万円の小切手を手渡したとしよう。昭和建材は，代金回収のため，この小切手を自分の取引銀行である B 銀行の預金口座に入金する。この小切手は A 銀行に提示され，A 銀行にある太平企業の預金は払い出される。したがって，A 銀行に祐一の預金が 100 万円，B 銀行に昭和建材の預金が 80 万円となる。このとき，B 銀行は新たに 80 万円の現金を入手したので，A 銀行と同様に 20 ％の 16 万円を支払準備として手許にとどめる一方，残りの 64 万円を貸出に回す。

　こうしたメカニズムが繰り返されると，次のような無限等比級数の和が預金総額となる。

$$\begin{aligned}
預金総額 &= 本源的預金 + 派生的預金 \\
&= 100 + 80 + 64 + \cdots \\
&= 100 + 100 \times (1 - 0.2) + 100 \times (1 - 0.2)^2 + \cdots \\
&= 100 \times \frac{1}{0.2} \\
&= 500
\end{aligned}$$

## 図 1-2　信用創造のメカニズム

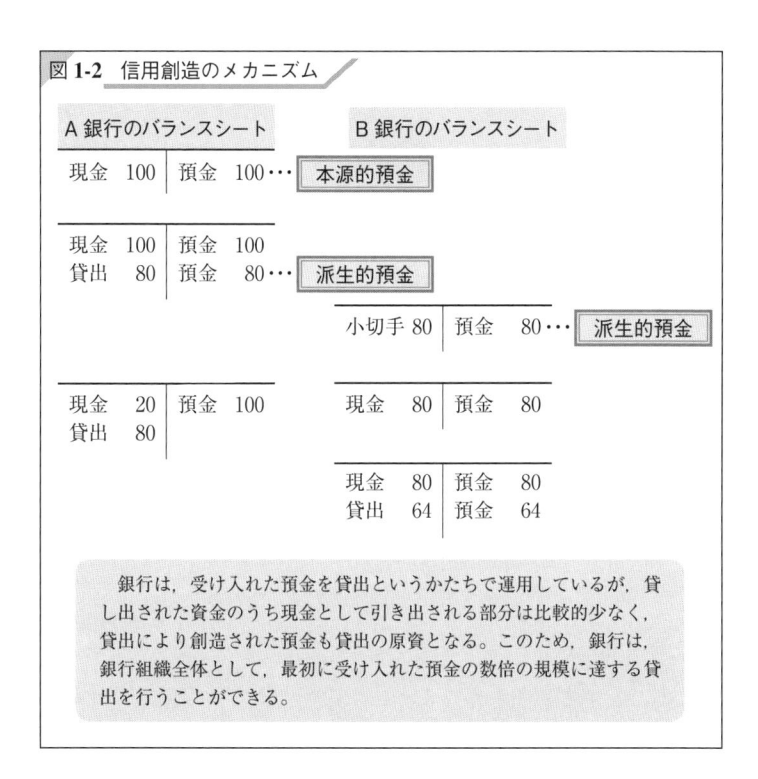

A銀行のバランスシート　　　B銀行のバランスシート

| 現金 | 100 | 預金 | 100 |

…本源的預金

| 現金 | 100 | 預金 | 100 |
| 貸出 | 80 | 預金 | 80 |

…派生的預金

|  |  | 小切手 80 | 預金 80 |

…派生的預金

| 現金 | 20 | 預金 | 100 |
| 貸出 | 80 |  |  |

| 現金 | 80 | 預金 | 80 |

| 現金 | 80 | 預金 | 80 |
| 貸出 | 64 | 預金 | 64 |

> 銀行は，受け入れた預金を貸出というかたちで運用しているが，貸し出された資金のうち現金として引き出される部分は比較的少なく，貸出により創造された預金も貸出の原資となる。このため，銀行は，銀行組織全体として，最初に受け入れた預金の数倍の規模に達する貸出を行うことができる。

$$信用創造額 = 預金総額 - 本源的預金$$
$$= 500 - 100$$
$$= 400$$

　結局，銀行全体の預金総額は支払準備率（この場合は 0.2）の逆数倍，すなわち乗数倍（この場合は 5 倍）の 500 万円となり，400 万円が信用創造されたことになる。以上の説明は，小切手によって預金が銀行間を移動していくとの想定にしたがったものである。しかしながら，現実には太平企業や昭和建材による支払の過程で

現金での決済が行われ，現金がそのまま銀行外のところに滞留することもしばしばみられる。これを**現金の漏出**という。この場合は，銀行にはこの漏出分を除いた額が預金として預け入れられる。たとえば，この漏出率を10％とすると，先に計算した本源的預金100万円を基礎とした銀行業界全体としての預金総額および信用創造額は次のようになる。

$$\begin{aligned}
預金総額 &= 100 + 100(1-0.2)(1-0.1) \\
&\quad + 100(1-0.2)^2(1-0.1)^2 + \cdots \\
&= \frac{1}{1-(1-0.2)(1-0.1)} \times 100 \\
&\fallingdotseq 357
\end{aligned}$$

$$\begin{aligned}
信用創造額 &= 357 - 100 \\
&= 257
\end{aligned}$$

このことからも明らかなように，銀行による信用創造の仕組みは，①銀行は預金と貸出を同時に取り扱っている，②預金者が預金をいっせいに引き出すことはないという経験を生かしている，③小切手を使用することにより現金が銀行部門から外に流出しない，といったことを前提として，借り手の将来貯蓄を現時点において前倒し的に発生させることにより成り立っているのである。その意味で，銀行が錬金術師のように無から有を創造しているわけではない。

# 4 金融システムの意味と形態

金融システムの意味

次に，金融システムの意味するところについて考えよう。金融取引が円滑に行われるためには，当然のこととして，金融債務については約定どおりに支払うことが義務づけられるなど，誰もが従わなければならないルールが不可欠となる。金融取引や金融機関のあり方を具体的に定めたルールとしての法律・規則，行政制度，慣行，あるいは種々の金融サービス提供のあり方に関する制度的枠組み（rule of the game）のことを総称して**金融システム**という。こうした金融取引にかかわる法律・規則は，個々の金融機関による業務範囲や商品内容にとどまらず，会計制度，企業破綻法制，不良債権償却制度など多岐にわたる。

会計制度や企業破綻法制も金融システムに含まれるというと怪訝な顔をされるかもしれないが，これらは金融取引を円滑に進めるうえで必要不可欠なものとなっているのである。というのも，資金の貸借は，借り手の将来所得という不確実で，しかも貸し手にとっては情報が不完全な資産を返済原資とするものであるため，所得の評価・開示方法，担保等による債権保全措置の有効性，借り手が破綻した場合の債務弁済順位などがあらかじめ定められていなければ，そうした条件を取引のつど定めなければならないなど取引コストがかさむほか，貸し手としても安心して自らの貯蓄資金を借り手に提供しえないからである。金融取引の円滑な遂行を側面から支えることを狙いとして，所得の評価方法を個別・具

体的に定めたのが企業会計原則に代表される会計制度であり，企業破綻法制は破綻企業からの債権回収の具体的手順を規定したものと考えることができる。

### 商業銀行主義と総合銀行主義

金融システムは一国経済の歴史的な所産であるという指摘をしばしば耳にする。これはまさに，金融取引にかかわるルールや慣行の集合体としての金融システムのあり方を表現したものと考えられる。というのも，金融市場や金融機関の具体的なあり方あるいはその業務内容が各国ごとに，また同一国においても時代によって異なるのは，国や時代によって金融のあり方に対する要請が違う結果，金融取引を規定するルールや慣行も変わりうるからである。

実際，金融システムのあり方は，銀行の業務内容を基準として，商業銀行主義と総合銀行（ユニバーサル・バンキング）主義に大別することができる。

**商業銀行**（commercial banking）**主義**とは，政府や企業による資金調達の場としての資本市場がすでに発達していた19世紀のイギリスにおいて発展をみた考え方である。この考え方においては，要求払預金という流動性の高い預金の取扱いが認められた銀行の資産は短期の安全確実なものでなければならないため，その貸出は原則として商業手形の割引に限定されるべきであるとされる。そして，商業銀行主義からは，銀行は短期金融業務に特化する一方，証券業務，長期金融業務や貿易金融業務についてはそれぞれの業務に特化した専門金融機関を分業的に創設することが提唱される。この考え方に基づき設立され，短期金融業務に特化した銀行のことを**商業銀行**という。商業銀行主義に基礎を置く金融シス

テムを採用している国としては，イギリス，アメリカといったアングロ・サクソン諸国のほか，日本などがある。

これに対し，銀行は短期金融業務だけでなく，証券業務や長期金融等あらゆる金融業務を行うべきであるとする考え方を，**総合銀行主義**あるいは**ユニバーサル・バンキング**（universal banking）という。これは19世紀後半に当時の後発資本主義国であったドイツで発展した考え方で，短期の運転資金のみならず，経済の成長・発展を図るうえで必要となる設備資金等の長期資金についても，銀行の信用創造により供給しようとするところに特徴がある。ドイツ，フランスなど欧州大陸諸国の金融システムは，おおむねこの考え方に依拠して組成されている。

もっとも，両者は対立的な概念ではなく，ユニバーサル・バンキングは銀行による証券業務兼営を制度として認めるところに特色があり，銀行が証券業務に直接進出するか，あるいは商業銀行にとどまるかは個々の銀行の判断に委ねられているのである。ちなみに，イギリスでは銀行による証券業務運営は制度的には禁止されていないが，銀行は商業銀行にとどまる一方，証券業務は慣行として別会社形態で運営している。

このほか，金融システムには，①家計の貯蓄がどのような経路を通じて企業に提供されているのか，②それぞれの経路においてどのような金融機関がどのような役割を果たしているのかという視点も重要となる。そして，前者の観点に立った場合，金融システムは，銀行部門を経由する資金仲介が圧倒的なウエイトを占める**銀行中心型システム**と，資本市場を経由する資金の運用調達が重要な役割を演じる**資本市場型システム**に大別される。こうした分類はまた，金融取引にかかわるリスクを誰がどのようなかたち

でどれだけ負担しているのかを示しているとも解釈できる。いうまでもなく、銀行中心型システムの場合、預金者が銀行の破綻リスクを負担することを条件として、銀行が預金者に代わって資産運用にかかわるリスクをすべて負担している。一方、貸し手と借り手とが資本市場において対峙して資金を直接融通しあう資本市場型システムでは、個人が資産運用にかかわるリスクを直接負担する。

### グローバル化が促す金融システムの収斂

各国の金融システムは、「一国経済の歴史的所産」と呼ばれるように、各国における経済発展の歴史的経緯を踏まえて独自に発展してきた。しかし、現代のように企業や家計の金融行動がグローバル化するなかで、金融取引のありようが国ごとに異なっていてはそもそも不便なため、各国が独自の金融システムを維持すること自体、困難となりつつある。あるいは、各国の金融システムに対しては、少なくとも国際的にみて整合性のあるものへと変容させようとする力が働く。

この傾向は、銀行・証券会社に対する監督規制や会計制度の分野においてとくに顕著にみられる。実際、そうした国際的な資金移動を媒介として各国の金融システムが競争状態に置かれるようになっており、ある国において時代の要請に適合しなくなった規制が残存していると、そうした規制の対象となる取引がすべて規制の緩やかな海外市場へとシフトする(これを**金融の空洞化**という)。

このような金融のグローバル化を背景とした各国金融システム間での金融サービスの提供をめぐる競争の高まりを考慮すると、金融システムのあり方を議論するに際しては、国内的な利用者ニーズにとどまらず、国際的な整合性という観点を無視することが

できなくなっている。そのため，政府に対しては，金融機関による創意工夫が生み出されやすいような競争の枠組みの構築に加え，会計制度，法，決済システムなど金融機関を取り巻く制度的な環境の整備を図っていくことが求められる。

### *Column* ① 「一石三鳥」を狙った出挙の話

日本の金融は，欧米主要国に勝るとも劣らない古い歴史を有している。にもかかわらず，どういうわけか，金融論のテキストにはそういった話がほとんどといっていいほど出てこない。本書のコラムでは時折，そういう日本の金融の歴史に触れることにしたい。

まず最初は，日本初の金融取引と考えられている出挙(すいこ)である。出挙とは，古代から行われていた稲の貸借取引であり，豊作を祈念して神社に捧げられた初穂を翌春，神社が種籾として農民に貸し付け，秋の収穫時に利息に相当する利稲付きで返済させるというものである。米の貸借がなぜ金融取引なのかと訝(いぶか)る向きもあるかもしれないが，当時は米や絹といった物品貨幣が支配的な発展段階にあったという点を考慮すると，これは貨幣の貸借を目的とした立派な金融取引なのである。

ただし，出挙の場合，以下に掲げる3つの目的の同時達成を狙いとして生み出された，きわめて巧妙な社会的仕組みでもあったという点には留意する必要がある。第1に，農民からみた場合，種籾を神社から貸与してもらえるため，種籾の確保を一切考慮することなく，収穫米を自由に消費・売却することができた。第2に，天災や飢饉に備えた米の集団的備蓄が制度的に進められることになった。

そして第3には，これが最も重要な論点ではあるが，神社からみた場合，ストックとしての富の品質維持が挙げられる。米の場合，金銀銅といった金属とは異なり，時間の経過とともに価値が

低下することが避けられない。富としての米の価値を維持していくためには、少なくとも年1回程度は米の入替え取引を行う必要がある。この入替え取引を農民の利益向上にもつながるかたちで行ったのが出挙と考えられるのである。もっとも、出挙の利息は年5割にものぼる高利であるなど、貸し手からみてきわめて旨みのある取引であったため、次第に強制的なものとなった。これを農民の立場からみると、かなり負担の重いものであったことから、追い立てから逃れるため、逃亡する農民が後を絶たなかったとされている。

### *Column* ② 金融取引と資源配分の効率性

本文では、直感的な言い回しで金融取引のメリットを説明したが、ここでは、ミクロ経済学の基本的な分析ツールに基づき、やや厳密なかたちで示すことにしよう。

消費者の消費・貯蓄行動は種々のモデルにより描けるが、ここでは、消費者は若年期と老年期という2期間を生きると想定のうえ、異時点間の資源配分のあり方を検討する2期間モデルを利用する。現在の所得を $y_1$、将来の所得を $y_2$（ただし、$y_1 > y_2$）とすると、資金の貸借が不可能な場合、消費者にとって最適な消費計画はその賦与量にしたがって消費すること、すなわち $(c_1, c_2) = (y_1, y_2)$ である。

これに対し、金融市場が存在し、資金の貸借が可能であれば（このときの利子率を $r$ とする）、若年期にある消費者は現在の所得の一部を貯蓄のうえ、将来の消費に回すことができる。すなわち、若年期に $s$ だけ貯蓄し、これを老年期の消費に回すと、老年期の消費は貯蓄分（利子を含む）だけ増加するため、消費者の最適消費計画は $(y_1 - s, y_2 + s(1+r))$ となる。このとき、金融市場がない場合とある場合とでは、いずれの消費計画が望ましいのだろうか。

この問題を、図を参考にしつつ考えることにしよう。点 $A$ は

### 図　消費者の最適消費・貯蓄行動

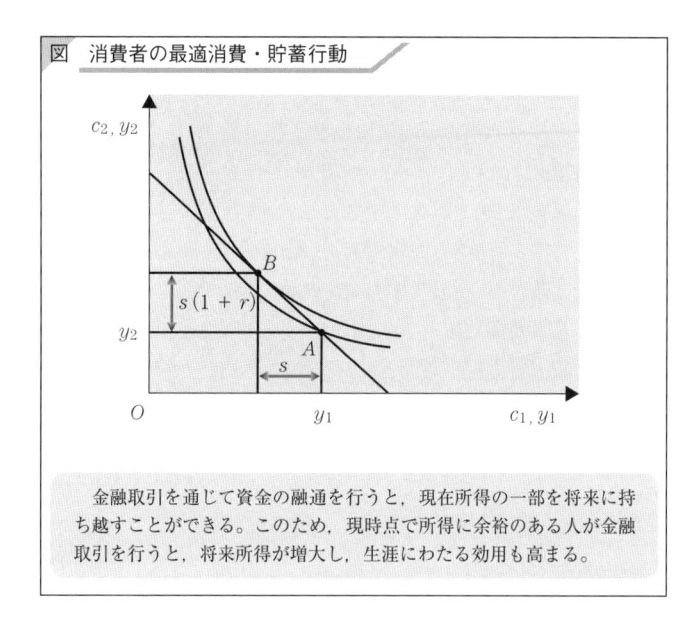

(図：縦軸 $c_2, y_2$、横軸 $c_1, y_1$。点 $B$ と点 $A$、$s(1+r)$、$s$、$y_2$、$y_1$ が示されている)

　金融取引を通じて資金の融通を行うと，現在所得の一部を将来に持ち越すことができる。このため，現時点で所得に余裕のある人が金融取引を行うと，将来所得が増大し，生涯にわたる効用も高まる。

資金貸借が行いえない場合における最適消費を，また点 $B$ は金融市場が存在する場合の最適消費をそれぞれ示す。このとき，点 $B$ を通る無差別曲線は点 $A$ を通るそれよりも上方に位置するため，資金の貸借を行ったほうが消費者の効用は大きいことがわかる。このように，消費者は与えられた所得の時間的パターンを貯蓄行動を通じて変換することができれば，自らの生涯にわたる満足あるいは効用を高めうるのである。それゆえ，金融取引は古くから行われているのであり，それがまた円滑に行われることを目的として，銀行，証券会社などの専門金融機関が作られたといえよう。

## 参考文献

池尾和人〔2010〕『現代の金融入門（新版）』ちくま新書，筑摩書房。

黒田晁生〔2011〕『入門金融（第5版）』東洋経済新報社。

酒井良清・前多康男・鹿野嘉昭〔2006〕『金融論をつかむ』有斐閣。

鹿野嘉昭〔2006〕『日本の金融制度（第2版）』東洋経済新報社。

日本経済新聞社編〔2007〕『ベーシック金融入門（第6版）』日経文庫，日本経済新聞社。

# 第2章 日本の金融システム

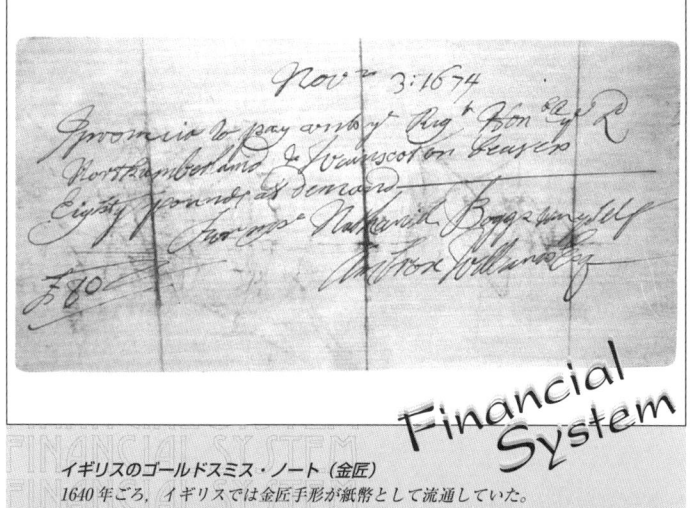

***イギリスのゴールドスミス・ノート（金匠）***
*1640年ごろ，イギリスでは金匠手形が紙幣として流通していた。*

　金融システムのあり方は，「一国経済の歴史的所産」と称されるように，各国ごとに異なる。本章では，日本の金融システムの変遷を振り返るとともに，その特色について簡単に説明する。

　日本の場合，明治以来，銀行部門を中心とする間接金融主体の金融システムとなっているが，そのなかでも，①イギリス流の分業主義に基づき，資金需要の性質に応じた専門金融機関がきめ細かく設立されている，②銀行の業務範囲に関しては政府によりこと細かく規制されている，③資金吸収機関としての郵便貯金など，公的金融のウエイトが高い，といった点が特徴的であった。

　こうした日本の金融システムに対しては，金融の自由化，グローバル化の流れのなかで改革が求められるようになり，1985年以降，段階的に自由化が進められてきたが，日本版ビッグバンという大胆な規制撤廃・緩和措置の実施もあって，現在はフリー，フェアでグローバルなものへと大きく変貌した。

# 1 日本の金融システムの発展とその特色

わが国における金融システムの確立と改編

日本の金融は,非常に古い歴史をもっている。たとえば,12世紀の替米取引に為替の萌芽がみられるほか,銀行の始まりも室町時代の土倉に求めることができる。もっとも,ヨーロッパ流の近代的金融システムがわが国に導入されたのは比較的新しく,1872（明治5）年における**国立銀行条例**の制定以降のことである。ここでは,日本の金融システムの変遷について簡単に振り返ることにしよう。

明治時代の金融システムは,殖産興業を金融面から支えることを目的としてイギリス人の指導により商業銀行主義の理念に基づいて構想された。こうした事情により,わが国の金融システムは**分業主義**を基本とすることとなり,銀行も商業銀行としての普通銀行,大衆貯蓄機関としての貯蓄銀行,長期金融銀行・貿易金融銀行としての特殊銀行（特別法に基づいて設立された半官半民の銀行）というように,資金需要の性質に見合った専門金融機関が分業的に創設されたのであった。また,当時においては銀行は比較的自由に設立できたため,日清戦争後の銀行設立ブーム時にはわずか3年間で668行もの普通銀行が設立されるなど,地方を中心に過小資本の弱小銀行が多数設立された。

これらの群小銀行の経営は,その後再三にわたって発生した恐慌のなかで悪化の一途をたどったことから,金融システムの健全性確保のため,地方所在の中小銀行を中心に整理・合併が進めら

れた。1927（昭和2）年の金融恐慌と銀行法の制定を契機として，そうした中小銀行の整理は一段と進んだ。さらに，第二次世界大戦中には1県1銀行主義に基づく地方銀行の大合同政策が強力に推進された結果，1945年末には普通銀行は61行（都市銀行8行，地方銀行53行）にまで減少した。

**第二次世界大戦後における金融システムの再編・整備**

現在の金融システムの骨格は1950年代前半に形成された。それはまた，銀行分業主義に基づく戦前の金融システムを時代環境の変化に合わせて再編成したものであった。すなわち，第二次世界大戦後，わが国の金融システムは，経済の早急な復興・発展および雇用機会の創出という当時の日本経済が直面していた課題に金融面から対処することを目的として再編成されていったのである。経済の復興・自立の早期達成を図るには，先進国から最新の技術を導入のうえ鉄鋼・造船等の基幹産業の合理化・近代化を図ることが急務であり，そのためにも，多額の設備資金を円滑に供給できる長期資金供給機構が必要とされた。一方，雇用機会創出のためには，雇用吸収力に富む中小企業・農林水産業の育成・振興を図る必要があり，そうした部門への円滑な資金供給を狙いとして，中小企業金融，農林水産金融に特化した専門金融機関の整備・拡充が求められたのであった。

このような時代的要請のなかで，都市銀行等の普通銀行による産業資金供給を引き続き重視しつつも，日本経済の重化学工業化を推進するうえで必要となる長期資金の供給システムとして，長期信用銀行，信託銀行という長期金融機関が設立された。一方，中小企業の育成・発展を金融面から支援することを狙いとして，相互銀行，信用金庫，信用組合などからなる中小企業金融専門機

関が整備・拡充された。また、農林漁業系統金融機関が整備されたほか、民間金融機関による資金供給の補完を目的として、各種の政府系金融機関が設立された。

　一方、銀行、証券会社のそれぞれの業務範囲については、戦前の棲み分け的あり方の伝統を背景として、アメリカのグラス゠スティーガル法にならって1947年に制定された**証券取引法**第65条に基づき、投資目的の証券取引や公共債に関する業務を除き、銀行による証券業務が禁止されることになった。そしてまた、連合国最高司令官総司令部（GHQ）では、資本市場を中核としたアメリカ流の金融システムとして日本のそれを再構築しようとした。しかし、戦後復興期においては、財閥解体、農地改革といった民主化措置の実施に伴う地方の地主層や資産家の没落に加え、激しいインフレーションの結果、民間部門における金融資産蓄積水準が急速に低下したこともあって、資本市場はGHQが期待した役割を担うには至らなかった。このため、わが国企業は引き続き産業資金の調達を金融機関借入に依存することとなり、第3章で詳しく述べるように、高度成長時代においては間接金融の優位といった金融構造が形成されたのであった。

> わが国金融システムの現状とその特色

　第二次世界大戦後に再編・整備された、わが国における現行の金融組織は**図2-1**のように整理できる。すなわち、中央銀行としての**日本銀行**のほか、預金取扱金融機関としては、普通銀行（都市銀行、地方銀行等）および信託銀行という株式会社組織の銀行のほか、信用金庫、信用組合、労働金庫、農業協同組合等からなる協同組織形態の金融機関がある。このほか、証券市場の主たる担い手である証券会社や証券金融会社に加え、保険会社、

住宅金融会社,リース・信販会社などの貸金業者(いわゆるノンバンク),コール(銀行間の短期資金融通)市場等短期金融市場での資金仲介に従事している短資会社などがある。さらに,これら民間金融機関の機能補完を目的として,公的金融機関が設けられている。

そしてまた,わが国の金融組織の特色としては,次の3点が挙げられることが多い。第1に,イギリス流の銀行分業主義に基づき,中小企業金融,農林漁業金融などの分野において専門金融機関がきめ細かく設立されている。第2に,銀行の業務範囲に関しては政府によりこと細かく規制されている。第3に,政府全額出資のゆうちょ銀行,融資機構としての日本政策金融公庫など,公的金融のウエイトが高い。

もっとも,銀行に対する規制は近年,グローバル化,情報化の流れのなかで大胆に撤廃・緩和された。とくに1998年3月には**金融持株会社**の設立が解禁され,銀行持株会社のもとに銀行,証券会社,保険会社などを配した総合金融グループの形成が可能となった。これを受け,都市銀行を中心として持株会社を用いた経営統合・組織再編が進み,主要銀行は5大グループ(みずほ,MUFJ,三井住友,りそなおよび三井住友トラスト)に再編された。この5大グループに属する都市銀行は,その規模の巨大さにちなんでメガバンクと呼ばれることが多い。この間,銀行業における競争促進および金融サービスの活性化を狙いとして,2000年8月に異業種からの銀行業への参入に関するガイドラインが決定され,これを受けてインターネット銀行,決済専門銀行が新たに設立された。

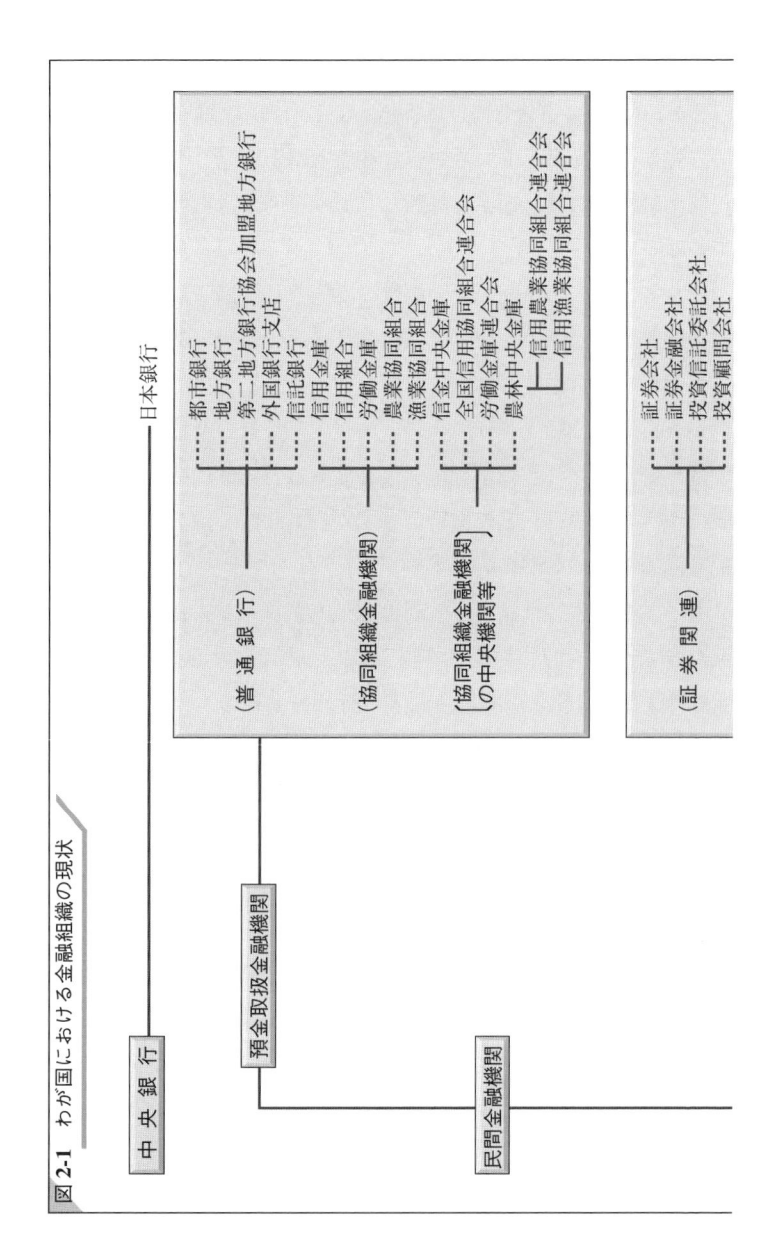

## 図 2-1 わが国における金融組織の現状

- 中央銀行 ── 日本銀行
- 預金取扱金融機関
  - (普通銀行)
    - 都市銀行
    - 地方銀行
    - 第二地方銀行協会加盟地方銀行
    - 外国銀行支店
    - 信託銀行
  - (協同組織金融機関)
    - 信用組合
    - 信用金庫
    - 労働金庫
    - 農業協同組合
    - 漁業協同組合
  - (協同組織金融機関の中央機関等)
    - 信金中央金庫
    - 全国信用協同組合連合会
    - 労働金庫連合会
    - 農林中央金庫
    - 信用農業協同組合連合会
    - 信用漁業協同組合連合会
- 民間金融機関
  - (証券関連)
    - 証券会社
    - 証券金融会社
    - 投資信託委託会社
    - 投資顧問会社

```
                    ┌─ 生命保険会社
                    ├─ 損害保険会社
(保    険) ─────────┼─ 各種共済制度
                    │
(消費者信用) ───────┼─ 消費者信用会社
                    └─ 住宅金融会社

(事業者信用) ───────┬─ 事業者信用会社
                    └─ リース会社

(そ の 他) ─────────┬─ 抵当証券会社
                    └─ 短資会社

                    ┌─ ゆうちょ銀行
(銀    行) ─────────┴─ かんぽ生命保険

                    ┌─ 日本政策投資銀行
                    ├─ 日本政策金融公庫
(公    庫 等) ──────┼─ 商工組合中央金庫
                    ├─ 地方公共団体金融機構
                    ├─ 沖縄振興開発金融公庫
                    └─ 独立行政法人等
```

(出所) 鹿野[2006](一部修正)。

**その他の金融機関**

**公的金融機関**

日本の金融組織は、各種の金融機関から構成される。預金取扱金融機関としては、普通銀行という株式会社組織の銀行のほか、信用金庫、信用組合、労働金庫などといった協同組織形態の金融機関がある。一方、その他の金融機関としては、保険会社、証券会社などがある。

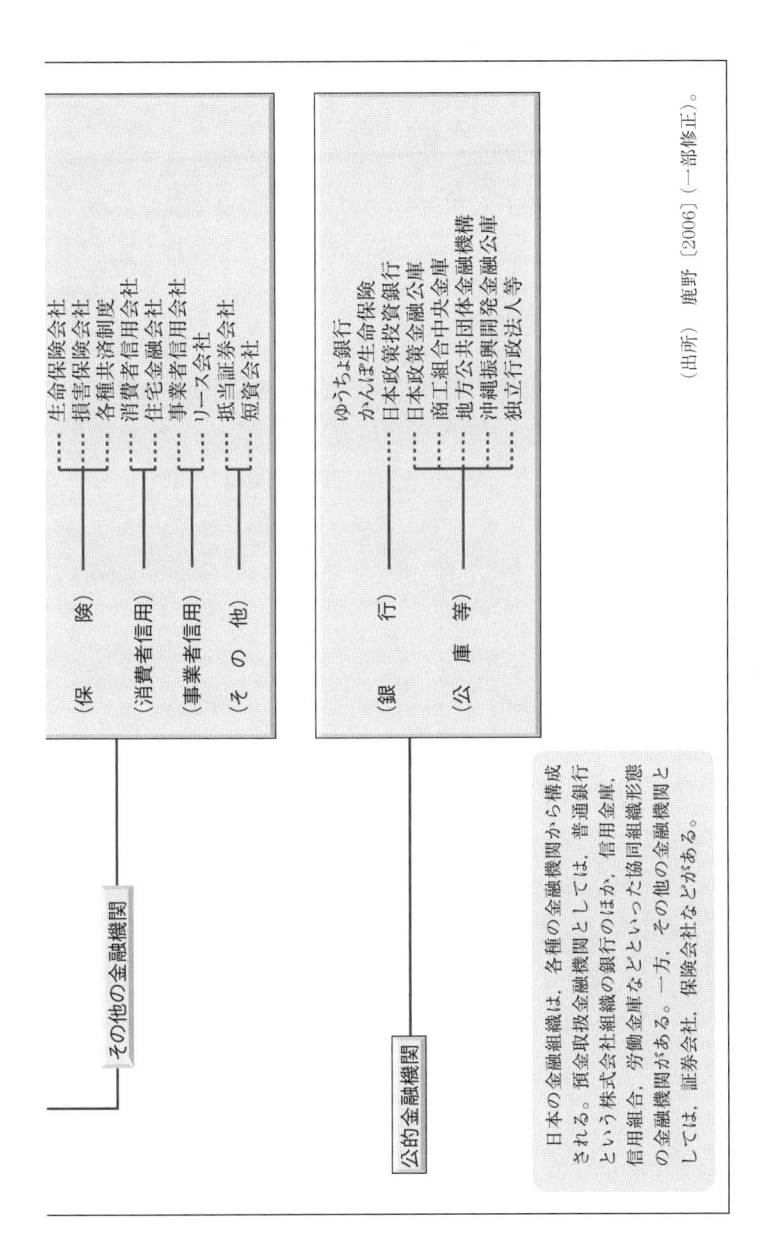

1 日本の金融システムの発展とその特色 33

### 普通銀行の意味するもの

欧米主要国をはじめとして各国金融システムにおいては、商業銀行あるいはユニバーサル・バンクが主軸を構成している。わが国では、商業銀行に相当する銀行のことを普通銀行という。**普通銀行**とは、銀行法を根拠法として短期金融を主たる業務とする銀行であり、便宜上、その規模や営業基盤を基準として、①大都市に本店を置くとともに全国に多数の支店をもつ**都市銀行**、②全国の大・中都市に本店を有するとともに本店所在地の都道府県を主たる営業基盤とする**地方銀行**、③1989年2月以降相互銀行から普通銀行に転換した**第二地方銀行協会加盟地方銀行**、という3つの業態に分類される。これら3つの業態のほか、先に述べたインターネット銀行、決済専門銀行やゆうちょ銀行等も普通銀行としての免許を取得している。

都市銀行は現在5行あり、金融機関全体の資金量の2割、貸出量の3割を占めるなど、単一の業態としては最も高いシェアを有している。また、都市銀行はメインバンクとして大企業取引においては重要な役割を果たしているほか、国際金融取引についても積極的に営むなど、国民経済に対し非常に大きな影響力をもっている。地方銀行（63行）および第二地方銀行協会加盟地方銀行（42行）は、その大半が中規模の銀行からなり、地元の中小企業向けの融資を中心に営まれている。これらの銀行は、県や市といった地方公共団体の指定金融機関として地方財政上重要な役割を担っている。

わが国において銀行と称される預金取扱機関としては、普通銀行のほか、長期信用銀行法に基づき産業に対する長期資金の供給を目的として設立された**長期信用銀行**と、普通銀行のうち「金融

機関ノ信託業務ノ兼営等ニ関スル法律」(いわゆる兼営法)により信託業務の運営を認められた**信託銀行**がある。もっとも,近年における銀行再編のなかでみられた経営統合や普通銀行への業態変換に伴い,長期信用銀行という業態は2006年3月末をもって姿を消した。また,信託銀行も,2009年9月に長期資金の吸収手段であった貸付信託の募集を全行が取り止めたため,信託業務を営む普通銀行として位置づけられるようになった。

銀行以外の預金取扱金融機関としては,**信用金庫**,**信用組合**,**労働金庫**および農林漁業系統金融機関などがある。これらの金融機関は,協同組織金融機関と呼ばれるように,会員または組合員の相互扶助を目的とする非営利法人として位置づけられている。その結果,**協同組織金融機関**の顧客は原則として会員または組合員に限定されるという点で,不特定多数の顧客と取引できる銀行と異なる。また,これらの業態に属する金融機関は,その構成員たる中小・零細企業,農林漁業者あるいは勤労者等への資金融通を主たる目的としていることもあって,各種の優遇措置が講じられている。このほか,個々の金融機関による資金運用能力の向上や業界の相互協力を狙いとして,信金中央金庫,全国信用協同組合連合会,農林中央金庫などの中央機関が設置されている。

**証券会社**は,証券取引法(2007年9月末以降は金融商品取引法)に基づき設立された証券業務を専門とする金融機関のことをいう。証券会社の主要な業務は,証券取引法により規定される証券業務,すなわち,①自己売買業務(ディーリング),②委託売買業務(ブローキング),③引受業務(アンダーライティング),④売りさばき業務(セリング)からなる。証券会社では,株式や国債,地方債,政府保証債,金融債,事業債,証券投資信託受益証券などを対象

として上記の業務を営んでいる。

___
**公的金融システム**

わが国においては，各種の民間金融機関のほか，それらの機能の補完を目的として，郵便局（ゆうちょ銀行，かんぽ生命），政府金融機関，独立行政法人により構成される公的金融が大きな役割を果たしている。この公的金融は，政府予算と並行して編成され，第2の予算とも称される，財政投融資計画を中心として運営されている。

財政投融資とは，**図2-2**のとおり，政府が**財政投融資特別会計**（財投特会）を通じて民間金融機関では対応が困難な分野に資金供給を行う仕組みのことをいう。この資金供給の手法としては現在，①財政融資，②産業投資，③政府保証の3つが利用可能となっている。財政融資とは国債（**財投債**）の発行により金融市場から調達した資金を政府金融機関や地方公共団体，独立行政法人などを経由して政策的に必要な分野に融資することをいう。また，産業投資とは，国が保有するNTT株，JT株の配当金や日本政策金融公庫の国庫納付金などを原資として，産業の開発および貿易の振興を目的として実施される投資のことを指す。このほか，政府では，政策金融機関・独立行政法人などが金融市場で実施する資金調達に保証を付けることにより必要な資金の円滑かつ有利な調達を支援している。

**財政投融資**の場合，国の信用に基づき集めた資金を政府金融機関などを経由して地方公共団体や民間企業などに転貸する比率が高い。そうした点を捉え，公的金融と称されることが多い。ただし，公的金融の場合，資金の調達と運用とが同一機関において実施されていないという点で民間金融機関とは異なる。実際，政策金融機関は所要資金の大半を，財政投融資特別会計が財投債とい

図 2-2 財政投融資の仕組み

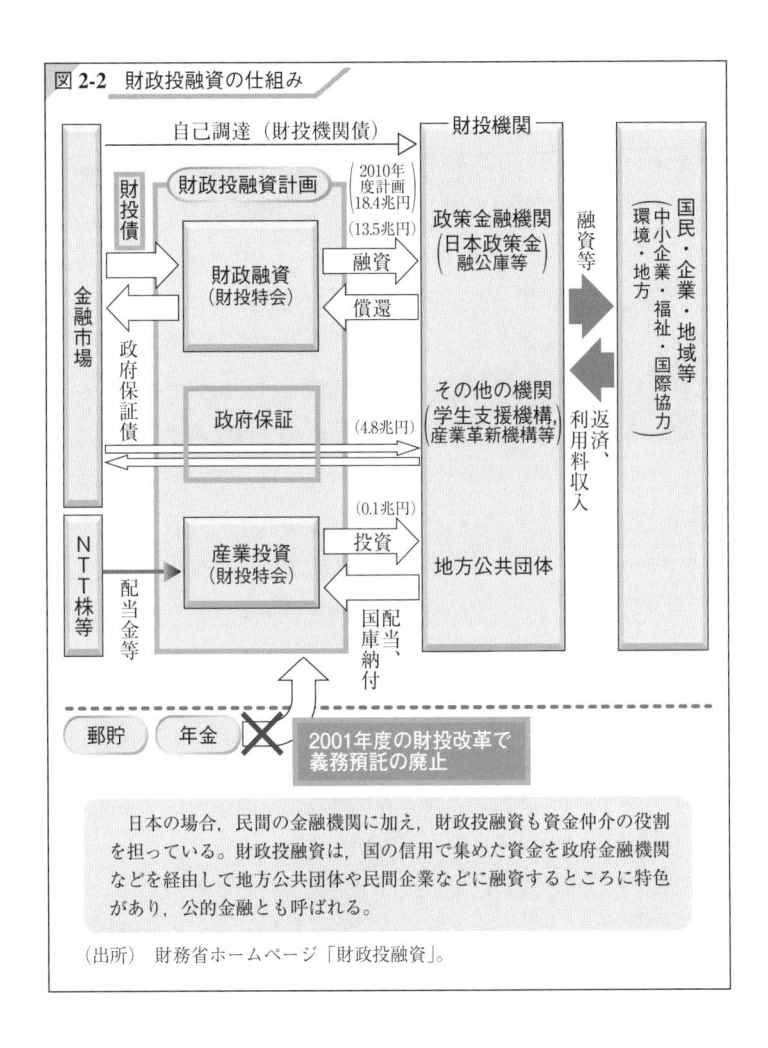

```
          自己調達（財投機関債）         財投機関
                                                                    国
財                財政投融資計画      2010年                          民
投                                 度計画                             ・中
債                                 18.4兆円   政策金融機関              企小
      金                           (13.5兆円)  (日本政策金  融         業企
      融          財政融資          融資       融公庫等）    資          ・業
      市          (財投特会)         償還                   等         地・
      場     政                                                     域地
            府                                                      等域
            保                                                     ・・
            証                   その他の機関   返        環国
            債    政府保証         (学生支援機構,   済       境際
                                産業革新機構等)  、       ・協
                                                       利       福力
                                          (4.8兆円)    用         祉
                                                       料         ・
                                          (0.1兆円)    収         地
 N                                                     入         方
 T               産業投資          投資
 T   配          （財投特会）               地方公共団体
 株   当
 等   金                        配当、
      等                        国庫納付

 ‐ ‐ ‐ ‐ ‐ ‐ ‐ ‐ ‐ ‐ ‐ ‐ ‐ ‐ ‐ ‐ ‐ ‐ ‐ ‐ ‐ ‐ ‐ ‐ ‐ ‐ ‐
  郵貯   年金   ✕   2001年度の財投改革で
                   義務預託の廃止
```

　日本の場合，民間の金融機関に加え，財政投融資も資金仲介の役割を担っている。財政投融資は，国の信用で集めた資金を政府金融機関などを経由して地方公共団体や民間企業などに融資するところに特色があり，公的金融とも呼ばれる。

（出所）　財務省ホームページ「財政投融資」。

う国債の発行によって金融市場から調達した資金の，同会計からの預託金の受入れというかたちで調達している。一方，財政融資資金の借り手は，政策金融機関，地方公共団体，および独立行政法人などその他の機関からなる財投機関に限定されている。

これまでの間，郵便貯金や簡易保険が集めた資金はすべて資金運用部特別会計（財政融資資金特別会計の前身）に預託することが義務づけられていた。そのため，郵便局は財政投融資の「入口機関」，政府金融機関は「出口機関」として位置づけられていた。しかし，2001年度の財政投融資改革および07年10月の郵政民営化措置の実施に伴って預託義務が廃止されるとともに，ゆうちょ銀行，かんぽ生命が新たに創設されたため，入口機関という位置づけは消滅した。その結果，財投機関も出口機関ではなくなり，資金調達に際してはゆうちょ銀行等と直接交渉することになった。

　財投機関としての政府金融機関に対しては，①民間金融機関からの資金が円滑に供給されにくいが，政策的な観点からは資金供給が必要かつ重要であると考えられる企業向けに貸付等を行ったり，②公共性の高い事業に対し安定的に資金を供給したりするという，民間金融の量的補完において重要な役割を担うことが期待されている。この政府金融機関としては，日本政策投資銀行，国際協力銀行，住宅金融公庫，公営企業金融公庫，国民生活金融公庫，中小企業金融公庫，農林漁業金融公庫，沖縄開発金融公庫，および商工組合中央金庫の9機関があった。このうち日本政策投資銀行および商工組合中央金庫は完全民営化される予定にあるほか，地方に移管されて地方公共団体金融機構となった公営企業金融公庫，沖縄開発金融公庫，および独立行政法人住宅金融支援機構に移行した住宅金融公庫以外の6機関は，日本政策金融公庫に統合された。

## *2* 金融業務に関する規制・慣行とその変容

業務分野規制の意義と
その見直し

わが国の場合，銀行分業主義をより確実なものとすると同時に金融システムの安定性の確保を狙いとして，**図 2-3** に示されるような競争制限的な規制が，銀行の業務範囲，店舗展開や預金金利等に対し長年にわたって課されてきた。これらの規制は専門性の利益を重視して導入されたとも考えうるが，そうした規制の多くは経営基盤の弱い銀行でも存立しうるように配慮されていた。このことにちなんで，わが国銀行監督当局による銀行行政のあり方は**護送船団方式**（convoy system）と呼ばれた。

競争制限的規制のなかでも，とりわけわが国の金融システムを支えてきたのが銀行の業務範囲を定める業務分野規制であった。具体的にいうと，①長短金融の分離，②銀行・信託の分離，③銀行・証券の分離が挙げられる。業務分野規制は，各業務の間に垣根を設けて他の金融機関の参入を防ごうとするものであることにちなんで**垣根問題**とも称される。**業務分野規制**については近年，金融の自由化，国際化のなかで見直しが大きく進み，とくに日本版ビッグバンと称される大胆な規制の撤廃・緩和の実施を受け，1999 年 10 月以降，それらのほとんどは消滅したということができる。ここでは，そうした業務分野規制の狙いと変遷について簡単に整理しよう。

長短金融の分離

**長短金融の分離**とは，その名が示すように，長期と短期の金融業務をそれぞれ別

**図 2-3　わが国における金融取引規制の諸形態**

金融機関の業務分野規制 ─┬ 長短金融の分離
　　　　　　　　　　　　├ 銀行・信託の分離
　　　　　　　　　　　　└ 銀行・証券の分離
金利規制
内外金融市場の分断規制（為替管理）
有担保原則

> わが国においては，これまでの間，銀行分業主義および金融システムの安定性を後押しすることを狙いとして，銀行の業務範囲，店舗展開や預金金利等に対しては種々の競争制限的な規制が長年にわたって課されてきた。これらの実効性は，厳しい為替管理による内外金融市場の遮断により確保されてきた。

個の金融機関に行わせるというものである。それでは，長短金融の分離はなぜ導入されたのであろうか。第1には，経済の成長・発展に必要な長期資金の円滑な供給体制の整備を図ることが挙げられる。第2には，普通銀行を長期金融業務から解放し，商業銀行業務に特化させることが指摘できる。第3に，これらの結果として，普通銀行や長期金融機関における資金の運用・調達面での期間対応を確保し，金融機関経営の健全性維持を図ることや，専門化の利益を生かして資金の効率的かつ円滑な供給を推進すること，などが目的とされた。

長期金融業務の担い手とされた長期信用銀行および信託銀行に対しては，期間5年という長期の資金調達手段として**利付金融債**（長期信用銀行），**貸付信託**（信託銀行）の取扱いが認められた。これに対し，普通銀行や信用金庫などは，商業銀行主義に則り短期貸出を行うこととされた。そしてまた，普通銀行等の主要資金調達手段である定期預金の預入期間については，利付金融債および

貸付信託との競合を避ける狙いから行政指導により最長3年に制限されていた。

このように長短金融の分離は資金の調達期間に対する規制を通じてその実効性が確保されてきた。しかしながら、その一方で、普通銀行等による資金の運用期間についてはなんら制限が設けられていなかった。その結果、日本経済の構造変化とともに、規制自体が形骸化してきた。すなわち、普通銀行等においては長期貸出比率が上昇をみたのに対し、長期金融機関では逆に短期貸出比率が上昇するなど、普通銀行等と長期金融機関との同質化が進んできたのである。こうしたなかで、1994年10月からは普通銀行等による期間5年の中長期預金の受入れが可能となったほか、99年10月からは普通銀行による社債発行が解禁されたため、長短金融の垣根は名実ともに撤廃されたということができる。

銀行・信託の分離，銀行・証券の分離

**銀行・信託の分離**とは、原則として1つの銀行が銀行・信託両業務を兼営することを禁止するとともに、信託業務に従事しうる金融機関の範囲を限定する規制のことをいう。この銀・信分離規制は古くから実施されており、1922（大正11）年の信託法、信託業法にまでさかのぼることができる。銀行による信託兼営が認められたことも一時期あったが、第二次大戦後は、長期金融機構の整備・拡充策の一環として再び銀・信分離政策が採られた。

現行の金融組織上、わが国においては信託業務に特化した金融機関（信託会社）は存在せず、信託業務は普通銀行の兼営業務として営まれている。信託業務を営むことができる銀行は、これまで信託銀行7行、都市銀行1行、地方銀行2行および外銀系信託銀行9行に限られていたが、後述の金融制度改革関連法の実施

を受け，証券会社，普通銀行，長期信用銀行も信託銀行を設立することが可能となった。

その後，後で述べる金融制度改革関連法の施行に伴い，普通銀行，証券会社等による信託銀行子会社の設立が可能となったほか，この子会社に課されていた業務制限も1999年10月に完全撤廃された。この結果，銀行・信託の垣根も事実上，消滅した。このほか，地方銀行等の地域金融機関に対しては，土地信託等の特定の信託業務に限って本体での参入が認められていたが，都市銀行や長期信用銀行を含む普通銀行本体による信託業務の兼営についても，銀行業務との**親近性**が小さい業務を除き，2002年2月にすべて解禁された。

**銀行・証券の分離**とは，銀行による証券業務（有価証券の引受け・販売）の兼営を禁止するものである。これは，銀行による証券業務の兼営は預金者と投資家との間の利益の衝突（**利益相反**）に伴う問題が多いとの考え方を背景とする。この銀・証分離原則は，戦後の制度改革においてアメリカのグラス゠スティーガル法を取り入れるかたちで導入され，証券取引法第65条により銀行の証券業務は公共債を除き原則禁止となっている。

銀行による公共債を対象とした証券業務は，高度成長時代を通じて国債の引受け以外は禁止されてきた。その後，経済環境の変化とともに漸次認可され，現在では公共債の窓口販売・ディーリング業務・公募入札のほか，国債の先物・オプション取引，金融先物取引の売買などが可能となっている。加えて，銀行・証券の分離も，金融制度改革関連法の実施により銀行・信託・証券の相互参入が認められたほか，証券子会社の業務制限も1999年10月に撤廃されたことから，この垣根も消滅した。

> 取引慣行としての有担保原則

このほか、わが国においては金融取引の安全性確保を狙いとして、社債発行、銀行貸出、インターバンク（銀行間）取引などについては担保付きを原則とする市場慣行がある。これを**有担保原則**という。有担保原則は、1927年（昭和2年）の金融恐慌での経験に基づいて導入された。すなわち、当時の社債市場においては無担保社債が主流であったが、長期にわたる景気停滞のなかで社債のデフォルト（債務不履行）が多発し、社債権者が大きな損失を被ることになった。これを契機として社債に関する有担保原則が確立されたほか、コール（銀行間の短期資金融通）取引に際しても担保が求められることになったのである。

もっとも、現在では、わが国企業の財務内容の顕著な改善などを背景として有担保原則の見直しも大きく進み、社債発行市場においては無担保社債が主流となっているほか、コール市場でも無担保取引が過半を占めるに至っている。

> 預金金利規制の緩和

以上のような業務分野規制や取引慣行のほか、かつての日本においては、各種金利についても当局により厳しく規制されていた。とりわけ、預金金利については1994年10月まで法律により金利水準が規制されていた。ここでは、そうした事情について振り返ることにしよう。

**預金金利規制**の歴史は非常に古く、わが国にはじめて導入されたのは1901（明治34）年ごろのことである。このとき、預金金利規制は民間銀行間の協定として導入され、預金金利の最高限度が設定されたが、制裁規定を欠いていたこともあって必ずしも有効には機能していなかった。実効性のある預金金利協定が策定さ

れたのは1918（大正7）年のことである。こうした預金金利協定が締結されるに至ったのは，預金獲得を目的とした過度の金利引上げ競争によって銀行経営の健全性が損なわれ，それが金融恐慌につながったという見方が当時支配的であったからである。

預金金利協定はその後もずっと存続したが，1947年の独占禁止法の施行に伴い当該協定の適法性に疑義が生じたため，協定は廃止されることになった。そして，当局による公的規制へと移行し，同年，金利規制の根拠法として**臨時金利調整法**（臨金法）が施行された。臨金法に基づく預金金利の最高限度については，1970年以降，日本銀行政策委員会が臨金法による告示の範囲内で決定・公表した「ガイドラインとしての預金細目金利」の上限が実際の適用金利となっていた。その後，預金金利の自由化措置の実施を受け，臨金法の規制適用対象は順次縮小され，1993年6月の定期預金金利の完全自由化および94年10月の流動性預金金利の自由化を経て，当座預金を除くすべての預金金利が自由化された。

**為替管理の緩和・撤廃**

このほか，わが国においては，国際収支対策として為替管理が高度成長期を通じて厳しく行われていた。この**為替管理**は，金融取引との関連でみると，国内金融市場と海外金融市場とを分断する方向で機能し，日本国内における各種の金融取引規制の実効性を保証してきたのであった。

わが国においては終戦直後，対外取引のすべてがGHQの統制下に置かれていた。1947年には民間貿易が一部再開され，49年には外国為替及び外国貿易管理法（**外為法**）が制定された。同法は海外との資本取引を原則として全面的に禁止するなど，規制色

の強いものであった。しかし，その後は国際的な自由化の動きを背景として徐々に規制が緩和され，1964年の経常取引規制の原則撤廃に続いて，67年以降は対内直接投資の自由化も段階的に進められた。

このように，高度成長期を通じて為替管理は徐々に緩和されてきたが，少なくとも金融取引については1980年代半ばまでは厳しく規制されてきた。これは，業務分野規制，金利規制，さらには有担保原則といった国内金融市場におけるさまざまな規制や慣行を，海外の攪乱的な影響から守ることを主たる狙いとしていた。その後，1984年5月に公表された「日米円ドル委員会報告書」で示された自由化スケジュールに基づき，ユーロ円取引（日本以外の国の金融市場で取引される円を用いた貸付や円建ての債券発行等）の規制緩和や外国銀行による信託業務への参入などが逐次実施された。たとえば，1984年6月には日本に住んでいる居住者向けの短期ユーロ円貸付の自由化や，**円転換規制**（ドルを円に転換する量の制限）の撤廃が実施されたほか，85年6月には外銀の信託業務への参入が認められた。

そして，1998年4月の改正外為法の施行を受け，外国為替取引は全面的に自由化された。この結果，日本の商社やメーカーは文字どおり自由に外国為替取引を行えるようになった。

## 3 金融環境の変化と金融システムの対応

> 金融革新の進展と金融の自由化

　以上のような諸規制や慣行は，1970年代前半までの高度成長期においては確かに時代の要請に適合し，経済の成長・発展を促してきた側面は否定できない。しかし，1970年代前半にみられた国債の大量発行と日本経済の国際化（いわゆる2つのコクサイ化）を契機とする金融経済環境の変化とともに適合性を失い，その見直しあるいは撤廃を求めて70年代後半以降，**金融革新**が相次ぎ，そうしたなかで金融の自由化が進んでいったのである。それでは，2つのコクサイ化は，どういったかたちで金融革新の進展を促したのであろうか。

　国債の大量発行は，まず最初に国債の流通市場の発達を促すというかたちで，市場金利での運用が可能な市場をもたらした。そうしたなかで，企業や家計では，金利選好意識の高まりと呼ばれるように，より有利な資産運用機会を求めて，国債流通市場での資産運用を求めるようになった。また，変動相場制への移行とともに，為替リスクの回避を目的とした為替のスワップ取引（swap transaction）が増大したほか，為替管理の緩和により市場レートでの外貨運用が可能となった結果，そうした外貨での資産運用が拡大していった。

　こうしたなかで高度成長期に支配的であった金融取引に対する諸規制のコストが高まるとともに，企業や家計では市場レートの適用を強く求めたことから，規制回避的な金融革新が進展するよ

うになったのである。そしてまた，金融革新の進展は，規制当局の適応的変化，すなわち規制の緩和・撤廃を促すところとなり，これがさらに次の金融革新を可能にした。1970年代後半以降，こうした相互作用のなかで金融の自由化・国際化が進み，金融システムの枠組み全体についての変革が進んでいったのであった。

**預金類似商品の登場と業務分野規則の緩和**　金利規制の段階的緩和を促すきっかけとなったのは，1975年ごろから始まった債券の条件付売買市場，すなわち現先市場の拡大であった。大手企業は，余裕資金の効率的な運用を目的として，金利が規制されていた3か月や6か月の定期預金から，取引レートが自由に設定できる現先市場へと資金をシフトさせたのであった。加えて，定額貯金という独特の商品をもっている郵便貯金への資金シフトがみられたこともあって，銀行の預金吸収力が低下することになった。このため，銀行では，資金調達の安定化を狙いとして，1974年に自由金利の**譲渡性預金**（CD）を導入した。

また，1980年に取扱いが開始された**中期国債**ファンドも，銀行の資金吸収力に大きな影響を及ぼした。というのも，中期国債ファンドは流動性が高い（1か月経過後は引出し自由）だけでなく利回りが定期預金を上回っているため，家計や中小企業にとってはきわめて有利な金融商品だったからである。

金融革新の進展はまた，新たな金融商品やサービスの供給をめぐって銀行と証券会社との競争を活発化させた。そうしたなかで，銀行，証券会社に対する業務分野規制も部分的に緩和された。たとえば，これまで銀行は国債の引受けを除く公共債についての証券業務は禁止されていたが，1983年4月からは長期利付国債等

の窓口販売（窓販）が，同年10月からは中期利付国債および割引国債の窓販が認められるようになったほか，84年6月からはディーリングも認可された。

一方，証券会社は，1984年以降信用金庫などと提携して，中期国債ファンドと普通預金を組み合わせた**資金総合口座**を開発した。この資金総合口座を利用すれば中期国債ファンドと普通預金の振替が自由に行えることから，普通預金を経由するという形式をとりながらも，実質的には証券会社が決済機能をもつようになった。さらに，1992年5月には，短期の債券のほか，CD，CP（コマーシャル・ペーパー）といった短期金融商品の組入れが認められた**マネー・マネージメント・ファンド（MMF）**の取扱いが証券会社により開始された。MMFの最低購入単位は当初，100万円に設定されていたが，その後，段階的に引き下げられ，1993年10月以降は10万円となっている。中期国債ファンドおよびMMFの引出し（資金化）も，キャッシング機能の付与というかたちで，申込日当日に可能となるなど，その決済機能は一段と高まっている。

以上のように，銀行が部分的ながらも証券業務に進出する一方で，証券会社も銀行の伝統的業務である預金・貸出業務と類似の業務分野へと徐々に進出してきた。また1987年11月から発行が認められた国内CPの取扱いについては，銀行・証券の相乗りというかたちで実施されたほか，89年6月から開始された金利先物，通貨先物等の金融先物取引についても銀行・証券の双方に参加が認められた。このようにして銀行，証券会社の垣根は漸次低下し，それをさらに実効あるものとするため，1980年代後半以降，金融システムの抜本的な見直しが推進されることになった

のである。

# 4 金融環境の変化と金融制度改革

**金融制度改革に至る経緯**　　分業主義・専門金融機関制度に基づくわが国金融システムは，戦後の経済復興およびそれに続く輸出・投資主導型の高度成長を金融面から支えてきた。しかしながら，1970年代半ば以降の日本経済の安定経済成長経路への移行を背景として，都市銀行等も大企業向けの短期金融業務に加え，長期金融，中小企業金融など，これまで長期金融機関や地方銀行，協同組織金融機関が得意としていた分野にも重点を置くようになった。

　とりわけ，1980年代後半以降急速に進展した金融の自由化，国際化，証券化という金融環境の変化への対応のなかで金融機関相互間の競争が激化し，かつてのような「棲み分け」的あり方が崩れるとともに，金融機関の同質化が大きく進むことになった。その結果，分業主義に基づく縦割り型金融システムの意義が相対的に薄れてきただけでなく，分業主義の下では多様化する企業や家計の金融取引ニーズを十分満足させえない可能性も高まってきた。

　こうした状況下，より良質の金融サービスを国民に提供するとともに利用者利便の向上を図るためには業態間の垣根を越えた競争を促進する必要があるとの観点から，銀行，信託および証券業務の相互開放を目的とする**金融制度改革関連法**が国会に上程され，1992年6月に成立した。そして，93年4月以降，銀行，証券会

社および信託銀行はそれぞれの業務に特化した子会社(**業態別子会社**)の設立を通じて、銀行・証券・信託業務に参入できるようになった。なお、地方銀行等の地域金融機関については、子会社方式による参入が困難な場合もありうる点に配慮のうえ、地域金融機関本体での信託業務参入が認められた。

**業態別子会社の業務範囲**

もっとも、銀行等が新たに設立する証券子会社の業務範囲については、既存証券会社経営の健全性等を考慮しつつ漸進的に進めるとの考え方に基づき、当初は、①株券の発行および流通業務(ディーリング、ブローキング)、②転換社債等エクイティ物(株式に関連した有価証券)の流通業務、および③株価指数先物取引および株価指数オプション取引、という株式関連業務がその業務範囲から除外されていた。しかし、1999年10月、こうした業務制限はすべて撤廃された。銀行や証券会社が設立する信託銀行子会社の信託業務の範囲についても、同様の趣旨から、貸付信託、年金信託、合同金銭信託、特定金銭信託および指定単独金銭信託等が除外されていたが、同じく99年10月にすべての業務制限は撤廃された。

また、親金融機関が発行する有価証券を信託銀行子会社の信託勘定で購入するとか、親子間で顧客の非公開情報を伝達し合うといった相互参入に伴う弊害防止を狙いとして、親金融機関との取引、人的交流および顧客情報の交換に対しては原則禁止する、あるいは一定の範囲内にとどめるといった措置(ファイアーウォール)が講じられている。

金融制度改革関連法においては、このほか、中小企業・農林漁業・個人等に対する多様な金融商品・サービスの提供を目的とし

て，①信用金庫等による社債等の募集の受託業務，②信用組合，労働金庫，農協等による国債等の募集の取扱い・ディーリング，および外国為替業務が認められるなど，協同組織金融機関に対する業務規制の緩和ないし業務範囲の拡大もあわせて図られた。

日本版ビッグバンという規制撤廃・緩和措置の実施

しかしながら，このように規制緩和が漸進的なものにとどまっていると，わが国金融市場が国際的な金融取引の自由化，グローバル化の流れから大きく立ち遅れかねないとして，金融証券取引規制の大胆な緩和・撤廃が強く求められるようになった。そうしたなかで政府は 1996 年 11 月，2001 年 3 月を最終期限として金融制度の抜本的な改革を行うことを表明した。この制度改革は，86 年 10 月にイギリスで実施されたビッグバンと呼ばれる証券市場改革になぞらえて**日本版ビッグバン**と称される。

日本版ビッグバンに盛り込まれた金融規制の緩和・撤廃措置の主要なものは**表 2-1** のとおりであり，株式の売買手数料の自由化，取引所集中義務の撤廃など証券市場改革を中心としてきわめて広範多岐にわたっている。これらの規制緩和・撤廃措置のほとんどは 1998 年 12 月に実行に移された結果，2007 年 7 月には銀行等による保険の窓口販売も解禁された。

このビッグバンと称される規制緩和措置を金融制度改革という文脈で捉えると，**金融持株会社**の設立解禁がきわめて重要ということができる。銀行持株会社のもとに銀行，証券会社，保険会社などを配した総合金融グループの形成が可能となるなど，銀行・証券・信託・保険という金融業務分野規制が完全に消滅することになったからである。また，日本の金融市場を国際的にも通用する市場とすることを狙いとして各種の環境整備が実施された。た

表 2-1　日本版ビッグバンの実施状況

| 主 な 改 革 事 項 | 1997年度 | 1998年度 | 1999年度 | 2000年度 | 2001年度 |
|---|---|---|---|---|---|
| ①投資家・資金調達者の選択肢の拡大 | | | | | |
| ・内外資本取引等の自由化 | → (98/4) | | | | |
| ・証券総合口座の導入 | → (97/10) | | | | |
| ・証券デリバティブの全面解禁 | | → (98/12) | | | |
| ・銀行等の投資信託の窓口販売解禁 | | → (98/12) | | | |
| ・資産担保証券など債権等の流動化 | | → (98/9) | | | |
| ・有価証券定義の拡大 | | → (98/12) | | | |
| ・銀行等の保険の窓口販売解禁 | | | | | → (07/12) |
| ②仲介業者サービスの質の向上および競争の促進 | | | | | |
| ・金融持株会社の解禁 | → (98/3) | | | | |
| ・ノンバンクの資金調達の多様化 | | | → (99/5) | | |
| ・損害保険料率にかかわる算定会の改革 | | → (98/7) | | | |
| ・業態別子会社に対する業務制限の自由化 | | | → (99/10) | | |
| ・証券会社の登録制への移行 | | → (98/12) | | | |
| ・株式売買委託手数料の自由化 | | | → (99/10) | | |
| ③利用しやすい市場の整備 | | | | | |
| ・未上場・未登録株の証券会社による取扱いの解禁 | → (97/7) | | | | |
| ・取引所取引の改善と取引所集中義務の撤廃 | | → (98/12) | | | |
| ・店頭登録市場の流通面の改革 | | → (98/12) | | | |
| ・金融先物取引にかかわる環境整備 | | → (98/12) | | | |
| ④信頼できる公正・透明な取引の枠組み・ルールの整備 | | | | | |
| ・早期是正措置の導入 | | | → (99/4) | | |
| ・ディスクロージャー制度の見直し | | → (98/12) | | | |
| ・検査・監視・処分体制の充実 | | | | → (00/4) | |
| ・金融サービス法の制定 | | | | | → (07/10) |

とえば，2000年3月期決算から，有価証券，金銭債権やデリバティブなどの金融商品については，一部を除き，原則時価で評価する時価会計が導入された。

　以上のとおり，日本の金融制度のグローバル化，情報化の流れのなかで日本版ビッグバンや郵政民営化を契機として，フリー，フェアでグローバルなものへと大きく変貌したということができる。

### *Column* ③　土倉は日本における銀行の起源？

　金融論のテキストを紐解くと，近代的な銀行制度の淵源は通常，13～14世紀にかけて北イタリア・ロンバルディア地方で発達した両替商，あるいは17世紀イギリスのゴールドスミス（金匠）に求められる。それでは，日本の場合，近代的な銀行制度の萌芽は明治期以前には存在しなかったのだろうか。そんなことはない。わが国においては中世より金融取引が活発に行われており，とりわけ12世紀および15世紀にはかなりの活況を呈していた。

　そうしたなかで平安時代末期には，借上（かしあげ）と呼ばれる，銭を貸して高利の利息をとる専門の金融業者が現れた。借上を営んでいたのは主として僧侶であり，彼らは寺の供物を農民などに貸与し，債務不履行となった場合には質にとった田畑を没収したのであった。

　鎌倉時代になると，土倉（どそう・とくら）と呼ばれる質屋が借上に代わって金融業者の主流を占めるようになった。そして，15世紀前半の室町時代になると，土倉は質屋金融のほか，不特定多数の人々から利子付きでお金を集め，これを原資として貸付を行うという「合銭」（ごうせん）や，現在の為替に相当する替銭（かいせん・かえぜに）にも従事していた。すなわち，土倉は預金，貸付および為替業務を営んでいたのである。このことは，わが国は欧米主要国に匹敵するような金融の歴

史をもっていることを示しており、とりわけ銀行の起源に関してはイギリスよりも約1世紀古いということが指摘できる。

もっとも、土倉の場合、その多くが神人と呼ばれる神社・仏閣と結びついた特権的武士階級により営まれていたこともあって、室町時代末期に戦国大名による領国支配が強まるなかで、旧勢力である神社・仏閣の権威・経済力の低下とともに没落していった。その意味で、わが国の場合、土倉から直線的に近代的銀行制度が発達していったとは言い難いが……。

このように、出挙、借上、土倉に代表される古代から中世にかけての金融取引の多くは神社・仏閣により営まれていたという事実は、次の2点で非常に興味深い。第1に、当時の社会における富の分布状況や金融取引と神仏とが密接につながっていることを示している。第2に、神社・仏閣が金融取引を営んでいたのは、その債権が幕府や領主によって保護されていたほか、借り手も神仏の冥罰を受けるのをおそれて約定どおりに返済しようと努めていたのである。

### *Column* ④ 銀行業と商業の分離

銀行業と商業の分離とは、商業（非金融事業法人）による銀行の支配・所有を排除しようとする政策のことをいう。仮に両者が分離されていないと銀行による貸出決定の独立性が維持しえず、資産内容の健全性が脅かされるおそれがあるからである。したがって、銀行業と商業の分離は銀行制度のあり方を考えるうえでは見過ごしえない問題といえよう。

わが国においては現行法制上、銀行業と商業の融合に関する明文規定はないが、実態的には抑制的に運営されていた。とりわけ、明治・大正期においてはとくに禁止されていなかったため、商業の経営者が傘下企業の資金調達を目的として銀行を設立し、関連の企業に融資を集中させるという動きが相次いだ。そうした銀行は当時、商業の資金調達機関であることにちなんで機関銀行と呼

ばれていたが，銀行の機関化が進むと資産内容の健全性が損なわれる可能性が高かった。

実際，機関銀行による与信の多くが第一次大戦後の反動不況のなかで不良化し，1927（昭和2）年の金融恐慌の背景を形成したとされている。1927年に制定された銀行法は，銀行の株式会社化および最低資本金の引上げによる銀行合同の推進を通じて，銀行業と商業の統合を排除しようとするところに狙いがあったとも考えられる。第二次大戦後，銀行と企業は旧財閥系企業集団に代表されるように長期的な金融取引，株式の持合いや役員派遣を通じて緩やかに結びついてはいるが，わが国の場合，銀行業は商業とは事実上分離されていた。

しかし，情報化，グローバル化の進展とともに，銀行と商業との境界線も曖昧化し，わが国においても流通業やメーカーから銀行業への参入希望が高まってきた。そうした流れのなかで，政府では2000年5月，親企業の適格性に対する審査や銀行子会社の収益性など一定の条件を満たした申請案件については，異業種による銀行設立を認可する方針を明らかにした。旧態依然とした日本の銀行業界の体質改善を図るには新しい血を入れる必要があり，そのためには異業種の参入を促進すべきという考え方が背景にある。

## 参考文献

鹿野嘉昭〔2006〕『日本の金融制度（第2版）』東洋経済新報社。
全国銀行協会金融調査部編〔2010〕『図説 わが国の銀行（改訂版）』財経詳報社。

# 第3章 資金循環と金融構造

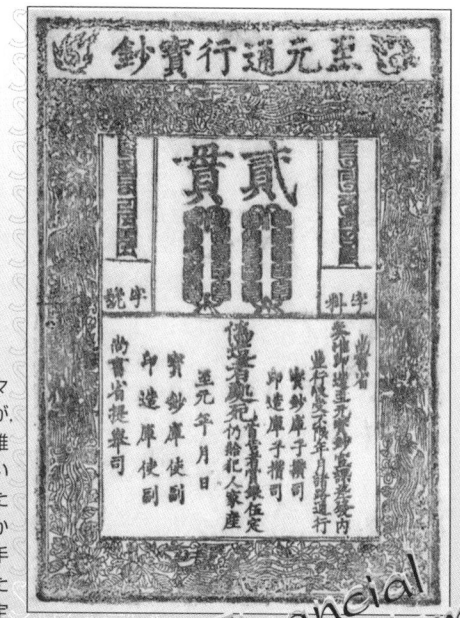

金融取引には種々の形態がありうるが、そうした取引を「誰から誰へ」、「どういった形態で行われたのか」という観点からマトリックスの手法を用いて記述した統計を資金循環勘定という。本章は、資金循環の考え方を概説した後、わが国における資金循環勘定の作成方法とその読み方を説明するものである。

*中国の紙幣*
*世界初の紙幣は10世紀後半、中国は四川省で作られた。*

資金循環勘定から日本の金融取引面での特徴をみると、高度成長時代は、規制色の強い枠組みを反映して、①間接金融の優位、②オーバーローン、③オーバーボローイング、④資金偏在が現出していた。しかし、日本の経済の安定成長経路への移行とともに、そうした特色も漸次後退しているといえよう。

この間、家計による貯蓄の運用形態も多様化し、最近では保険、投資信託などのウエイトが上昇している一方、企業部門においては近年、株式関連の資金調達が増大している。

# *1* 金融取引と資金循環

**資金循環勘定とは**　ある一国においてどれだけの財・サービスが生産されたかという点に関しては通常，国民所得統計により捉えられる。このとき，ある一定期間中（たとえば1年間）に生産された財・サービスは，当該期間における家計や企業といった経済主体の欲求を満たすための消費，あるいは翌期以降の欲求を満たす投資として必ず利用される。所得から消費を差し引いたもの，すなわち翌期以降の購買力として留保されたものを**貯蓄**と定義すると，国民所得に関する三面等価の原則（国民所得は支出，生産，分配いずれの面で捉えても等しい）からも明らかなように，貯蓄と投資は必ず一致する。

このようにマクロ的にみた場合，貯蓄と投資は事後的には必ず一致する。しかしながら，個々の経済主体について考えると，第1章で述べたように，そうとは限らない。むしろ現代社会においては，家計のように投資以上の貯蓄を行う主体（貯蓄超過主体）と，企業のように貯蓄以上の投資を行う主体（投資超過主体）に二極分化しているのが一般的な形態と考えられる。投資超過主体が投資を行おうとすれば，貯蓄超過主体から資金を融通してもらう必要があり，そのため，両者の間で金融取引が発生することになる。

こうした経済主体別にみた貯蓄投資バランス（貯蓄と投資の差額）と，それに伴って生じる経済主体間の金融取引を一覧性のある表に取りまとめたものを，**資金循環勘定**あるいは**マネー・フロー表**という。すなわち，資金循環勘定とは，経済主体間の資金の流

れを「誰から誰へ」「どういった形態で行われたのか」という観点からマトリックスの手法を用いて記述したものである。資金循環勘定はまた，**金融取引表**と**金融資産負債残高表**の2つからなる。金融取引表は，ある一定期間における資金循環をフローベースで取りまとめたものであり，狭義のマネー・フロー表と呼ばれることもある。これに対し，金融資産負債残高表は，ある特定の時点における金融資産の蓄積状況をストックベースで示したものである。

> わが国における資金循環勘定とその読み方

わが国や欧米の主要国においては，上記の考え方にしたがって資金循環勘定が年間あるいは四半期ベースで作成・公表されている。日本においては，日本銀行がその作成を担当している。わが国の資金循環勘定は，**表3-1**のように左から右に向けて，国民経済を構成する経済主体を6部門に分ける一方，上から下に向けて取引項目を並べ，最後に各主体ごとの貯蓄・投資差額を示す資金過不足が負債の欄に記載される扱いとなっている。資金循環勘定はまた，一国経済における経済活動を統計的に記述する**国民経済計算**（SNA, System of National Account）体系において，経済活動の金融的側面を体系的に示す統計として位置づけられている。ちなみに，SNA体系は，資金循環勘定のほか，国民所得勘定，産業連関表，国際収支表および国民貸借対照表からなる。

それでは，資金循環勘定からは，どのようなことが読みとれるのであろうか。2010年中の資金取引を示した**表3-1**に基づき，具体的に説明することにしよう。最初に部門別資金過不足をみると，非金融法人企業部門では，投資超過に伴う不足資金を民間金融機関からの借入金や社債・株式の発行により調達しているが，

1 金融取引と資金循環　59

## 表3-1　日本の資金循環勘定（金融取引表，2010年）

(単位：千億円)

| 取引項目 | 金融機関 資産 | 金融機関 負債 | 非金融法人企業 資産 | 非金融法人企業 負債 | 一般政府 資産 | 一般政府 負債 | 家計 資産 | 家計 負債 | 対家計民間非営利団体 資産 | 対家計民間非営利団体 負債 | 海外 資産 | 海外 負債 |
|---|---|---|---|---|---|---|---|---|---|---|---|---|
| 現金・預金 | 41 | 221 | 78 | 0 | -4 | 0 | 103 | | 2 | 0 | 1 | -1 |
| 現金・日銀預金 | 2 | 165 | 30 | 0 | 18 | 0 | 112 | | 3 | 0 | -1 | 0 |
| 流動性預金 | | | | | | | | | | | | |
| 定期性預金・CD・ | 15 | 39 | 48 | 0 | -16 | 0 | -10 | | -1 | 0 | 1 | -1 |
| 外貨預金 | | | | | | | | | | | | |
| 財政融資資金預託金 | -28 | -38 | 0 | | -9 | | | | | | | |
| 貸出 | -263 | 163 | 12 | -168 | 34 | -47 | 0 | -71 | -3 | 0 | 122 | 25 |
| 民間金融機関貸出等 | -119 | -21 | 0 | -111 | 0 | 32 | 0 | -47 | 0 | 4 | 0 | 24 |
| 公的金融機関貸出 | -151 | -43 | 0 | -10 | 0 | -75 | 0 | -21 | 0 | -1 | 0 | -1 |
| 日銀貸出・コール・手形 | 79 | 81 | 0 | | 2 | -1 | 0 | | 0 | 0 | 0 | 0 |
| その他の貸出 | -18 | 92 | 6 | -42 | -8 | -1 | 0 | -3 | -3 | -3 | 90 | 24 |
| 現先・債券貸借取引 | -54 | 54 | 6 | -6 | 41 | -3 | 0 | 0 | 0 | 0 | 32 | -23 |
| 株式以外の証券 | 450 | -70 | 1 | 41 | 23 | 541 | -29 | | 0 | 0 | 67 | |
| 株式・出資金 | -7 | 25 | 3 | 10 | 7 | 0 | -3 | | 0 | | 36 | |
| 金融派生商品 | 0 | 0 | 0 | 0 | | | 0 | | | | 0 | |
| 保険・年金準備金 | | 11 | | | | | 11 | | | | | |
| その他 | 214 | 16 | 172 | 58 | 108 | 15 | -24 | 15 | 0 | -3 | 10 | 378 |
| 資金過不足 | | 78 | | 325 | | -351 | 57 | 113 | | 2 | | -166 |
| 合計 | 407 | 407 | 265 | 265 | 159 | 159 | 57 | 57 | -1 | -1 | 236 | 236 |

(資料) 日本銀行調査統計局『金融経済統計月報』。

> 金融取引表とは，種々の金融取引を「誰から誰へ」「どういった形態で行われたのか」といった観点からマトリックスの手法を用いて記述した統計であり，一国経済における資金の流れを分析するために利用される。

60　第3章　資金循環と金融構造

近年，既往借入金の返済が新規借入を上回ることなどを主因として貯蓄超過（返済超過）となっている。そのため，負債にある資金過不足欄の計数は，たとえば2010年では32兆5000億円となって，貯蓄超過であることを示している。

家計部門は，住宅ローンを中心として負債を抱えているものの，全体としては貯蓄超過すなわち資金余剰の状態にある。余剰資金は預貯金，投資信託（「株式以外の証券」に計上）や保険，株式や社債といった有価証券などで運用されている。

一方，一般政府部門は大幅な資金不足の状態にあり，その不足資金については国債・地方債の発行や銀行借入などにより民間部門から調達されている。実際，政府部門の資金不足（－で示される）は2010年では，負債にある資金過不足欄が示すように，35兆1000億円となっている。

海外部門は，日本の対外取引の相手方の状態を記録するために設けられた部門であり，海外部門の資金過不足と国内部門資金過不足の合計はゼロとなることから，日本の国内部門合計とはちょうど逆の動きを示すことになる。たとえば，日本国内が貯蓄超過（＝資金余剰）の状態にあると，必ず同額の経常収支黒字が発生する。日本の経常黒字（資本収支赤字）は，対外取引の相手方である海外部門の経常赤字（資本黒字）に対応しているため，日本の貯蓄超過＝資金余剰は，海外部門の投資超過＝資金不足ということになる。この関係は一国経済における貯蓄投資状況を議論するうえでの基礎となるので，しっかりと理解しておく必要がある。

**資金循環勘定の利用方法**

このような資金循環勘定は，実際にどのように利用されるのであろうか。具体的に考えることにしよう。資金循環勘定に

ついては種々の利用方法が考えられるが，次に掲げるようなかたちで利用されるのが一般的となっている。

第1は，経済政策論議の基礎としての貯蓄投資バランスの国際比較である。これは，日本の貯蓄超過＝資金余剰は海外部門の投資超過＝資金不足という関係に示されるように，資金循環勘定は実体経済活動と金融活動とを関連づける統計であるという側面を利用したものである。たとえば，経常収支の黒字国に対しては，公共投資等の拡大による貯蓄減らしが，また赤字国に対しては歳出の削減や貯蓄奨励策の実施などが提唱される。

第2は，一国における金融構造面での特徴を描写することである。金融構造とは一般に，ある一定の制度的な枠組みを前提に行われる金融取引の結果として長期的な傾向としてみられる各経済主体による資金の運用・調達状況についての構造的な特徴のことをいう。そしてまた，金融構造を議論するに際しては，各国の金融構造との比較も重要となるため，通常は国際的な観点も加味したうえで，どういった点が金融構造上の特徴点として考えることができるかが議論される。この点に関しては，第2節で詳しく触れることにする。

第3は，企業，家計といった国内経済各部門による資金の運用・調達状況に関する検討である。企業や家計の資産・負債状況に関しては，法人企業統計や家計調査など各種の統計が利用可能となっている。しかしながら，そうした統計はいずれも標本調査にとどまり，日本経済全体をカバーするものではない。これに対し，資金循環勘定での計数はすべて，日本経済全体を対象としたマクロの計数であるため，国内経済部門の資金運用・調達を分析するに際しては，資金循環勘定が利用されるのが一般的となって

いる。日本における家計や企業部門の金融取引行動の特徴点については，第3節で詳しく議論しよう。

**資金循環勘定利用に際しての留意点**

このように資金循環勘定は，一国経済における金融活動を実体経済活動との関連で分析・評価したり，各経済主体の金融行動を分析するうえでの基礎統計として重視されている。しかしながら，資金循環勘定は，ある一定の方法に基づき集計された事後的な計数の集合体であるため，その利用に際しては，次に掲げる3点について留意する必要がある。

第1に，資金循環勘定は，あくまでも過去における金融活動を事後的に記述するにとどまる。したがって，資金循環勘定を用いて，この先どのような金融の流れが生じるとか，貯蓄が今後どのようなルートを通じて実物経済活動に影響を及ぼしていくのかといった事前的な予測を行うことはできない。

第2に，一定の期間における資金の流れを示す金融取引上の計数はすべて，資金の流入と流出を相殺したネット・ベースの資金フローである。これに対し，企業や家計は，多くの場合，資金の流入あるいは流出いずれかというグロス・ベースでのフローを基準として金融取引に関する意思決定を行っているため，資金循環勘定でその取引量が把握できる個々の金融取引が実体経済に及ぼす効果を分析するには適していない。

第3に，資金循環勘定は，各種金融取引遂行の結果，資金の流れが最終的にどういった金融資産・負債の形成につながったのかを事後的に示すものにすぎない。たとえば，家計部門の現金保有が100万円増加したとした場合，それがどのような経路を通じて実現したのかという因果関係について，資金循環勘定からはい

かなる情報も得られないのである。

## 2 日本の金融構造の特色とその変容

高度成長期の金融構造　日本経済は，1955年以降70年代初頭まで約20年の間，いわゆる高度成長時代にあった。その当時，金融に対しては，個人部門の資金余剰を鉄鋼，造船等の基幹産業を中心として法人企業部門へと円滑に融通し，輸出・設備投資主導の経済成長を資金供給面から支えることが求められた。このため，個人部門の貯蓄資金を銀行等の金融仲介機関に集中のうえ成長・戦略産業へと低利で重点的に配分することを狙いとして，第2章で述べたとおり，金融取引に対しては業務分野規制，金利規制および内外金融市場分断規制のほか起債調整など，各種の競争制限的規制が課せられていた。この規制色の強い金融取引の枠組みは，高度成長時代の金融構造面での特色として，①間接金融の優位，②オーバーボローイング，③オーバーローン，④資金偏在，という4つの現象を現出させた。

これら高度成長時代の金融構造面での特色のうち，**間接金融の優位**とは，企業金融上，銀行等の金融仲介機関を経由する資金供給が圧倒的な地位にあったことをいう。実際，わが国高度成長期においては間接金融の割合がほぼ一貫して9割前後を占めていた。**オーバーボローイング**は，法人企業部門の資金調達において銀行借入への依存度がきわめて高い状態のことをいう。高度成長時代においては「投資が投資を呼ぶ」と称されるように，法人企業部門の資金不足が大きく拡大していったのである。この不足資

金のファイナンスについては，当時は企業の内部留保の蓄積が乏しかったこともあって，銀行借入を中心とした外部資金に依存せざるをえなかったという事情を反映したものと考えられる。

これに対し，**オーバーローン**とは，民間金融機関部門が恒常的に与信超過（預金と資本金以上に貸出・有価証券投資を行っている状態）となり，その資金不足分を日銀借入（中央銀行である日本銀行からの借入れ）に依存している状態をいう。**資金偏在**は，恒常的に与信超過の状態にある都市銀行と，通常は受信超過の状態にある地方銀行・相互銀行（現在の第2地方銀行）・信用金庫等に民間金融機関部門が二極分化するとともに，両者がインターバンク市場での恒常的な借り手・貸し手となって一方通行的な資金融通の関係が定着していたことをいう。

**日本経済の構造変化と金融構造の変容**

1973年の第一次石油危機の発生や変動相場制への移行等を契機として，わが国の金融・経済は大きな構造変化を経験することになった。とりわけ，日本経済の安定成長経路への移行とともに，財政赤字が著しく拡大した。この公共部門の資金不足拡大は，1975年度以降の国債の大量発行をもたらすとともに，国債流通市場の拡大を促した。加えて，為替管理の緩和・弾力化を背景として，日本経済の国際化や内外資本移動の活発化が進展するというかたちで金融の国際化が進んだ。

このような日本経済の構造変化および2つのコクサイ化（国債の大量発行と国際化）を背景として，1970年代後半以降，オーバーローンなど高度成長期を特徴づけた金融構造は次第に変容を遂げていった。たとえば，オーバーローンは，日本銀行が貸出に代わる金融調節手段として手形・債券オペを活用するようになった

ことを主因として1990年代半ばまでに解消した。一方，資金偏在にはほとんど変化がみられなかったが，個人貯蓄の吸収という点においては，銀行預金のウエイトが低下した一方で，郵便貯金，保険，信託および投資信託のウエイトが上昇した。

　一方，オーバーボローイングは法人企業部門の資金不足が大きく縮小した一方で，海外市場での起債が増大するなど銀行借入以外の資金調達手段の多様化が進んだことから，1970年代後半以降，漸次後退していった。しかしながら，1980年代後半になると，法人企業部門の資金不足は，設備投資の増加やいわゆる財テク活動の活発化などを主因として再び拡大するようになった。その後，1990年代後半以降，折からの景気後退や金融システム不安の高まりなどを背景として，負債の返済超過というかたちで資金余剰が発生するに至っている。

　この間，間接金融の優位という金融構造に関しては，ほとんど大きな変化はみられないように映るが，やや子細にみると，次のような質的変化が窺える。第1に，金融仲介機関相互間のシェアにおいてかなりの変動がみられ，とりわけ公的金融機関のシェア上昇が目立つ。第2に，その一方で，民間金融仲介機関においては，銀行がシェア・ダウンすることになった。第3に，間接金融のなかにおいては貸出のウエイトが高度成長時代の75％程度から60％前後へと大幅に低下した反面，有価証券のウエイトが大きく上昇をみている。これは，財政赤字ファイナンスを目的として大量に発行された国債のかなりを銀行等の金融仲介機関が取得していたことによるものと考えられる。

# 3 家計・企業部門の金融取引行動

| 部門別にみた貯蓄投資バランスの推移 | 家計・企業部門の貯蓄投資バランスあるいは資金過不足状況の特徴点について議論する前に，各経済部門の貯蓄投資バラ |

ンスがこれまでの間，どのようなかたちで推移してきたのか，簡単に振り返ることにしよう。

図 3-1 は，各経済部門の資金過不足の推移を示したものである。この図からも明らかなように，国内経済部門では家計部門が一貫して大幅な資金余剰にある。家計部門の資金余剰は，2001 年以降はほぼ 20 兆円前後で推移している。民間非金融法人企業部門の場合，基本的には投資が貯蓄を上回るため，資金不足の状況にある。しかし，近年は景気低迷に伴う設備投資の減退を主因として資金不足幅が縮小し，1998 年度以降は返済が新規借入を上回る返済超過（貯蓄超過）となっている。こうした貯蓄超過の大部分は近年，景気刺激を狙いとして実施された公共投資や減税に伴う政府部門の資金不足（財政赤字）を賄う方向で機能している。一方，海外部門については，おおむね資金不足，すなわち日本の経常収支黒字となっている。

| 個人部門による資産運用の多様化 | それでは，個人部門において蓄積された貯蓄はどのような形態でもって運用されているのであろうか。家計部門による貯 |

蓄の運用形態も金融自由化の流れのなかで，**金利選好意識**の高まりを背景として 1980 年代後半以降，次のようなかたちで多様化

図 **3-1**　部門別資金過不足の推移

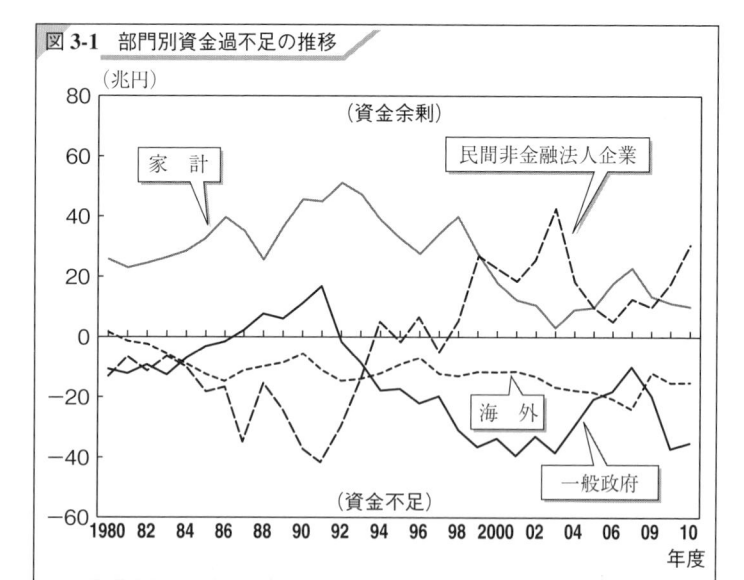

わが国の場合，個人部門が高い貯蓄率を背景として一貫して資金余剰にある。法人企業部門も 1998 年度以降，貯蓄超過となっている。これら民間部門の貯蓄超過額が一般政府部門の赤字を賄い，その余剰分が海外での資産運用に振り向けられている。法人企業部門の資金不足が縮小しているときには，公共部門の資金不足が拡大するという対照的な動きを示している。

(注)　1) 国鉄清算事業団・国有林野事業特別会計の債務承継要因の調整を実施（1998 年度）。
　　　2) 日本高速道路保有・債務返済機構の発足要因（中央政府に分類）の調整を実施（2005 年度）。詳細は，日本銀行ホームページ（http://www.boj.or.jp/statistics/outline/notice_2006/ntsj24.htm）参照。
　　　3) 財務投融資特別会計・財政融資資金勘定（公的金融機関に分類）から中央政府部門への積立金繰入れ要因の調整を実施（2006 年度は 12.0 兆円，08 年度は 11.3 兆円，09 年度は 7.3 兆円，10 年度は 4.8 兆円）。
　　　4) 中央政府による日本郵政への出資金増加等要因の調整を実施（2007 年度）。詳細は，日本銀行ホームページ（http://www.boj.or.jp/statistics/outline/notice_2008/ntsj29.htm）参照。
(出所)　日本銀行「資金循環勘定 2011 年第 1 四半期速報：参考図表」。

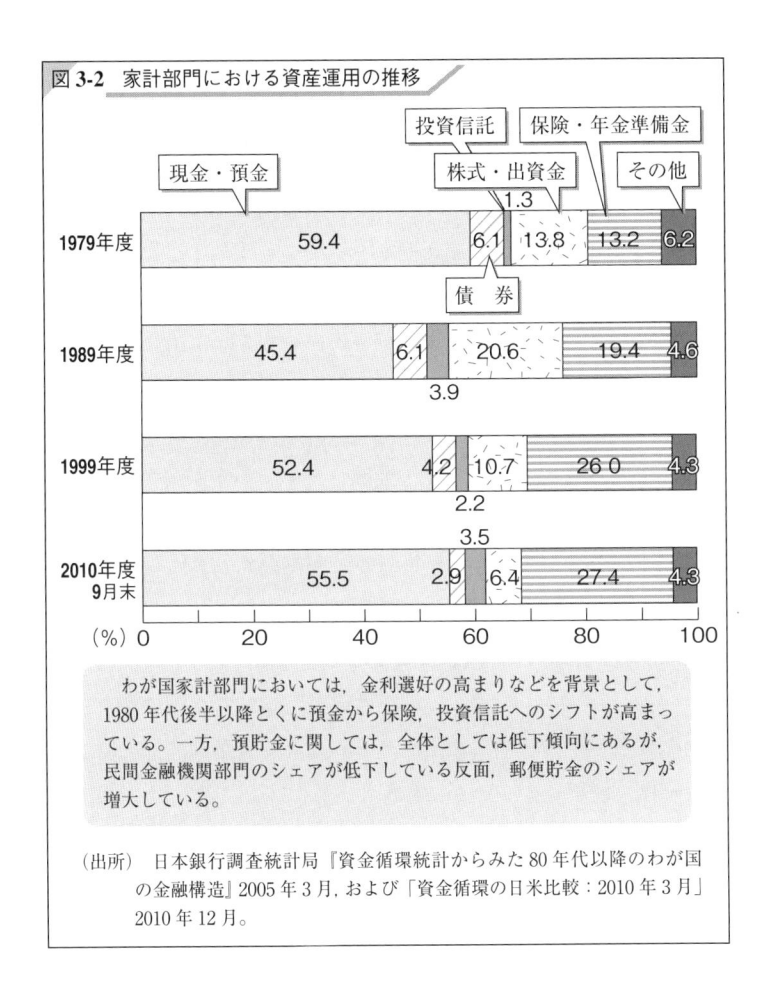

### 図3-2 家計部門における資産運用の推移

| 年度 | 現金・預金 | 債券 | 株式・出資金 | 投資信託 | 保険・年金準備金 | その他 |
|---|---|---|---|---|---|---|
| 1979年度 | 59.4 | 6.1 | 13.8 | 1.3 | 13.2 | 6.2 |
| 1989年度 | 45.4 | 6.1 | 20.6 | 3.9 | 19.4 | 4.6 |
| 1999年度 | 52.4 | 4.2 | 10.7 | 2.2 | 26.0 | 4.3 |
| 2010年度9月末 | 55.5 | 2.9 | 6.4 | 3.5 | 27.4 | 4.3 |

わが国家計部門においては，金利選好の高まりなどを背景として，1980年代後半以降とくに預金から保険，投資信託へのシフトが高まっている。一方，預貯金に関しては，全体としては低下傾向にあるが，民間金融機関部門のシェアが低下している反面，郵便貯金のシェアが増大している。

(出所) 日本銀行調査統計局『資金循環統計からみた80年代以降のわが国の金融構造』2005年3月、および「資金循環の日米比較：2010年3月」2010年12月。

がすすんでいる（図3-2参照）。

第1に，わが国の家計部門においては，1980年代後半，定期性預金から保険，株式，出資金，投資信託へのシフトがみられるなど，金融資産運用面での多様化が進んだ。とりわけ1980年代後半は預金から保険，投資信託へのシフトが一段と強まった。

3 家計・企業部門の金融取引行動　69

1980年代後半の株価急騰局面にあって一時払養老保険や86年10月に導入された実績配当型の変額保険が高い利回りを提示できたことなどを主因として家計により強く選好されたため，家計貯蓄に占める保険の構成比率も1979年度末の13.2％から89年度末には19.4％へと大幅に上昇したのであった。また，投資信託も，株式投資信託での運用増加，流動性の高い公社債投信の開発・提供などを主因として家計貯蓄に占めるシェアも拡大した。

第2に，現金・預金のウエイトは1980年代末にかけて低下したが，その後再び上昇に転じている。現金・預金のウエイトが近年上昇をみた背景としては，①金融システム不安が高まるなかで安全な郵便貯金が選好されたことや，②超低金利のもと，安全資産としての預金が選好されたことなどが挙げられる。

### 企業部門によるエクイティ・ファイナンスの増大

次に企業部門による資金の運用・調達状況をみることにしよう。1970年代前半までの高度成長時代，わが国の企業は慢性的な資金不足の状態にあった。そのため，資金調達上の関心事はもっぱら所要資金をいかに確保するかにあった。加えて，資金調達の大部分は，間接金融主体の金融構造の下，銀行借入からなっていた。

しかしながら，1980年代後半においては，金融の自由化，国際化に伴う証券市場関連の規制緩和措置の実施や折からの株価の高騰を背景として，図3-3(2)のとおり，増資の実行，転換社債およびワラント債（新株引受権付社債）の発行という株式関連の資金調達（いわゆる**エクイティ・ファイナンス**）が急速な勢いで増大していった。エクイティ・ファイナンスの増加は，「企業の銀行離れ」といわれるように銀行借入依存度を低下させた。また，

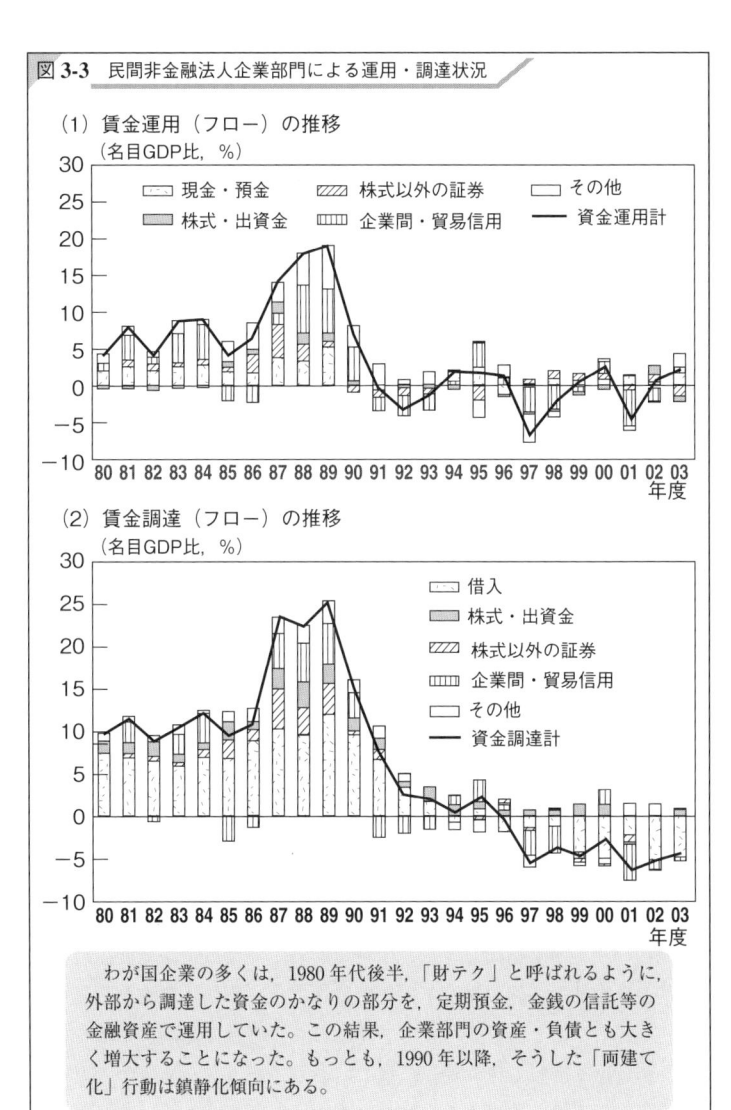

図 3-3 民間非金融法人企業部門による運用・調達状況

(1) 賃金運用（フロー）の推移
（名目GDP比，%）

凡例：現金・預金／株式以外の証券／その他／株式・出資金／企業間・貿易信用／資金運用計

(2) 賃金調達（フロー）の推移
（名目GDP比，%）

凡例：借入／株式・出資金／株式以外の証券／企業間・貿易信用／その他／資金調達計

> わが国企業の多くは，1980年代後半，「財テク」と呼ばれるように，外部から調達した資金のかなりの部分を，定期預金，金銭の信託等の金融資産で運用していた。この結果，企業部門の資産・負債とも大きく増大することになった。もっとも，1990年以降，そうした「両建て化」行動は鎮静化傾向にある。

(出所) 日本銀行調査統計局『資金循環統計からみた80年代以降のわが国の金融構造』2005年3月。

わが国の企業の多くは,「財テク」と称されるように,エクイティ・ファイナンス,銀行借入あるいは CP 発行により外部から調達した資金のかなりの部分を,定期預金,金銭の信託,株式等の金融資産で運用していた。もっとも,1990年より後は再び借入金による資金調達が増大しているが,96年からは返済超過に転じている。

このうち 1980 年代後半にみられた企業による資金の運用・調達行動は,「金融資産・負債の両建て化」と呼ばれることが多い。そうした動きが広範化した背景としては,長期にわたる金融緩和の下で金融機関が与信を拡大させたことや,金融自由化のなかで相対的に割安な手段で資金を調達し,それを有利な金融資産へと運用することが可能となっていたことなどが指摘されている。このほか,1989 年まで続いた土地や株式といった資産価格の高騰と取引の活発化も,企業価値の上昇や借入れに際しての担保余力の増大などを通じて少なからず影響していたとみられている。

### *Column* ⑤　11世紀からあった為替取引

わが国における為替取引の源流としては,1048 年の東大寺文書にみられる「替米(かえまい)」が挙げられる。なぜ替米が為替なのかと問われれば,当時は米といった物品貨幣が再び支配的となっていたという事情が指摘できる。中世において為替取引が発展したのは,寺社などの荘園領主が年貢物の輸送に伴う不便と危険を回避しようとしたことを背景とする。すなわち,寺社の荘園は京都や奈良から遠く離れた遠隔地に位置しており,そうした場所から京都などに年貢物を運搬するにはかなりの困難を伴うため,寺社がその所在地での年貢物の受取りを希望するようになったからである。

替米は,諸司・諸家が発給した切下文(きりくだしぶみ)・返抄(へんしょう),あるいは諸国に

より発給された国下文・国符といった個人への支払・給付手段を基礎として行われていた。すなわち，諸司・諸家・諸国等の必要とする物品を立て替えた人は代金として切下文などを受け取り，それを京都近郊の受領の管理する倉に提示のうえ，文書に記載されただけの物品の支払・給付を受けたのであった。12世紀以降，中国からの渡来銭が貨幣として利用されるようになったが，そうしたなかで13世紀後半には銭貨を対価とした為替（割符）が登場するようになった。

このことからも明らかなように，わが国中世においては商業取引の発展を背景として各種の信用取引が始まった。当然のこととして，債務の不履行も少なからずみられたが，そうしたリスクを承知のうえで取引コストの低減を目的として為替などの信用取引が拡大していったという点にも留意する必要がある。そしてまた，切符・手形，仕切，株式，寄付といった商業・金融に関連した用語は，多くの場合，中世にまでさかのぼることができるという事実は，わが国における商業取引の淵源は中世に求めうることを示唆していると考えられ，非常に興味深い。

## *Column* ⑥ 資産選択の理論と最適ポートフォリオ

家計は，将来の備えや住宅購入資金積立てなどを目的として所得の一部を消費せずに貯蓄として残し，主として金融資産で運用している。いうまでもなく，金融資産には満期期間，金利，リスクなどを基準として多種多様なものがある。それでは，家計は自らの貯蓄資金をどのような金融資産にどれだけ振り向ければよいのだろうか。これを最適ポートフォリオ選択の問題という。俗な言葉に財産三分割法というのがある。すなわち，財産がある一定の水準以上となった場合には，銀行の定期預金だけでなく，定期預金，債券，株式にそれぞれ3分の1ずつ運用すればよりよい収益が得られるという経験則である。

この経験則が示しているように，確定利回りの安全資産に全額

### 図　安全資産と危険資産の間での資産選択

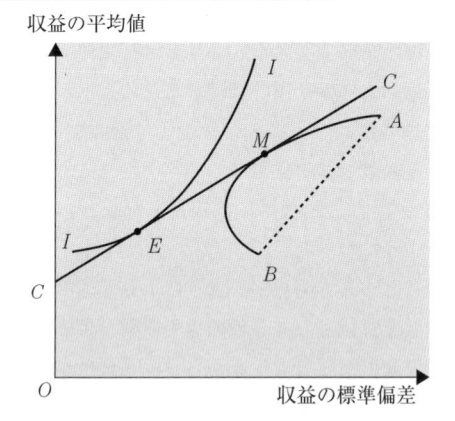

（縦軸：収益の平均値、横軸：収益の標準偏差。曲線 $II$ は無差別曲線、$AB$ は有効フロンティア、$CC$ は点 $E$ で $II$ に接し点 $M$ で $AB$ に接する直線。点 $E$、$M$、$B$ が示されている。）

> 安全資産と危険資産とがある場合，投資家にとって最適なポートフォリオは，①安全資産の保有比率は点 $E$ で，そして，②危険資産相互間の保有比率は点 $M$ でそれぞれ決定される。とりわけ，危険資産相互間の保有比率は，投資家のリスク選好とは独立して決定される。

運用するよりも，一定のリスクを負担のうえ各種の金融資産に分散投資すれば，より高い利回りが得られる。このことは，ノーベル賞経済学者のジェームズ・トービンにより平均・分散アプローチに基づく期待効用極大化仮説により理論的に示された。すなわち，投資家はより大きなリスクの負担に際してはより高い利回りを要求するという意味で危険回避的であるとすると，投資家の資産運用にかかわる無差別曲線は，図の $II$ 曲線のような形状をとる。一方，投資家が負担するリスクと収益との関係を示す有効フロンティア（予算線に相当）は図の $AB$ 曲線で示される。

このため，この投資家にとって最適なポートフォリオは，①安全資産の保有比率は点 $E$ で，そして②危険資産相互間の保有比率は点 $M$ で決まる。ここで留意を要するのは，投資家の無差別曲線と有効フロンティアとが直接接していないことからも明らか

なように，危険資産相互間の保有比率は投資家のリスクに対する選好態度とは独立して決定されるということであり，これを資産選択に関する分離定理という。

## 参考文献

黒田晁生〔2011〕『入門金融（第5版）』東洋経済新報社。

日本銀行調査統計局経済統計課〔2001〕『入門資金循環』東洋経済新報社。

前多康男・鹿野嘉昭・酒井良清〔2006〕『金融論をつかむ』有斐閣。

# 第4章 貨幣と決済

*世界最古の貨幣：エレクトロン貨*
紀元前7〜6世紀にリディア
（現在のトルコ）で利用された
エレクトロン貨が最古の貨幣とされている。

　経済活動を始めた人類は，やがて交換手段として貨幣を利用するに至った。現代社会においても，われわれはきわめて当然のこととして貨幣を使用している。けれども，「貨幣とは何か」と改めて問われれば，答えに窮してしまうのが常といっても過言ではない。本章は，このアリストテレス以来の問題に関する考え方を整理したものである。

　われわれは債務の履行に際し，現金通貨のほか，小切手・手形，クレジット・カードなど各種の決済手段を利用しているが，それらはどのような方法で資金をやりとりしているのだろうか。また，そうした決済の構造にはどのような問題が潜んでいるのだろうか。

　金融のエレクトロニクス化の進展は，決済業務の効率的運営を促した一方で，新たなリスクを発生させてもいる。ここでは，わが国における主要決済システムの概要を説明した後，今後解決すべき課題についても簡単に触れる。

# *1* 貨幣の意義と機能

> 貨幣, 金融の起源

始めに, **貨幣** (money) および金融の起源について触れ, その後, 現代における貨幣の機能について解説することにしよう。さまざまな経済活動から生じた支払を完了させる手段として貨幣は生まれてきたといえる。このため貨幣は, **一般的支払手段** (general means of payment) と定義される。貨幣は, 民間の商業取引 (商業的経済) のなかから財の交換取引を円滑にとり進めるための工夫として誕生した。王や国家が貨幣を鋳造あるいは紙幣を発行するのは, その後の局面であった。

いくつかの地域的な経済圏のなかで, 何らかの「モノ」が貨幣として受け入れられるようになっていくというかたちで, 取引手段として貨幣はまず発達した。これは, **一般受容性** (general acceptability) と呼ばれる性質である。まず人類は, 物々交換を繰り返すうちに, 貨幣として都合のよい性質をもった財, たとえば, 石・貝・金属を選択していった。こうした貨幣は, 装飾品や, 他の生産物の原料としても利用される財であるため**商品貨幣** (commodity money) と呼ばれる。

やがて, 耐久性・可分性・希少性に優れた金・銀に代表される**金属貨幣** (metallic money) が現れた。当初, 金・銀からなる貨幣は, **秤量貨幣** (currency by weight) と呼ばれるように, 重さによってそれと交換される財の価格を規定していたが, この制度には, 取引の度に貨幣としての金・銀の品質・重さを, いちいち正確に

量らねばならないという不都合があった。そこで，地方の権力者である豪族・領主によって，貴金属の一定の品質と含有量を保証した**鋳造貨幣**（coin）が作られていった。鋳造貨幣が流通するようになると，貨幣価値はその表示によって（一定程度は）保証されていたため，貨幣自体を秤量する必要は必ずしもなくなり，もっぱら貨幣の個数が重要になっていく。この段階の貨幣は**計数貨幣**（money by tale）と呼ばれている。これがさらに進んで，金あるいは銀との兌換が保証された兌換紙幣に変化していったのである。

### 信用取引の発生

さて，貨幣によって支払が行われる**貨幣経済**が一定の成熟を迎えると，やがて私的なグループの経済活動において**信用取引**が発生した。現金の直接的な授受という手段で取引するよりも，後で述べる理由から信用取引を利用したほうが，取引相手が債務を履行しないというリスクを新たに負担する反面，より少ない費用で経済活動を営めたからである。やがて経済の地域的拡大とともに，信用が及ぶ（信用を供与できる相手が存在する）範囲を拡大していく必要に迫られ，金融は発展していった。

ここでいう信用取引を理解するために，まず最も簡単な事例として当事者間の貸借関係を考えてみよう。このとき債権者（貸し手）は，債務者（借り手）が債務不履行に陥るかもしれないというリスクに直面する。そのため，貸借契約を結ぶとき，あらかじめ何らかの物的・人的担保，抵当を取っておくという工夫が編みだされてきた。

ところが，経済が発達するためには，地理的あるいは人的により広い取引範囲を確保しなくてはならず，そのため個人間の信用

*1 貨幣の意義と機能* 79

からグループ間の信用へと経済圏を拡大していく必要があった。その結果，人びとは経済の発展によって引き起こされた活動範囲の拡大と，それに伴って増大するリスクに対処するための仕組みを発見する必要に迫られたのである。

そこで，信用が高く，したがって債務不履行のリスクが少ないグループのなかで信用を供与するためのより効率的な手段が考え出された。その1つは，信用度の高い第三者が，債権者に対し，債務者による債務の履行を保証し，万が一不履行となった場合には肩代わりして支払うという**保証人**の制度であり，もう1つは**金融仲介人**の発達である。前者の保証人の制度は，為替手形の前身として発達していく。また，後者は，銀行の先駆者と考えられるが，これは次節で解説することにしよう。いずれの手段にせよ，経済取引圏を拡大するためには，信用の高い借り手のグループの規模・範囲を広げなくてはならない。こうしたなかで信用の供与手段は発達していき，それとともに金融市場も大きくなっていった。

ところで，債権者が債務者に信用を与える行為は「与信」と呼ばれる。いま説明した与信の構造を示したのが**図 4-1** である。A, B, C… は経済主体を意味し，矢印は与信の方向を表している。つまり，A → B は，「A は B へ信用を供与する（取引において A は債権者となり，B は債務者になった）」と読む。このとき，保証人の制度は**図 4-1 a** で描かれている。つまり，A と B の間になんらお互いについての情報がなく，したがって A → B という貸借関係が成立しないときに，C という B を知っている第三者（保証人）が，B への与信を A に肩代わりすれば，A, B 間で貸借関係が成立することになる。一方，**図 4-1 b** は，仲介者 C が介入し，

### 図 4-1 信用による取引の仕組み

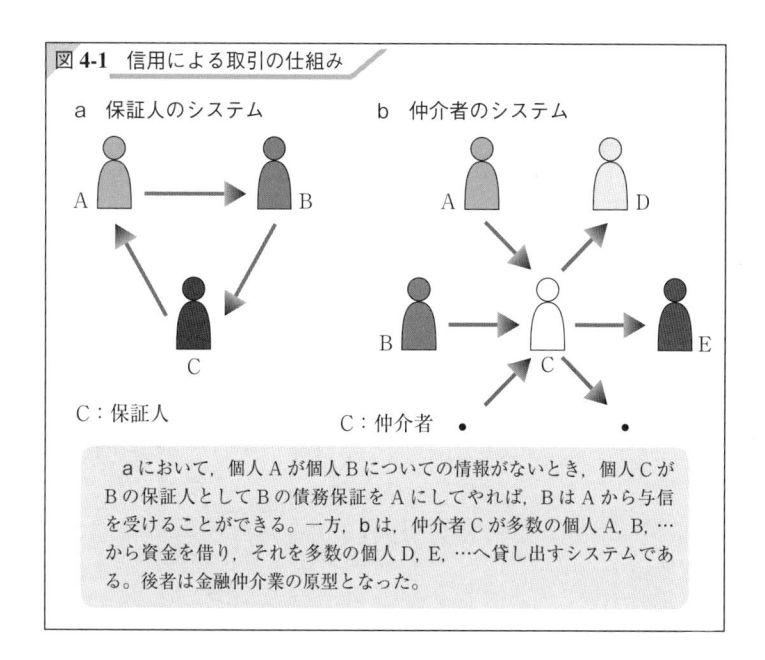

**a 保証人のシステム**

A → B
↑   ↓
  C

C：保証人

**b 仲介者のシステム**

A, B → C → D, E

C：仲介者

> aにおいて，個人Aが個人Bについての情報がないとき，個人CがBの保証人としてBの債務保証をAにしてやれば，BはAから与信を受けることができる。一方，bは，仲介者Cが多数の個人A, B, …から資金を借り，それを多数の個人D, E, …へ貸し出すシステムである。後者は金融仲介業の原型となった。

不特定多数の債権者から与信を収集し，それを不特定多数の債務者に供与するシステムである。

**貨幣の機能**　貨幣の機能について整理しておこう。貨幣は通常，①**交換媒体**（medium of exchange）としての機能，②**価値尺度財**（unit of account）としての機能，③**価値の保存**（store of value）としての機能という3つの役割をもつとされる。

①の交換媒体としての機能とは，交換の過程において貨幣が仲介の役割を果たし，取引を円滑にする機能である。つまり，**物々交換**（バーター〔barter〕）という「物と物との交換」を，「貨幣と物との交換」からなる2つの取引で構成される交換に変換して，取引に伴う費用を節約する役割をいう。物々交換では，取引者相

*1 貨幣の意義と機能*　81

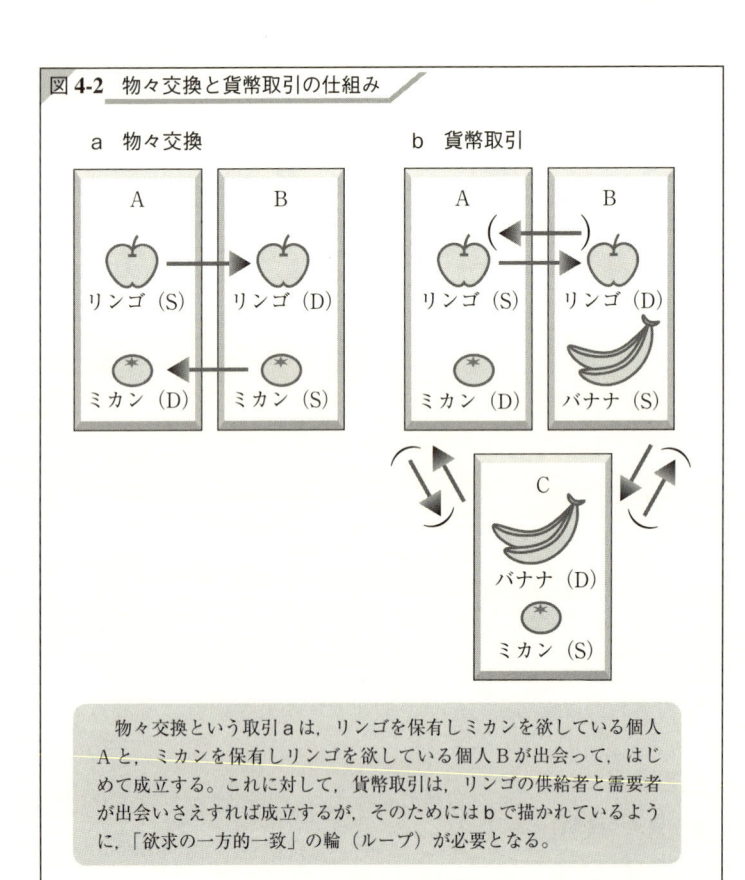

### 図 4-2 物々交換と貨幣取引の仕組み

**a 物々交換**

A: リンゴ (S), ミカン (D)
B: リンゴ (D), ミカン (S)

**b 貨幣取引**

A: リンゴ (S), ミカン (D)
B: リンゴ (D), バナナ (S)
C: バナナ (D), ミカン (S)

> 物々交換という取引aは，リンゴを保有しミカンを欲している個人Aと，ミカンを保有しリンゴを欲している個人Bが出会って，はじめて成立する。これに対して，貨幣取引は，リンゴの供給者と需要者が出会いさえすれば成立するが，そのためにはbで描かれているように，「欲求の一方的一致」の輪（ループ）が必要となる。

互の欲求が同時に満たされねばならないという**欲求の二重の一致**（double coincidence of wants）が必要であるが，後者の「貨幣と物との交換」では，取引者それぞれが貨幣との交換を求めるという**欲求の一方的一致**（single coincidence of wants）が満たされるだけで取引が完結することになる。取引についてこうした解析を最初に行ったのはイギリスの経済学者ジェヴォンズ（W. Jevons）であった。

図4-2は，物々交換における欲求の二重の一致による取引と，貨幣が交換媒体となることで欲求の一方的一致により成立する取引を描いたものである。矢印→は財の移動を表し，(D)，(S)はそれぞれその財の需要者 (demander) であるか，供給者 (supplier) であるかを表している。また，括弧つきの矢印（→）は貨幣の移動を表している。

　したがって，図4-2 aで経済主体Aはリンゴの供給者であると同時にミカンの需要者であり，一方Bはリンゴの需要者であり，ミカンの供給者であるので，2者間では物々交換が成立する。このとき「リンゴについてAが供給し，Bが需要する一致」と，「ミカンについてBが供給し，Aが需要する一致」という2つの偶然が重ならないかぎり，この取引は成立しないことに注意されたい。

　これに対し，図4-2 bは，A，B，C 3者間で欲求の一方的一致しか成立していない。たとえば，A，B間では「Aがリンゴを供給し，Bがリンゴを需要する」という一致しか存在しない。しかし，この状況に交換媒体としての貨幣が導入されたとき，A，B，Cの間では，3つの欲求の一方的一致によって取引が成り立つことがみてとれる。

　この結果をみると，各経済主体は，物々交換では1回の取引で目的を達成しているのに対し，貨幣を媒体とした交換では2回からなる取引（財を売って貨幣を獲得する取引と，貨幣によって財を買う取引）が必要であることになる。しかしながら，後者の取引のほうが，当事者同士が出会う確率はきわめて高い（したがって低い取引費用ですむ）ことは明らかであろう。つまり，貨幣が交換の媒体となることによって，よりスムーズな取引が可能となる。

次に，②の価値尺度財としての役割とは，貨幣が，財のもっている価値を測る手段，つまり単位としての機能を果たすことである。価格を $p$ という記号で表すと，その単位は［円/財］である。つまり「円で表示した財の価格」を示している。たとえば，リンゴ 5 個を 1000 円で購入したとき，リンゴの価格 $p=200$ は 1000/5 という演算から求められる。このときの価格 $p$ のもつ単位は［円/リンゴ］となるはずである。したがって，$p$ を円で表示したリンゴの価格（the price of apple in terms of yen）と定義することができる。つまり価値尺度財とは，価格の単位を考えたとき，分子に置かれて財の価値を確定させる機能をもった財であるといえる。価値尺度財のことを経済理論ではニュメレール（numéraire）と呼んでいる。

③の価値保存機能とは，貨幣が現在の消費を将来に持ち越す機能をもっていることを指している。このことを理解するために価格 $p$ の逆数を考えてみよう。$1/p$ の単位は［財/円］と表示され，これは「財で表示した円の価格」であり，「1 円でどれだけの財を購入できるか」を表している。つまり，$1/p$ は 1 円の購買力を意味している。したがって，貨幣 1 単位は価格の逆数だけの**購買力**（purchasing power）をもつことになる。その結果，貨幣を保有することは，その購買力を将来に持ち越すことを意味する。つまり，貨幣を保有していることは，将来の消費のための購買力を一時的にプールし，保有しているということにほかならない。

### 現代の通貨

現在われわれは**管理通貨制度**（managed currency system）のもとで経済活動を行っている。管理通貨制度とは，政府・中央銀行が一元的に国内通貨の発行量を管理する制度であり，この制度のもとで発行される

（中央）銀行券は**法定不換紙幣**（fiat money）である。とくに，政府（中央銀行）が通貨発行権を独占し，供給していることを，フリードマン（M. Friedman）は**技術的独占**（technical monopoly）と称している（なぜ中央銀行が，通貨発行権を独占するに至ったかについては，第8章「金融システムと中央銀行」で解説される）。法定不換紙幣は次のような特徴がある。

(1) 本質的に役に立たないこと。
(2) 何ら裏付けがないこと。
(3) 生産するのに費用がかからないこと。

これらの特徴から推察されるように，現代の銀行券の額面価値は，たとえば一定量の金に裏付けられているわけではないし，また国家が保有している金の総量によってその発行量が制約されているわけではない。したがって，銀行券の発行限度額の設定，あるいは中央銀行による国債引受けに制約をつけないかぎり，国家は低コストで銀行券を発行できることになる。その意味で管理通貨制度は，国内的にはインフレーションを引き起こしやすく，対外的には外国為替相場の暴落の危険を常にはらんでいる制度であるといえる。

管理通貨制度のもとで政府が発行する通貨を，われわれが通常使っている言い方でここでは**現金通貨**と呼ぶことにしよう。現金通貨の特徴は，法律によって額面で表示されただけの**強制通用力**を与えられていることである。つまり，いかなる取引においても，現金通貨による支払を受取り手は拒絶できないことが法律で定められているのである。「額面で表示された」というのは，たとえば一万円札は10000 YEN，千円札には1000 YENという表示があり，表示額だけの通用力があることを国家が保証していることで

ある。

(2)の何ら裏付けがない（一定の貴金属と兌換しない）という前提から明らかなように，このことは現金通貨自体が一定の価値を有していることを意味しない。したがって，一般的に貨幣の価値は価格（物価水準）によって相対的に表現されている。たとえば，すでに説明したように千円札の購買力は$1000/p$であるが，物価が上がれば（インフレーションが起これば），千円札のもっている購買力が低下するのは明らかであろう。

### 決済とは何か

このような特徴をもった管理通貨制度のもとで，近年，コンピュータ・通信技術の発達から貨幣に対する見方がこれまでと異なってきた。つまり，機能のみから貨幣を考えるのではなく，「さまざまな形態で行われる支払を完了させるための手段」として貨幣を捉える見方である。実は，こうした技術進歩によって，現代社会においては，現金通貨のみが支払手段としての役割を果たしているのではなく，さまざまな代替物がすでに経済の仕組みのなかに組み込まれることにもなっている。

さて，人びとはさまざまな経済活動を行っているが，そうした取引から生じた債権・債務を代価を支払うことで完了（解消）することを**決済**という。以下，決済という視点から貨幣の意義と機能を考察していくことにしよう。

最も基本的な決済は，商品を購入するとき，現金通貨によって即時に（つまり即金で）支払う形態である。このとき買い手が売り手に対価として支払うのは**現金通貨**（日本銀行券と硬貨）である。つまり，現金通貨が決済手段としての役割を担っているが，これは現金通貨が**強制通用力**と**支払完了性**（finality）をもっているから

である。強制通用力とは，すでにみたように現金通貨による支払を受取り手は拒むことができないということを法律で定めていることであり，支払完了性とは，現金通貨を受領したことで決済が完了するということである。

**決済と効率性**

しかし，当事者間における現金の直接授受による決済は，小額かつ多数の件数が発生し，取引をきわめて煩雑にしてしまう。また，高額の商品を購入するに際し，いちいち現金を準備することは面倒であるし，盗難・破損の恐れもあるであろう。事実，即金による決済は，われわれにとって唯一の方法ではないし，それほど便利な手段でもない。

そのためたとえば，事後的に代金を一括して支払う方法（代金後払い），事前的に代金を一括して支払っておく方法（代金前払い）といった工夫がなされている。これらの方法はいずれも即時に支払うのではなく，一定時間内に決済を分割する，あるいは足しあわせるという性格をもっている。すでに信用取引のところで検討したように，債権者が信用リスクを負担する対価として，相手に信用を供与する，あるいは相手から与信を受けることによって決済の効率性が飛躍的に高まるからである。

さらに，「一定時間内の取引」という観点から決済をみると，経済主体はモノを買うと同時に，売る行為も行っている場合が多いので，債権・債務双方をもつ事態が発生する。そこで，二者間でお互いに債権・債務関係がある場合を考えてみよう。それぞれの貸借を個々の取引ごとにお互い現金で支払うことが1つの方法であるが，一定のリスクを負担して貸借を相殺のうえ，相殺後の貸借金額に基づき現金を授受するほうが，資金の運用という見地

からみると,より効率的であることは明らかである。

ところで,相殺という決済方法は,現金(貨幣)の利用を省略しているが,それはどれほどなのであろうか。先に述べたように古典的な貨幣論では,貨幣は,交換媒体,価値尺度財,価値の保存としての機能という3つの役割をもつとしたが,相殺で利用されるのはあくまでも帳簿上の数字のうえでの貨幣であるから,計算単位としての価値尺度財の機能のみが前面に出てきている。これは,一見すると相殺は物々交換と同じように見なされるかもしれないが,両者は決定的に異なる取引であることに注意されたい。前者は,帳簿上であるにせよ,計算基準としての貨幣が現れるが,後者は計算目的のためにさえ貨幣をまったく使用しない方法であるからである。

## 2 決済システムと銀行

銀行の成り立ち

本節では,まず銀行がどのように発生してきたかを述べることから始めよう。それはとりもなおさず銀行が,現在の業務をどのような経緯で行うことになったかを説明することになる。

経済の発達を時間的に追っていくと,各種商業部門が発達するとともに民間取引が盛んになり,それにつれて金融取引(貸借)も民間商業部門から始まったと推定できる。もしそうであるなら,現金決済の必要性は,商業部門の決済を埋め合わせる手段として盛んになっていったと考えられる。つまり,手形の満期日と手形の受取り手が現金を必要とする日が一致しないとき,手形を割り

引く(現金に代える)業務が必要とされた。なぜなら信用によって取引が成り立つ商業部門を越えた経済活動を行うためには,現金による支払に頼るしか方法がなかったからである。

そこで,手形によって決済される商業部門が発達することから始まり,その後,現金が必要となったときに手形を割り引くことで発達していくその他の部門からなる経済を考えてみよう。現代の著名な経済学者であるヒックス(J. R. Hicks)は,その著書『貨幣と市場経済』でこのような基本モデルから出発して金融構造を明らかにしようとした。ヒックスは,このことを「市場が貨幣を作る」と表現している。

この環境のもとで,2つの金融取引に関する業務が必要となる。1つは民間商業部門内での手形による決済業務であり,もう1つは手形を割り引く為替ディーラー業務である。さらに経済の拡大とともに取引量も増加し,それにつれて流通する手形が増大すると,手形を割り引く業務に携わっている人びとはより多くの現金を必要とした。このため単に手形を割り引く業務が,現金の保管業務と結びつく必然性が生まれたのである。つまり,もともと窃盗や略奪から守るために現金を保管する業務が存在していたが,手形割引に携わっている人びとは,業務拡大のための現金を必要としてこの保管業務をも行うようになっていった。この結果,2つの業務を同時に行う人びとは,単なる手形割引のための資金以上の資金をもつことになり,やがて手形市場の外部の借り手に貸し出しはじめた。つまり,保管としての現金の受入れと,市場への貸出を一緒に行う機関が発生したのである。

こうして,「預金を受け入れる」「手形を割り引く」「貸出を行う」という業務を一緒に行う経済主体として銀行が成立した。さ

らに，銀行が業務を拡大するためには，貸出を増大しなくてはならないし，そのためには預金を増大しなくてはならなかった。預金を獲得するために，銀行は預金に対して利子率を提示するようになり，また預金者の資金決済に便宜を図るようになった。とくに，後者において銀行は，預金口座内での資金移動である**振替**による決済を可能にしたのである。

このように銀行の成立過程やその業務をみていくと，銀行が決済手段として「貨幣」を創造したことがわかる。こうした決済手段として利用される預金を，ヒックスは**銀行貨幣**と呼び，一般には**預金通貨**と呼ばれている。

ところが，銀行が集めてきた預金が小口・短期である一方，貸出が大口・長期であるとすると，このことは銀行のポジションは本来危険であることを意味している。銀行がすべての預金を手元にもたないかぎり，すべての預金者が一時に支払請求する事態に，銀行は対処することはできないからである。したがって，銀行に対する預金者の信用が失われたとき，**銀行取付け**（bank run）が発生することになる（銀行の不安定性や，その防止措置については，第7章「金融システムの安定性と監督・規制」で解説する）。

### 現代の銀行の機能

現代の銀行は現金を預金として集め，貸し出す業務を行っている。このことによって，銀行は最も典型的な**金融仲介機関**（financial intermediary）であるといわれる。しかし，銀行の機能はこうした資金の仲介だけではない。預金の一部を振り替えたり，他行へ振り込むことによって**決済の仲介**を行っているのが，もう1つの銀行の重要な機能である。つまり，現代の銀行の機能は資金仲介機能と資金決済機能からなっているといえる（この2つの機能を金融システムの安定

性の面から分離しようとする考え方をナロー・バンク論というが，これは第7章で解説される)。

とくに，資金決済機能は，コンピュータ・通信技術の急速な進歩によってシステムが効率化され，決済金額・件数とも急速に拡大したため，近年とみに注目を集めている。また，決済という視点からながめると，銀行以外にもその機能の一部を代行する業務を行っている企業が増加している。以下，決済において銀行がどのような役割を果たしているかみていくことにしよう。

### 銀行預金と決済

そもそもなぜ銀行は**決済機能**をもつに至ったのであろうか。すでに述べたように銀行は預金を集め保有するが，当然のことながらその一部は貸出に回される。しかし，同時に銀行は残された預金を手元に保有していることになる。こうした預金でどれほどの決済機能を果たすことができるであろうか。この問題は，預金がどの程度現金通貨と同等に見なされるかというように解釈してもよい。

まず，預金が強制通用力をもっているかについて考えてみよう。預金による支払を拒否することができないとは，法的に定められていないのであるから，預金が強制通用力をもっているわけではない。しかし，現代社会で振込による支払を断って，現金による支払に固執する個人・企業はないといってよいであろう。このことは，経済活動にかかわっている主体が預金による支払を暗黙のうちに容認していることにほかならない。したがって，預金は強制通用力はないにせよ，実質的に支払手段として拒まれることはないことになる。次に，支払完了性について考えてみると，支払金が自らの口座に振り込まれた時点で，われわれは決済が事実上完了したと見なしている。

このように考えていくと,銀行が保有している預金の一部(とくに,当座預金,普通預金)は,現金通貨と同じように決済機能を実質的にもっていることになる。したがって,こうした預金を**預金通貨**と呼んでさしつかえない。逆にいえば,銀行は,決済機能をもった預金通貨を保有している経済主体ということができる。

もともと各市中銀行が銀行券を発行していた時代には,それぞれの銀行券が通貨の役割を代替していた。このとき銀行券が通貨と同等に使用されるためには,銀行券を発行している銀行がいつでも通貨と交換(自らの銀行券を通貨で割り引くこと)できるという信用が必要とされていた。同様に,現代の預金通貨においても,いつでも現金通貨として引き出せるという保証さえあれば,現金がもっている決済の完了性の条件を満たしていると見なすことができる。このようにみていくと,受取人が預金通貨による支払を認めてしまえば,預金通貨が現金通貨と同じ意味をもった決済手段といえるし,それを利用した手形・小切手による送金,振込による資金移動(預金債権の移動)は,事実上,現金通貨による決済手段と同等であると見なせる。

これまでの議論から,銀行は,現金通貨以外の決済手段である預金通貨を保有し,利用することによって決済を完了することのできる経済主体であることが明らかになったはずである。さらに,銀行が当事者以外の第三者として決済の仲介を積極的に行うことによって,決済の飛躍的合理化が可能になった。このことを理解するために,現在銀行の行っている業務についてより詳しくみていくことにしよう。

## 決済の仲介者としての銀行

現代の銀行は業務として，預金を集め（預金業務），それを貸し出す（貸出業務）ほかに，送金（為替業務）も行っている。また，付随業務として，公共料金の徴収に代表されるように受取人に代わって代金を受け取る業務（代理収納業務）も行っている。これらの業務のうち貸出業務を除けば，すべて決済に関連する業務であるといえる。決済は，実質的に預金業務と為替業務から構成されているといっても過言ではない。前者は預金通貨という決済手段を創造することであり，後者は口座振替・振込・送金を通じて決済に貢献しているからである。また，支払人から受取人への支払を完了することが決済であるとすれば，代理収納業務は明らかに決済の一部を担っているといえる。

さて，預金通貨から決済機能が生まれる最も基本的な形態として，同一銀行（自行）内での**振替**を考えてみよう。支払人（債務者）と受取人（債権者）がたまたま同じ銀行に預金口座をもっているとき，前者の口座の預金を後者の口座へ振り替えることによって決済を完了することができる。本来，支払人が自らの銀行口座から預金を引き落とし，受取人に現金通貨で支払うことによって決済は完了するのであるが，振替は現金の直接受渡しを省くことができる。現金通貨の代替として預金通貨を利用することで，取引費用が著しく軽減されることがわかるであろう。

これに対し，受取人が，支払人と異なった銀行の口座をもっているとき，われわれは**振込**によって決済している。振込とは，支払人が受取人の口座番号を知っている場合に，自らの口座預金を受取人の預金口座に移転することをいう。われわれが日常行っている決済のかなりの部分が，振込に依存している。

2 決済システムと銀行

銀行はまた，受取人に代わって支払人から代金の支払を受け，それをまとめて受取人に渡す代理収納業務を行っている。ちなみに，預金業務，送金業務は不特定多数の与信に携わるため，わが国では銀行にしか認められていないが，代理収納業務は信用の及ぶ範囲も限られており，汎用性も比較的低いので，銀行以外の経済主体も参入している。近年急速に普及しているコンビニエンス・ストアが公共料金の代理収納業務に従事しているのは，その一例である。

### 決済システムと銀行の役割

　これまでは銀行のもっている決済機能について説明してきたが，次に，**決済システム**としての銀行を眺めてみよう。つまり，銀行間の決済がどのようになされているかをみていくことにする。銀行間では日々膨大な金額と件数の振込・送金が行われているが，この結果，銀行間の債権・債務が発生することになり，銀行間での決済の必要性が生じてくる。こうした問題を効率的に処理するために，さまざまな工夫が決済システムのなかに組み込まれている。わが国の決済制度・システムの具体的な説明は次節にゆずり，ここではまず，銀行間の決済を効率的にする仕組みから説明することとしよう。

　銀行間の債権・債務を発生と同時に1件ずつ決済していくのが最も素朴で堅実な方法といえる。この方法は，取引の発生と同時に決済を完了するという意味で**即時決済**（あるいは随時決済）であり，かつ債権・債務の当事者同士で決済するという意味で**相対決済**でもある。しかしながら，これでは今日においては，1日に期間を限ったとしてもその金額・件数とも膨大になり，きわめて非効率なシステムが発生してしまう。

そこでまず，一定時間内の取引を合計した金額で決済する工夫が考えられた。これは**時点決済**（あるいは一括決済）と呼ばれ，また決済金額を加算するので**グロス決済**ともいわれている。

ところが，時点決済にすることによって得られるメリットはこればかりではない。銀行間取引では，一定時間内において債権と債務がお互いに逆方向にも発生するのが常であるから，銀行間で債権・債務を相殺し，差額のみで決済することが可能になる。これを**ネット決済**と呼んでいる。グロス決済からネット決済にすることによって，2行間の決済金額を著しく減少させることが可能になる。さらに，現代の金融システムは，中継機関を置くことによって，複数の銀行間の決済をより効率化させている。各銀行が中継機関に決済用の口座を開き，決済額の計算を中継機関に委ねる方法を**共同決済**という。

したがって，最も素朴な即時・相対決済に，金額・件数を集計できる時点決済，相殺を利用したネット決済，中継機関を置く共同決済という工夫を導入することで，われわれの金融システムは効率化を図っているのである。現在わが国で採用されているのは，各銀行が自行以外のすべての債権・債務を合計し，ネット決済を行った差額を，中継機関を利用して決済する方法であり，これは**全他行合算のネット決済**と呼ばれている。

**決済システム効率化の仕組み**

簡単な例を使って，この仕組みを説明してみよう。図**4-3**では，A，B，C，Dという4つの銀行からなるシステムを考えている（ここで"4"という数を用いたのは，決済のタイプとそこから生ずる決済件数を効果的に表すことのできる最小の数だからである）。矢印↔は決済を意味し，Eは中継機関を表している。さて，

2 決済システムと銀行

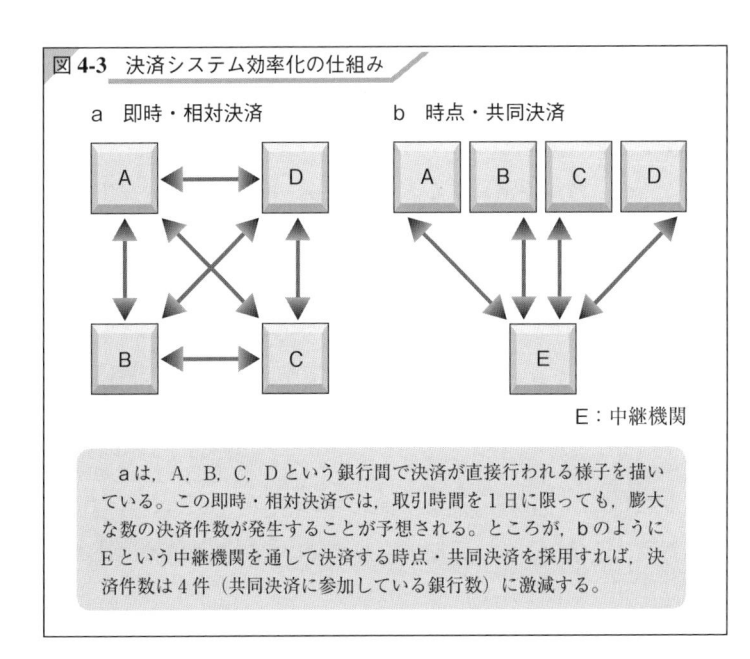

### 図4-3 決済システム効率化の仕組み

a 即時・相対決済

b 時点・共同決済

E：中継機関

> aは，A, B, C, Dという銀行間で決済が直接行われる様子を描いている。この即時・相対決済では，取引時間を1日に限っても，膨大な数の決済件数が発生することが予想される。ところが，bのようにEという中継機関を通して決済する時点・共同決済を採用すれば，決済件数は4件（共同決済に参加している銀行数）に激減する。

この設定で1日の銀行間決済件数について考えてみることにしよう。

図4-3 aの即時・相対決済から検討してみよう。4つの銀行が，それぞれ他の3つの銀行に対する債権・債務を随時決済するとなると，その決済件数は1日であってもかなりの数となることが予測される。このシステムを時点決済に切り替え，かつグロス決済を採用すれば，決済件数は12件（各銀行が，自分以外の銀行に対する債権をその期間内に1回清算するため4×3＝12）となり，それ以上にはならない。さらに，この状態に銀行間同士で相殺をかけることでネット決済に切り替えると，決済件数は6件（12／2＝6）に減少する。最後に，図4-3 bで描かれている共同決済にすると，各銀行の手元に残るのは，債権，債務のどちらか一方になり，中

96　第4章　貨幣と決済

継機関で行われる決済件数は4件となる。また，このときすでにネット決済を行っていることから決済額も著しく減少しているはずである。銀行間の決済が著しく簡素化されたことが見て取れよう。

こうした技術の利用・工夫によって，現代の決済システムは，処理能力を飛躍的に向上させることに成功したが，同時に決済に伴うリスクをも発生させることとなった。われわれが採用してきた方法は時点・共同決済であるが，この方法は，必然的に一定時間の清算金額を合計し決済することを意味している。したがって，決済が完了するまでの間，銀行あるいは中継機関は決済が完了しない信用リスクを負うことになる。これは**未決済残高**と呼ばれる。決済リスクは，未決済残高の増加に比例して増加するため，未決済残高の減額，決済完了までの時間の短縮が図られている。決済処理の効率化と，決済リスクは一種のトレード・オフの関係（両立しえない関係）にあり，決済システムを構築するときには双方に配慮しなくてはならない。このため，最近では RTGS（real time gross settlement［即時グロス決済］）を志向する動きが強まりつつある。

**即時グロス決済**とは，中央銀行が支払指図ごとに即時決済する方法である。当然のことながら，時点・ネット決済の効率性のメリットは失われ，さらに支払のための資金（日中流動性）を前もって準備しておかなければならないという問題も発生する。しかし，未決済残高の累積という問題は解消するため決済リスクは著しく低下する。即時グロス決済が可能になったのは，コンピュータ処理・通信技術の急速な発達による。すでに他の多くの国では即時グロス決済の導入を完了しており，2001年1月から日本銀

行も日銀決済のRTGS化を行い、それまでの時点ネット決済から即時グロス決済へ移行した。

## 3 わが国の主要決済システム

**わが国の決済システム**　わが国の決済システムは、手形交換制度、内国為替制度、外国為替円決済制度といった民間が運営している決済システムを、日本銀行が日銀ネットによって運営している日本銀行当座預金の受払いで支援するかたちで構成されている（厳密にいえば、手形交換制度、内国為替制度、外国為替円決済制度は取引を処理する制度的枠組みであり、全銀システム［全国銀行データ通信システム］、日銀ネットはコンピュータ処理するシステムである）。現代の金融システムは、こうしたデータの編集機能を有した中継機関によって決済の一括処理が可能となり、効率性を維持している。

以下、前節で説明した議論と照らしあわせながら、膨大な量の決済を迅速かつ効率的に処理する工夫が、これらの決済システムのなかにどのように組み込まれているか説明していこう。

**手形交換制度**　手形交換制度を説明することから始めよう。企業間の支払はおもに手形・小切手で行われている。一般に、手形・小切手の受取人はその振出人から直接取り立てるのではなく、取引のある金融機関に取立てを依頼し、それを受けた金融機関が、手形・小切手の振出人の取引先金融機関から取り立てている。**手形交換制度**は、同一手形交換所地域内宛の（一定地域内に限定された）手形を交換し決済する枠組

## 図4-4 手形交換制度の仕組み

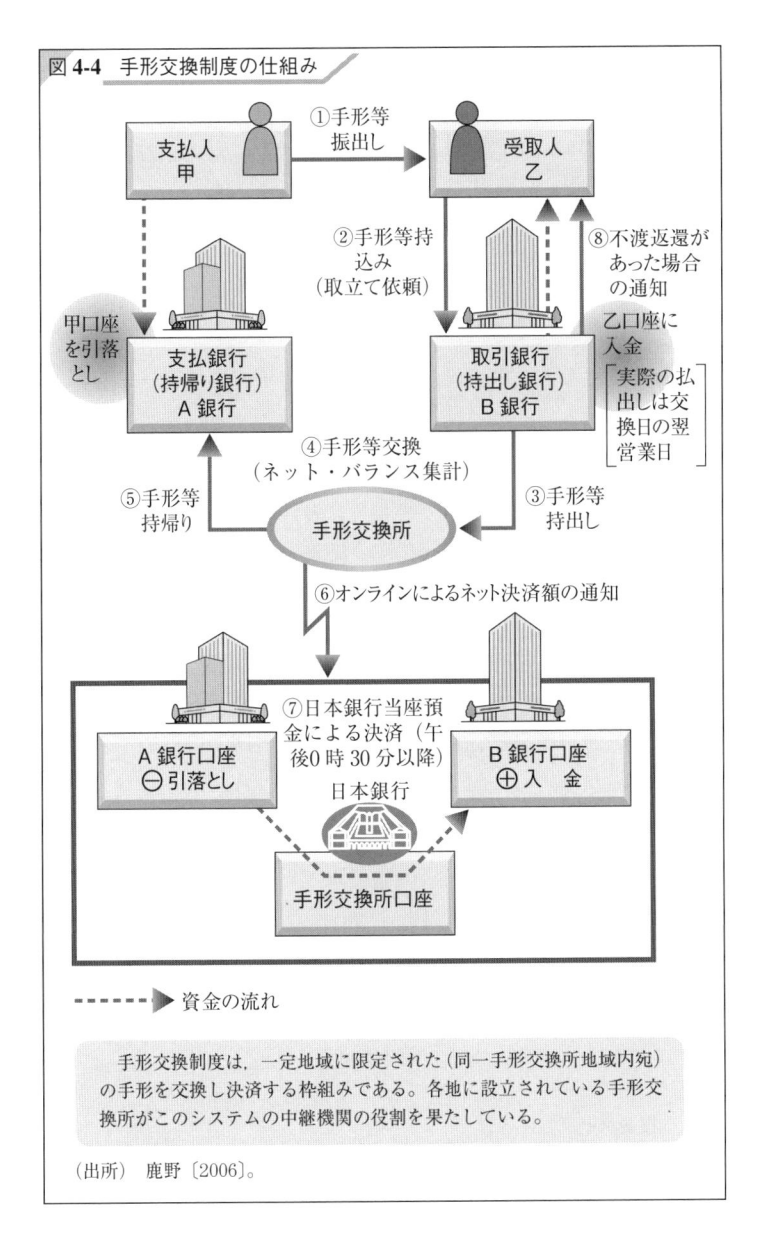

①手形等振出し：支払人甲 → 受取人乙

②手形等持込み（取立て依頼）：受取人乙 → 取引銀行（持出し銀行）B銀行

甲口座を引落とし：支払人甲 → 支払銀行（持帰り銀行）A銀行

③手形等持出し：B銀行 → 手形交換所

④手形等交換（ネット・バランス集計）：手形交換所

⑤手形等持帰り：手形交換所 → A銀行

⑥オンラインによるネット決済額の通知：手形交換所 → 日本銀行

⑦日本銀行当座預金による決済（午後0時30分以降）：A銀行口座 ⊖引落とし、B銀行口座 ⊕入金、手形交換所口座

⑧不渡返還があった場合の通知：B銀行 → 受取人乙

乙口座に入金［実際の払出しは交換日の翌営業日］

- - - - - ▶ 資金の流れ

手形交換制度は、一定地域に限定された（同一手形交換所地域内宛）の手形を交換し決済する枠組みである。各地に設立されている手形交換所がこのシステムの中継機関の役割を果たしている。

(出所) 鹿野〔2006〕。

3 わが国の主要決済システム　99

みを規定している（これに対して，隔地宛の手形・小切手による取立ては，後述する内国為替制度によって処理されている）。

手形・小切手による支払から発生する取立件数および額は膨大であり，決済を効率化させるためのさまざまな工夫が組み込まれている。まず，手形の取立てを依頼された金融機関が 1 か所に集まって手形の交換を行う**手形交換所**が設立されている。次に，手形交換所に集まってきた金融機関は，それら 1 つひとつの交換を行うわけではなく，各金融機関ごとにその取立て枚数・額を「合計」した金額を，相手金融機関に対して請求している。手形それぞれについて個別に請求していたのでは，件数が膨大となり処理できないからである。これを**交換差額表**といい，とくに，各金融機関の手形の持出しによる受領額と手形持帰りによる支払額の差額は**手形交換尻**と呼ばれる。

したがって手形・小切手のなかで同地宛の決済の場合，中継機関として手形交換所に共同決済システムが存在している。中継機関の機能が加わることによって，金融機関の間での取引は互いに請求しあった金額の差額だけでよいことになり，決済件数・金額とも著しく簡素化できることになる。さらに手形交換所は，各金融機関の交換尻，つまり決済金額を確定し，それを最終決済機関である日本銀行に通知する役割を果たしている。最後に，手形交換所からのオンラインによる振替依頼に応じて，日本銀行が各銀行が開設している日本銀行当座預金の振替を行うことで，同地宛手形による決済は完了する（図 **4-4** 参照）。

**内国為替制度**

為替とは，企業あるいは個人が直接現金で決済するのではなく，取引のある金融機関から受取人の預金口座へ，振込あるいは送金手続をすること

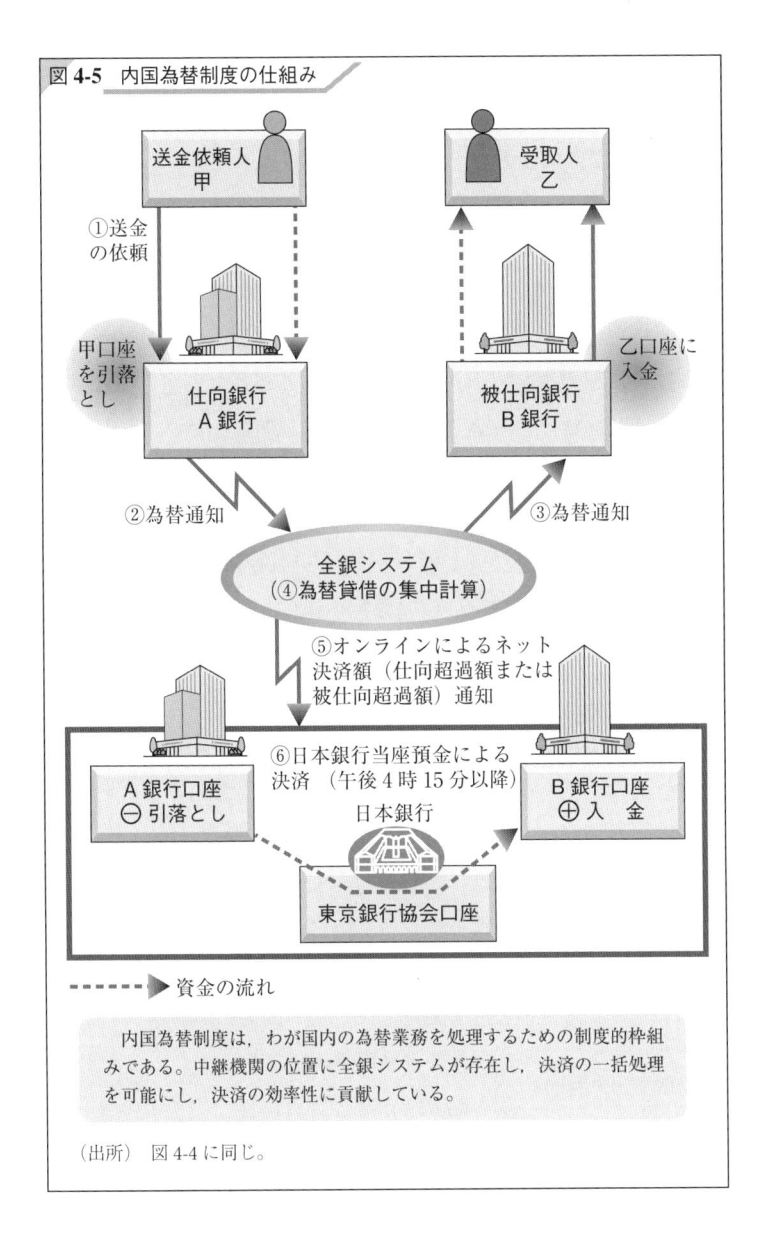

## 図4-5 内国為替制度の仕組み

送金依頼人 甲
①送金の依頼
甲口座を引落とし
仕向銀行 A銀行
②為替通知

受取人 乙
乙口座に入金
被仕向銀行 B銀行
③為替通知

全銀システム
(④為替貸借の集中計算)

⑤オンラインによるネット決済額（仕向超過額または被仕向超過額）通知

⑥日本銀行当座預金による決済（午後4時15分以降）

A銀行口座 ⊖引落とし
日本銀行
B銀行口座 ⊕入　金
東京銀行協会口座

------▶ 資金の流れ

内国為替制度は，わが国内の為替業務を処理するための制度的枠組みである。中継機関の位置に全銀システムが存在し，決済の一括処理を可能にし，決済の効率性に貢献している。

(出所) 図4-4に同じ。

3　わが国の主要決済システム

をいう（正確にいうと，銀行実務上「送金」とは送金人が受取人に送金小切手を送って決済することであり，「振込」とは受取人の銀行口座に振り込むことである）。こうした業務は為替業務と呼ばれるが，**内国為替制度**は為替業務を処理するための制度的枠組みである。具体的な例として，われわれが，電信扱いによって振込（一般利用の振込のうちの電信為替）をする場合を考えてみよう。

まず自らの取引先銀行へ行き，受取人の取引先の銀行口座番号および金額を明示して振込を依頼する。このとき振込を依頼された銀行を**仕向銀行**，入金される銀行を**被仕向銀行**という。日々膨大な数の金融機関相互の為替業務が行われているが，こうした銀行間の取引は，**全銀システム**によって処理されている。全銀システムでは，全銀センターと加盟している金融機関との間で通信回線が開かれ，為替通知を被仕向銀行へ送信し，受取人の口座に振り込まれる。さらに，システムを利用して為替業務を行った各金融機関ごとにその貸借を計算し，日本銀行に送信している。為替業務の結果，各金融機関はそれぞれ入金の超過，あるいは支払の超過が起こっているが，その金融機関間の決済を日本銀行の当座振替で行っているのである。

つまり，内国為替制度においては，中継機関として全銀システムが存在している。これらのシステムは，内国為替制度の業務範囲である送金，（特定利用のものを除く）振込，隔地間の手形・小切手，国庫金送金・振込を処理している（図4-5参照）。

| 外国為替円決済制度 |

**外国為替円決済制度**とは，たとえば，外国為替市場の売買に伴う円代金の支払を処理するための制度的枠組みである。外国為替円決済制度がカバーする範囲には，コルレス先円勘定の振替（海外で行われた取引

## 図 4-6 外国為替円決済制度の仕組み

外国為替円決済制度とは，外国為替の売買・貿易・対外投融資といった外国為替取引にかかわる円資金決済を処理する制度である。

- 海外：送金依頼人 甲
- ①送金依頼（SWIFT等）
- 送金依頼銀行 A銀行
- A銀行口座を引落とし
- 仕向銀行 B銀行
- ②支払指図
- ③支払指図
- 被仕向銀行 C銀行
- 乙口座に入金
- ④入金通知
- 受取人 乙
- ⑤ネットバランスの集計
- ⑥ネットバランスの通知
- B銀行口座 ⊖引落とし
- ⑦日本銀行当座預金による決済（午後2時30分以降）
- C銀行口座 ⊕入金
- 日本銀行
- 東京銀行協会口座

------▶ 資金の流れ

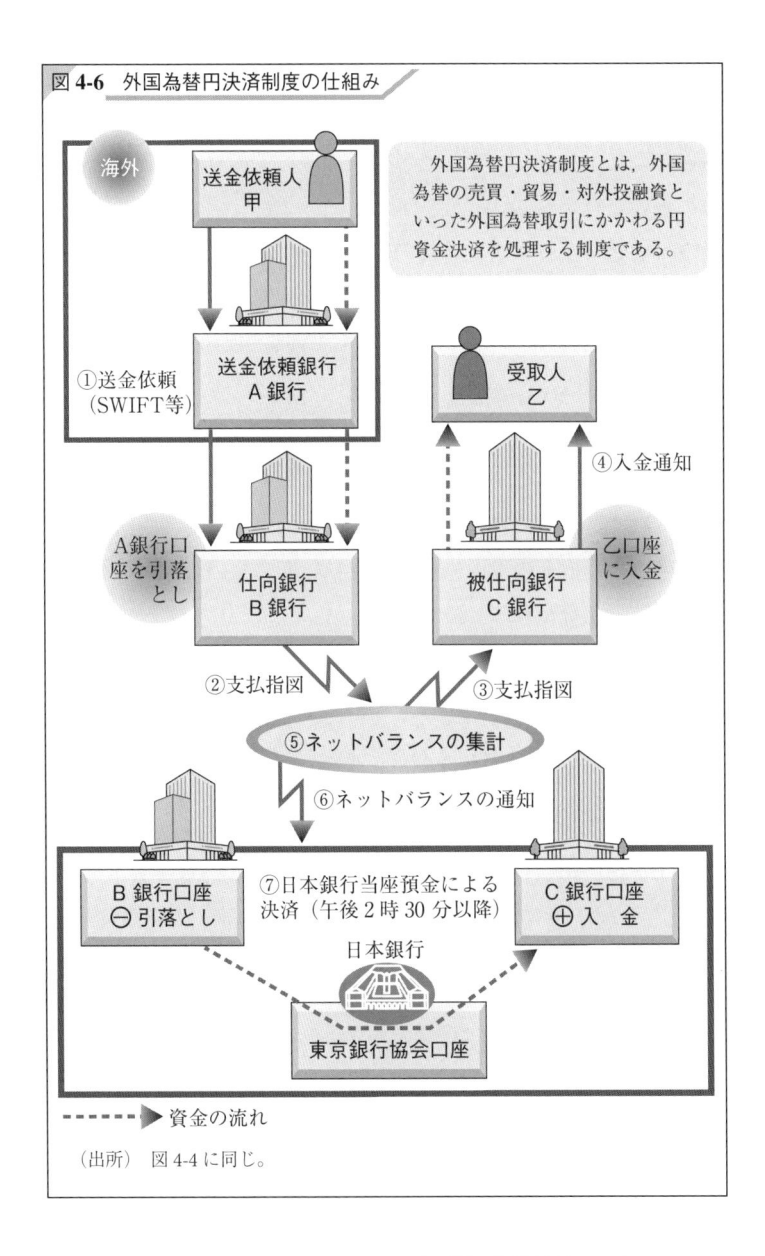

（出所）図4-4に同じ。

の国内における決済)、円建て送金の処理などがある。取引に参加した銀行は、支払手続を日銀ネットを利用することで処理しているが、受払いによって生じた各金融機関の差額は日本銀行当座預金の振替で行われる。

海外の銀行が日本居住者に円建ての外国送金を行う場合を例にとると、まず海外からSWIFTやテレックスによって日本のコルレス銀行(海外の銀行と為替業務の代行に関する契約[コルレス契約]を結んでいる銀行)に送金依頼を打電する。ここでSWIFT (Society for Worldwide Interbank Financial Telecommunication) とは、国際間の銀行取引に関するメッセージを伝送するデータ通信システムである。次に、送金依頼を受け取った銀行は、外国為替円決済制度を利用して受取人の取引先銀行に支払指図を発出し、受取人への口座に入金が行われる(図4-6参照)。

*Column* ⑦　貨幣の供給とは

貨幣をどのように考えたらよいのだろうか。われわれが一般に貨幣として使用しているお金を通貨と称するが、それは現代においてどのように定義されているのだろうか。まず、中央銀行が経済に対して供給する通貨としてマネタリーベースがある。次に、中央銀行を含む金融部門全体が供給する通貨であるマネーストック(マネーサプライ)がある。ここではわが国(日本銀行)の貨幣の定義について説明してみよう。

**マネタリーベース**とはベースマネーあるいはハイパワードマネーともいい、以下のように定義される。

マネタリーベース ＝「流通現金」＋「日銀当座預金」

ここで「流通現金」とは市中に出回っているお金であり、その

内訳は「日本銀行券発行高」+「貨幣流通高」である。日本銀行券はお札（日銀券）を意味し，通貨は硬貨を意味する。「日本銀行が供給する通貨」という定義から，マネタリーベースの流通現金には金融機関の保有する流通現金が含まれる。

これに対して**マネーストック**とは通常，マクロ経済学で通貨供給量（**マネーサプライ**）と称される。2008年6月から，日本銀行はそれまでのマネーサプライ統計を**マネーストック統計**に変更した。マネーストック統計の公表指標は（M1，M2，M3，広義流動性であり，それらの定義は以下のようになっている。

> M1＝現金通貨＋預金通貨
>   現金通貨：銀行券発行高＋貨幣流通高
>   預金通貨：要求払預金
> M2＝現金通貨＋国内銀行等に預けられた預金
> M3＝M1＋準通貨＋CD（譲渡性預金）
> 広義流動性＝M3＋金銭の信託＋投資信託＋金融債
>    ＋銀行発行普通社債＋金融機関発行CP＋
>    国債＋外債

（注）マネーストックでは，「銀行部門が経済に供給する通貨」という定義から，金融機関や中央政府が保有する預金等は対象外となる。また，マネーストックは通貨保有主体が保有する通貨量の残高を意味するため，通貨保有主体の対象範囲について注意が必要である。M1，M3の対象金融機関は全預金取扱機関であり，広義流動性の対象機関は全預金取扱機関＋国内銀行信託勘定＋中央政府＋保険会社等＋外債発行機関となっている。詳しくは，日本銀行ホームページ「マネーストックの解説」，「マネーストック統計の解説」を参照。

本章で取り扱った支払完了性（ファイナリティ）を保有する通貨は，M1の現金通貨と預金通貨（要求払預金）である。銀行は貸出を介して預金を創造できる機能をもっているため，銀行部門による通貨の供給が活発化すればマネーストックは増加する。中

央銀行はマネタリーベースをコントロールできるため，貨幣乗数倍のマネーストック（マネーサプライ）を経済に供給しているという図式は金融政策の根幹の1つとなっている。詳しくは姉妹書，酒井・榊原・鹿野〔2011〕，第4章を参照。

### Column ⑧ 貨幣の需要とは

貨幣の需要はどのように説明されるのだろうか。マネタリストとケインジアンの貨幣需要についての考え方を整理しておく。

**〈マネタリストの貨幣需要〉**

マネタリストの貨幣需要は，古典派経済学の貨幣数量説に由来する。この考え方は財・サービスの価格を $P$，取引量を $T$，貨幣量を $M$，流通速度（貨幣が支払に使用された平均的回数）を $V$ として，以下の**交換方程式**で表すことができる。

$$PT = MV \tag{1}$$

(1)式の左辺は貨幣単位で表示した取引額であり，右辺は取引額に応じた貨幣の支払総額である。つまり交換方程式は，財・サービスの取引は取引額に等しいだけの貨幣の支払があることを意味している。

ここで，(1)式の取引量 $T$ から中間財を除いて最終財 $Y$（たとえば GDP）に置き換えて，貨幣の流通速度を再解釈すると，名目貨幣需要量 $M^d$ を示すケンブリッジ方程式を得る。

$$M^d = kPY \tag{2}$$

(2)式で $k = 1/V$ と定義される $k$ は**マーシャルの $k$** と呼ばれる。$k$ の値が安定的である限り，名目貨幣需要量 $M^d$ は，$PY$（つまり名目 GDP）の増加に比例して増加することになる。

**〈ケインジアンの貨幣需要〉**

こうした貨幣数量説に対して，ケインズは貨幣を保有する動機として取引動機，予備的動機，投機的動機を挙げている。まず，決済のために貨幣が必要であるとする**取引動機**から貨幣に対する取引需要が生まれる。また，予期せぬ取引が発生することに備えて貨幣を保有しようとする**予備的動機**からの貨幣需要がある。さらに，現在の購買力を将来に移転するためにさまざまな金融商品が購入されるが，その1つとして貨幣が需要されるとき**投機的動機**に基づいているとされる。

　とくに，貨幣の投機的動機（金融商品の収益率）の視点からは，流動性選好の考え方を導出することができる。貨幣を保有しても利子は付かないため，利子を伴う債券と比較して，なぜ貨幣を保有するのかという疑問が生まれる。その理由は，貨幣が債券よりも高い流動性をもつからにほかならない。経済取引を何らかの対価と交換して完了するファイナリティの機能をもつのは原則として貨幣のみであり，貨幣に換えやすい金融商品ほど流動性が高い。こうした貨幣の性質を**流動性選好**という。

## Column ⑨　エレクトラムとエレクトロン

　世界最古の金属貨幣は，紀元前8〜7世紀ごろに中国で使用された布幣（農具の鍬をかたちどった青銅貨），刀幣（小刀をかたちどった青銅貨）である。その後，秦の始皇帝の時代に円形方孔（中央に正方形の穴をあけた円形）の貨幣に統一され，清の時代までこの形態が踏襲された。わが国初の鋳貨である和同開珎も，中国通貨を範として鋳造されたという経緯もあって円形方孔の形態をとっていたが，それがまた，12世紀から17世紀後半にかけてみられた中国銭貨（いわゆる渡来銭）の国内貨幣としての利用を形態面から支えたといえよう。

　一方，西洋における金属貨幣は，紀元前700年ごろにリディア（現トルコの西部に位置していた古代の王国）で発行されたエレクトロン貨に始まる。電気・電子とはまったく無関係な金属貨

幣がエレクトロンと呼ばれるには，それなりの事情がある。エレクトロン貨の素材に利用されたのは，エレクトラムと呼ばれる金銀の天然合金であり，この合金の名称はその色彩や輝きが古代ギリシャではエレクトロンと呼ばれた琥珀のそれによく似ていることに由来する。

琥珀は古代の樹脂が地中で化石化したものであり，これを布などで摩擦すると静電気が発生し，枯れ葉など小さくて軽量のものを引きつける性質がある。16世紀のイギリスの科学者で電気を発見したギルバートは，この琥珀の性質にちなんで電気をエレクトロニクスと名付けたのである。最初の貨幣であるエレクトロン貨と20世紀後半に至って登場しつつある電子マネーとが語源的には同じであるということは，非常に興味深いといえないだろうか。

## *Column* ⑩　悪貨は良貨を駆逐する vs. 撰銭

貨幣の流通に関しては種々の法則が提唱されているが，そのなかでもとくに有名なものにグレシャムの法則がある。これは，16世紀末におけるイギリス・エリザベス女王の財政顧問であったグレシャム卿の名前に由来するものである。彼は，一国内で素材価値の良質な貨幣（良貨）と劣悪な貨幣（悪貨）とを混合流通させると，良貨は退蔵され，悪貨だけが流通する，すなわち悪貨が良貨を駆逐すると主張した。このグレシャムの法則は，政府権力により貨幣の名目価値が素材価値を上回る金額に設定されていることを背景に生じるものであり，秤量貨幣のようにその素材の重さで貨幣価値が示される場合には発生しえないという点には留意する必要がある。

このほか，逆に良貨が悪貨を駆逐することもある。これが，わが国の鎌倉時代や室町時代にかけてみられた撰銭と呼ばれる貨幣現象である。平安時代末期以降，わが国においては中国から輸入された銭貨（渡来銭）が貨幣として利用されていたが，時代を経

るにしたがって損傷・磨耗するものがみられるようになったほか，質的に劣る私鋳銭が出回るようになった。当時は日本国家が貨幣を鋳造していなかったため，貨幣の私鋳は合法的なものであり，主として財力に富む大名や大商人が私鋳に従事していたとされる。

こうした質的に劣る銭貨（これを悪銭あるいは鐚銭(びたせん)という）については，15世紀半ば以降，受取りを拒否したり，良銭1枚に対し悪銭2～10枚を等価とするなど割増しを要求する行為が広範化したが，このような受取り手による貨幣選別行動を撰銭と呼ぶ。撰銭は支払決済面から商業取引の円滑な推進を阻害するおそれがあるため，室町幕府をはじめ大名諸侯は撰銭を禁止したり，良銭悪銭の混用割合を定めたりする撰銭令をしばしば公布したが，撰銭行為はなかなかなくならなかった。撰銭がようやく姿を消したのは，寛永通宝による銭貨の統一が完成した1670年ごろのことである。

グレシャムの法則，撰銭はまったく正反対の現象を指しているが，その根底には貨幣利用に際しての人びとによる経済的合理性の追求があるという点を忘れてはならない。

## 参考文献

酒井良清・榊原健一・鹿野嘉昭〔2011〕『金融政策（第3版）』有斐閣。

鹿野嘉昭〔2006〕『日本の金融制度（第2版）』東洋経済新報社。

中島真志・宿輪純一〔2005〕『決済システムのすべて（第2版）』東洋経済新報社。

日本銀行調査統計局〔2008〕「マネーストックの解説」日本銀行ホームページ。

日本銀行調査統計局〔2008〕「マネーストック統計の解説」日本

銀行ホームページ。

前多康男〔1993〕「交換媒体としての貨幣」浜田文雅編『日本経済分析のフロンティア』有斐閣。

箕輪重則〔1994〕『日本の決済システム』経済法令研究会。

藪下史郎〔2009〕『金融論』ミネルヴァ書房。

Friedman, M.〔1960〕*A Program for Monetary Stability*, Fordham University Press（三宅武雄訳〔1964〕『貨幣の安定をめざして』ダイヤモンド社）.

Hicks, J. R.〔1967〕*Critical Essays in Monetary Theory*, Oxford University Press（江沢太一・鬼木甫訳〔1972〕『貨幣理論』東洋経済新報社）.

Hicks, J. R.〔1969〕*A Theory of Economic History*, Oxford University Press（新保博・渡辺文夫訳〔1995〕『経済史の理論』講談社学術文庫）.

Hicks, J. R.〔1989〕*A Market Theory of Money*, Oxford University Press（花輪俊哉・小川英治訳〔1993〕『貨幣と市場経済』東洋経済新報社）.

Jevons, W. S.〔1875〕*Money and Mechanism of Exchange*, Appleton（松本幸輝久訳〔1948〕『貨幣及び交換機構』日本図書株式会社）.

# 第5章 金融市場と新しい金融取引手法

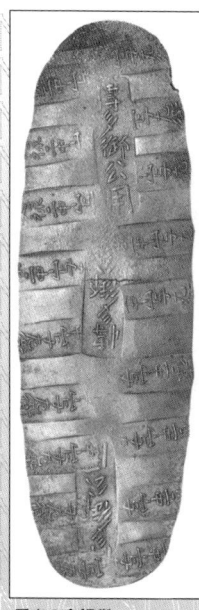

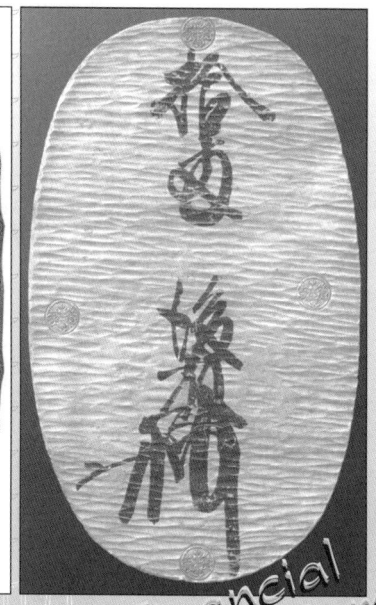

***秀吉の金銀貨***
*16世紀後半,豊臣秀吉は金銀を駆使して大量の金銀貨を作った。*

近年における金融システム面での著しい変化の1つとして,金融市場の整備が挙げられる。たとえば,明治期以来1970年ごろまではコール市場がわが国唯一の短期金融市場であったが,現在ではTB市場,CD市場,CP市場,債券現先市場など多種多様な市場が利用可能となっている。

また,証券市場や金融派生商品(デリバティブ)市場も,自由化,国際化,証券化の流れのなかで整備され,それとともにこれら多数の市場間での金利裁定取引も,グローバルな観点を視野に入れつつ,きわめて活発に行われている。

本章では,わが国における金融市場の発展,市場取引の実際について説明するとともに,今後の課題を指摘することにしたい。

# *1* 金融市場の機能と類型化

| 金融市場の意味と種類 |

　　第1章で述べたように，金融取引とは一般に，資金の調達・運用，ポートフォリオ・マネジメントや各種のリスク管理に伴うニーズを背景として，さまざまな金融資産・負債あるいはそれらに関連した権利・義務が取引されることをいう。これらの金融取引に関連した証券類や契約が一個の商品として取引される場のことを，**金融市場**と呼ぶ。金融市場においては預貯金，貸出，公社債，株式および外国為替といった伝統的な**金融商品**のほか，近年では先物，スワップ，オプション等のいわゆる**金融派生商品（デリバティブ）**など，多種多様なものが取引されている。

　金融市場は，その取引方法を基準として，相対取引型市場と市場取引型市場に大別される。**相対取引**とは，個々の取引主体が互いに相手方が誰であるかを識別したうえで，相手方の信用度や特性などを考慮のうえ金利（価格）や期間等の取引条件が決定される取引のことをいう。相対取引の典型的なものとしては，貸出取引が挙げられる。貸出市場は，それぞれの信用度が異なった特定の借り手が特定の金融機関と取引を個別に行う場であり，そのため，金利や担保といった融資条件は借り手ごとに異なる。

　一方，**市場取引**とは，取引の対象が規格化された金融商品であり，等質的で評価が容易なことから，原則として不特定多数の取引者による競合いを通じて価格その他の取引条件が決定されるところに特色がある。そして，金融市場という場合には，この市場

## 図 5-1 わが国における主要な金融市場

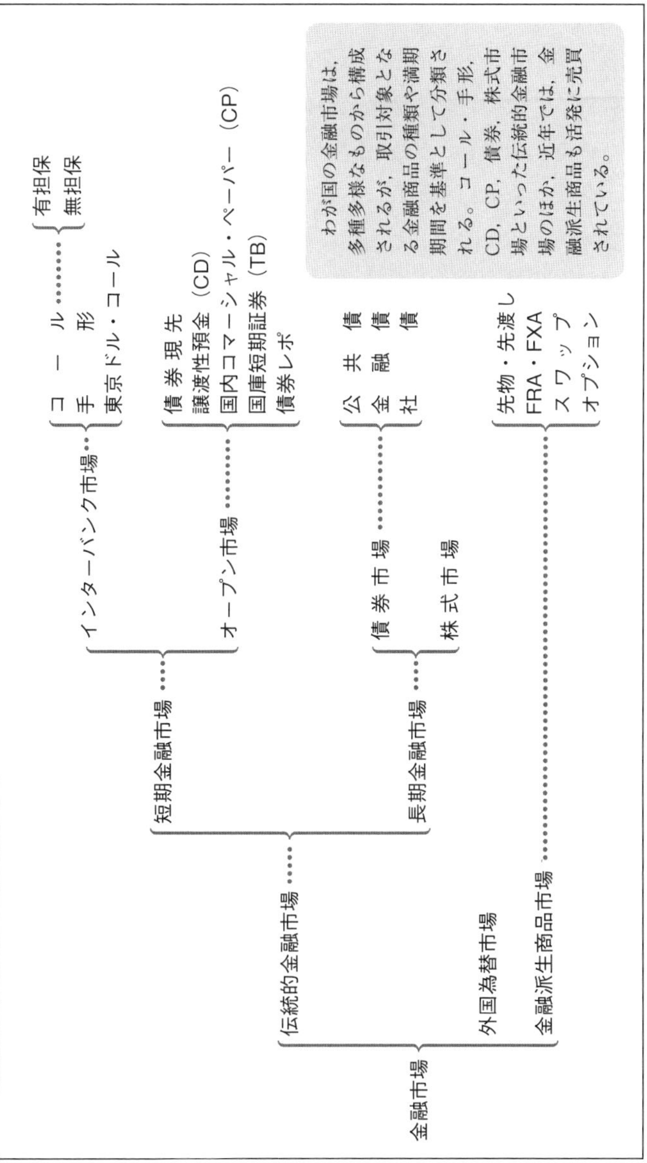

```
金融市場 ┬─ 伝統的金融市場 ┬─ 短期金融市場 ┬─ インターバンク市場 ┬─ コール ┬─ 有担保
         │                  │                │                      │         └─ 無担保
         │                  │                │                      └─ 手形
         │                  │                │                      └─ 東京ドル・コール
         │                  │                └─ オープン市場 ┬─ 債券現先
         │                  │                                ├─ 譲渡性預金（CD）
         │                  │                                ├─ 国内コマーシャル・ペーパー（CP）
         │                  │                                ├─ 国庫短期証券（TB）
         │                  │                                └─ 債券レポ
         │                  └─ 長期金融市場 ┬─ 債券市場 ┬─ 公共債
         │                                  │            ├─ 金融債
         │                                  │            └─ 社債
         │                                  └─ 株式市場
         ├─ 外国為替市場
         └─ 金融派生商品市場 ┬─ 先物・先渡し
                              ├─ FRA・FXA
                              ├─ スワップ
                              └─ オプション
```

> わが国の金融市場は、多種多様なものから構成されるが、取引対象や満期期間を基準として分類される。コール・手形、CD、CP、債券、株式市場といった伝統的金融市場のほか、近年では、金融派生商品も活発に売買されている。

1 金融市場の機能と類型化　113

型取引が行われる場を指すことが多い。

　金融市場は，上記の取引形態のほか，①取引の期間，②参加者の範囲，③取引される金融商品の内容を基準として整理することができる。**図5-1**は，わが国の金融市場をこうした基準にしたがって分類したものであり，それらは，取引対象によって，①資金の調達・運用に関連した金融商品が取引される伝統的金融市場，②通貨と通貨が取引される外国為替市場，③伝統的金融市場および外国為替市場での取引の結果生じたポートフォリオに内在するリスクの管理・調節手段として利用される金融派生商品市場に分けられる。また，③の金融派生商品市場との対比で，①および②の市場は，現物市場あるいは原資産市場と呼ばれる。

　伝統的金融市場のうち，取引期間1年以内の資金取引が行われる場を**短期金融市場**，期間1年超の取引が行われる場を長期金融市場といい，後者は**株式市場**と**債券市場**に分かれる。そしてまた，短期金融市場は，金融機関相互の資金運用・調達の場である**インターバンク市場**と，市場参加者が金融機関に限定されない**オープン市場**に大別される。具体的にいうと，**コール市場**，**手形市場**および**東京ドル・コール市場**がインターバンク市場として位置づけられる一方，その他の市場はオープン市場に分類される。

## 2　短期金融市場

> わが国短期金融市場の現状

わが国の短期金融市場の規模は1985年以降一段と拡大し，2009年末現在での取引残高は290兆円と85年末残高の約

6倍にも達している（**表5-1**）。こうした規模拡大の背景としては，1980年代後半以降の金融の自由化，国際化という大きな流れのなかで，①オープン市場を中心に新市場の創設および取引条件の緩和や多様化が大きく進んだ，②金利機能の一層の円滑化等を狙いとして既存の市場も整備・拡充されてきた，③急増する金融取引を安全・確実かつ迅速に処理すべく決済面での整備が図られてきた，といった事情が挙げられることが多い。

すなわち，1985年以降，無担保コール（85年7月），TBの発行開始（86年2月），JOM（86年12月，後述），CP（87年11月）など新市場の創設が相次いで進められたほか，既存の市場についても，CD最低発行金額の引下げおよび発行期間の多様化，CP発行期間の多様化，TB・FB（後述）の取引単位の引下げやTB発行期間の多様化等，取引対象の拡大措置が講じられてきたのである。

### コール・手形市場

わが国では，民間金融機関が支払準備の短期的な過不足を相互に調整するインターバンク市場をコール・手形市場と呼ぶ。

わが国のインターバンク市場は，明治末期に金融機関相互間のコール市場として自然発生的に成立した。コール市場での取引は，発足当初から昭和初期に至るまでの間，無担保取引が主流となっていたが，1927年に有担保原則が確立した。その後，1970年ごろまでは有担保コール市場の拡大というかたちで成長を続けてきた。1971年5月には，従来有担保コール市場で行われていた期間2か月以上のやや長めの取引を包摂する市場として手形市場が創設された。

その結果，インターバンク市場は，ごく短期の資金取引の場と

表 5-1 わが国の主な短期金融市場残高の推移

|  | 1980年末 | 構成比 | 1985年末 | 構成比 |
| --- | --- | --- | --- | --- |
| インターバンク市場 | 99 | 58.9 | 198 | 41.0 |
| 　　コール市場 | 41 | 24.7 | 51 | 10.6 |
| 　　手形市場 | 57 | 34.2 | 147 | 30.4 |
| オープン市場 | 69 | 41.1 | 284 | 59.0 |
| 　　債券現先 | 45 | 26.9 | 46 | 9.6 |
| 　　債券レポ | — | — | — | — |
| 　　譲渡性預金（CD） | 24 | 14.1 | 101 | 20.9 |
| 　　国内コマーシャル・ペーパー（CP） | — | — | — | — |
| 　　政府短期証券（FB） | 0 | 0.1 | 137 | 28.4 |
| 　　国庫短期証券（TB） | — | — | — | — |
| 合　　計 | 168 | 100.0 | 482 | 100.0 |// 
| (参　考) | | | | |
| 本邦オフショア市場 | — | — | — | — |

(注) 1) FB は 1990 年末までは日本銀行保有分の対市中売却残高。
　　 2) TB は 2000 年末までは割引短期国債の残高。
　　 3) 本邦オフショア市場はインターバンク米ドル直物終値で円に換算。
(出所) 日本銀行『金融経済統計月報』ほか。

してのコール市場とやや長めの資金取引の場である手形市場という2つの市場に機能分化した。そして，1985年7月には無担保コール市場が創設された。その後，無担保コール市場は大幅な拡大を遂げ，金融機関相互間のごく短期の資金融通市場として重要な役割を果たしている。ただし，近年では，コール取引でも安全性が重視され，有担保のコール取引が約4分の3を占める。

このうちコール市場は，money at call（呼べば直ちに戻ってくる

|  | (単位：千億円，%) | | | | | | |
|---|---|---|---|---|---|---|---|
| 1990年末 | 構成比 | 1995年末 | 構成比 | 2000年末 | 構成比 | 2009年末 | 構成比 |
| 410 | 41.2 | 485 | 37.1 | 228 | 10.4 | 175 | 6.0 |
| 240 | 24.1 | 386 | 29.6 | 228 | 10.4 | 175 | 6.0 |
| 171 | 17.1 | 76 | 5.8 | 0 | 0.0 | 0 | 0.0 |
| 586 | 58.8 | 820 | 62.9 | 1,964 | 89.6 | 2,727 | 94.0 |
| 66 | 6.6 | 111 | 8.5 | 224 | 10.2 | 193 | 6.7 |
| — | — | — | — | 525 | 18.0 | 622 | 21.4 |
| 189 | 19.0 | 223 | 17.1 | 385 | 17.6 | 328 | 11.3 |
| — | — | 105 | 8.0 | 226 | 10.3 | 124 | 4.3 |
| 255 | 25.6 | 253 | 19.4 | 401 | 18.3 | 1,457 | 50.2 |
| 76 | 7.6 | 128 | 9.8 | 333 | 15.2 | | |
| 997 | 100.0 | 1,304 | 100.0 | 2,192 | 100.0 | 2,902 | 100.0 |
| — | — | 887 | — | 481 | — | 490 | — |

お金）という言葉に示されるように，翌日から1週間以内という比較的短期の資金を貸借する市場として構成され，①日中物（当日中に返済されるもの），②オーバーナイト物（取引の翌日に返済されるもの），③期日物（2日間以上1年以内の取引）に分類されるが，実際にはオーバーナイト物が中心となっている。

コール市場における最大の取り手は都市銀行であり，最近では7割前後を占める。一方，最大の出し手は信託銀行であり，農林

**表5-2 短期金融市場の概要**

| | コール | 手形 | CD | CP |
|---|---|---|---|---|
| 市場発足時期 | 1902年ごろ | 1971年5月 | 1979年5月 | 1987年11月 |
| 市場の位置付け | 金融機関等の間の機動的な資金融通の手段 | | 金融機関の市場性資金調達手段 | 無担保の資金調達手段 |
| | | 2006年6月,日銀による手形オペの共通担保資金供給オペへの移行を契機として自然に消滅 | | |
| 法的性格 | 消費貸借 | 手形の売買 | 預金(指名債権) | 約束手形 |
| 資金調達者 | 金融機関 | 金融機関 | 金融機関 | 非金融法人ノンバンク |
| 資金運用者 | 金融機関 | 金融機関 | 自由 | 自由 |
| 期間 | 有担:翌日物〜6日物(半日物)無担:オーバーナイト〜1年物 | 1週間〜1年 | 自由 | 自由〔ただし,印紙税の軽減措置,証券取引法上の関係等から,実質的には1年未満に制限〕 |
| 流通の実態 | —— | —— | 翌日〜20日 | 翌日〜1週間 |
| 最小取引単位 | 有担:1,000万円。無担:5億円 | 1,000万円 | 自由 | 自由 |
| 流通の実態 | 30億円以上が多い | 10億円以上が多い | 20〜30億円程度が多い | 10〜100億円程度 |
| 流通取扱業者 | 短資会社 | 短資会社 | 金融機関,同関連会社,証券会社,短資会社 | 金融機関,証券会社,短資会社 |

118　第5章　金融市場と新しい金融取引手法

| 債券現先 | Ｆ Ｂ | Ｔ Ｂ | 債券レポ |
|---|---|---|---|
| 1950年ごろ | 1981年5月 | 1986年2月 | 1996年4月 |
| 債券ディーラーの債券在庫ファイナンス手段等 | 国庫の資金繰り調整手段<br><br>2009年2月，国庫短期証券（TB）に統合 | 借　換　債 | 金融機関による市場性資金の調達手段 |
| 条件付売買 | 有 価 証 券 | 有 価 証 券 | 現金担保付きの債券貸借 |
| 債券ディーラー等 | 国 | 国（国債整理基金特別会計） | 銀 行 等 |
| 上場会社またはこれに準ずる会社等経済的・社会的に信用のある法人 | 上場会社またはこれに準ずる会社等で金融・資本市場の動向に精通した法人 | 同　　　　左 | 金融機関 |
| 自　　　由 | 原則として13週間<br>［国庫の資金繰りに応じて2か月程度のFBも発行される］<br><br>2か月，3か月，6か月および1年 | 6か月・1年 | 1年以内 |
| 10日〜3か月 | 翌日〜1週間 | 同　　　　左 | ―― |
| ―― | 1,000万円 | 同　　　　左 | |
| 1億円以下のものが多い | 10〜200億円 | 同　　　　左 | 1億円以上が多い |
| 証券会社，登録金融機関 | 証券会社，登録金融機関，短資会社 | 証券会社，登録金融機関 | 証券会社，登録金融機関，短資会社 |

系統金融機関,地方銀行,信金中央金庫・信用金庫,保険会社がそれに次ぐ。コール市場での取引残高は近年,日本銀行による量的緩和政策の採用（2001年3月～06年3月まで実施）などを主因として大幅に減少している。

これに対し,手形市場は企業の振り出した手形でまだ期限の到来していないものを金融機関相互間で売買する市場であり,1週間から数か月（制度的には12か月まで）という長めの資金融通手段として位置づけられていた。手形市場は,日本銀行による手形オペレーション（売買操作）の場として重要な役割を担ってきた。しかし,手形市場は近年,手形割引・手形貸付形態での銀行借入の伸び悩みに伴い,取引の対象となる原手形の造成テンポが趨勢的に鈍化していることを主因として,日本銀行による手形オペ分を除く手形市場プロパーの取引残高は大きく縮小していたが,2006年6月の手形買入オペの共通担保オペへの移行を契機として自然消滅した。

### 債券現先市場

債券の売買仕法は,**一般売買**と**現先取引**に大別される。一般売買とは,債券を買い切ったり,売り切ったりする無条件売買である。これに対し,**現先取引**とは,一定期間後に一定の価格で買い戻すあるいは売り戻すことをあらかじめ約して債券を売却（逆現先ないし売り現先）あるいは買い入れる（現先ないし買い現先）,条件付き売買のことをいう。この条件付き売買はすべての金融商品に適用可能であり,債券のほか,CD,CP,TBについても現先売買が行われている。

現先取引は形式的には債券売買の形態をとっている。しかしながら,実態的にはコール・手形取引と同様に短期資金の貸借取引であり,債券そのものは担保の役割を果たしている。このため,

現先レートは，売買の対象となった債券の種類や信用力などとはかかわりなく，短期金融市場におけるその時々の資金需給状況を反映して決定される。また，債券現先取引の場合，取扱金額についてはとくに定めはないが，他のオープン市場に比べて個々の取引金額の幅が大きい（1000万円～数百億円）という点に特徴がある。現在，債券現先取引の対象期間は自由となっているが，現実には10日～3か月という短期の取引が中心となっている。

### 譲渡性預金市場

譲渡性預金（Certificate of Deposit, CD）は，その名のとおり，譲渡可能な定期預金であり，わが国では1979年5月から取扱いが開始された。CDの発行市場は金利自由化の流れのなかで順調に拡大し，オープン市場最大の規模を誇ってきたが，現在ではその地位をTB市場に譲っている。また，CDの売買も，1981年におけるCD現先取引の導入を契機として順調に拡大し，ごく短期（翌日）から比較的長め（3か月程度）の流通売買が活発に行われている。

CDは創設当初，唯一の自由金利預金商品という性格を反映して，一般事業法人等の資金運用手段として活用されていた。しかしながら，1985年10月以降の定期預金金利自由化のなかで対顧客向け商品としての性格が後退し，現在では主として金融機関による資金ディーリング対象あるいは資金繰りの調整弁として利用されている。

### 国内コマーシャル・ペーパー市場

コマーシャル・ペーパー（Commercial Paper, CP）とは，わが国の場合，非金融法人等が商取引の裏付けをもたずに発行する短期・無担保の約束手形のことをいう。CPの発行は当初，とくに優良と認められる事業法人などに限定されていたが，1998年

6月以降はどんな企業でも発行できるようになった。CPの期間や手形額面に対する規制は撤廃されたが、国内企業については外貨建ては認められていない。

わが国CP市場は、1987年11月に創設された後、発行企業からの高いニーズを背景として順調に発展し、譲渡取引が簡便なこともあって、流通取引も短期の現先取引を中心に活発に行われている。また、最近では現物手形を発行する代わりに電子上の振替でもって発行・売買される電子CPの発行も可能となっている。

### 国庫短期証券市場

わが国の場合、期間1年未満の政府短期債務は財政法上、割引短期国債（TB, Treasury Bills）と政府短期証券（FB, Financing Bills）の2つに区分されている。TB, FBはかつてそれぞれ独自の方式に基づき発行されていたが、2009年2月からは統合のうえ**国庫短期証券**という統一名称で発行されている。

すなわち、財政法上の位置づけが異なる2つの政府短期債務が国庫短期証券という統一名称で公募価格入札制により発行され、市中で流通しているのである。国庫短期証券の償還期間は2か月、3か月、6か月および1年であり、政府短期証券は3か月を原則として（2か月や6か月もありうる）、割引短期国債は6か月、1年で発行される。また、最低額面金額は1000万円となっている。それでは、TBとFBはどういった点で異なるのだろうか。以下では、この点を意識して両者について説明する。

**割引短期国債**とは、国債の償還金の再吸収あるいは借換債発行の特定日集中の平準化を目的として割引形式で発行される、期間1年以内の短期国債のことをいう。これは、アメリカの財務省証券（Treasury Bills, TB）に類似したものであるため、わが国でも

TBと呼ばれていた。TBの最低取引単位は導入当初1億円であったが，その後，他の短期金融商品の小口化の進展や市場参加者からの要望等を受け，段階的に引き下げられ，1000万円となっていた。

TBは，入札利回りが低い（価格が高い）順に落札されるコンベンショナル方式によって発行されていた。TBは発行当初，すべて6か月物であった。1989年9月以降は3か月もの，99年4月からは1年ものも発行されたが，2000年4月からは6か月ものおよび1年ものの2種類となっていた。また，TBは当初年4回発行されていたが，発行量の大幅増額に伴い，1989年8月以降は毎月発行に移行し，さらに翌90年7月からは原則として月2回の発行体制がとられていた。

これに対し，**政府短期証券**は財政法または特別会計法に基づき国庫等の一時的な資金不足の補塡を目的として割引方式で発行される期間90日程度の短期の政府債務のことをいい，FB（Financing Bills）と呼ばれる。FBは1999年3月末までの間，大蔵省証券，食糧証券，外国為替資金証券の3種類が発行されていたが，公募入札制への移行とともに同年4月からはそれらを統合した政府短期証券として発行されていた。

FBは，毎週原則として月・水・金曜日，日本銀行の窓口を通じて公募発行されていた。すなわち，FBは1956年5月以来，その時々の金融情勢を勘案しながら大蔵大臣が割引率を定める定率公募に基づき発行され，応募額が募集額に満たない場合は残額を日本銀行が引き受けることになっていた。この割引歩合は常に公定歩合を下回る水準に決定されているため，投資家からの応募はほとんどみられず，発行額のほぼ全額を日本銀行が引き受けて

2 短期金融市場　123

いた。こうした事態を改善のうえ国内金融市場のさらなる整備を目的として1999年4月，FBの公募入札制が導入された。FBの発行期間は原則13週間，最低取引単位は1000万円で，公募入札により毎週水曜日に入札のうえ，翌週の月曜日に発行されていた。

FBの流通市場は，1981年5月，日本銀行が短期的な資金吸収手段として保有FBの市中売却を開始したことに始まる。日本銀行によるFBの売却は短資会社を対象として行われ，短資会社から金融機関への転売，金融機関から事業法人等への再転売を通じてオープン市場としてのFB流通市場が形成されていたが，99年4月の公募入札制への移行後はTBと同様の仕法に基づき売買されていた。

### 東京ドル・コール市場およびJOM市場

**東京ドル・コール市場**は，銀行が日本国内においてドルその他の外貨資金の無担保貸借取引を行う市場のことをいう。東京ドル・コール市場は，1972年4月，銀行の短期的な外貨資金過不足を相互に調整するための場として創設され，その後，順調に拡大を続けてきた。しかしながら，86年12月の**本邦オフショア市場**（JOM）の創設に伴い銀行間の外貨資金取引がオフショア市場へと漸次シフトしたこともあって，東京ドル・コール市場での取引高は90年以降，減少傾向に転じている。東京ドル・コール市場での取引通貨はとくに制限されていないが，実際上はドル取引がほとんどを占める。最低取引単位は10万ドル相当額である一方，取引期間については80年12月以降，とくに制限が課されていない。

オフショア市場とは一般に，非居住者を取引相手とする資金の

運用・調達（いわゆる外—外取引）を，金融・税制上の制約がきわめて少ない自由な環境下で行うことのできる市場のことをいう。日本においても，円の国際化を推進するためには，金融自由化に加え東京市場の国際化を図ることが重要であるとの考え方に基づき，1986年12月にJOMが発足した。JOMは国内市場とは切り放したうえで一定の国際金融取引に対して優遇措置を適用するという「内外分離型」の市場であり，市場に参加する銀行はオフショア取引専用の特別勘定（特別国際金融取引勘定）を設け，この特別勘定をその他の勘定（一般勘定）と区分のうえ管理することが義務づけられている。

**債券レポ市場**　このほか，1996年4月には，いわゆる日本版レポ市場が創設された。レポ（repo）取引とは，アメリカの国債市場における売買手法の1つで，一定期間後に買い戻す（売り戻す）条件で国債を売却（購入）することをいい，わが国の現先取引に相当する。もっとも，わが国の場合，現先取引に対しては，99年3月末までの間，債券の売買取引であるため有価証券取引税が課されていたこともあって，他の短期金融商品との比較においてコスト高となっていた。そうした事態を改善し，短期金融市場の健全な発展，長短金融市場間の円滑な金利裁定取引の実施を促していくためにも，有価証券取引税が適用されないかたちでの債券の条件付き売買のあり方が模索されていた。

こうした状況下，1995年12月に債券貸借取引に際して提供された現金担保に対する付利制限（有担保コール翌日物出し手レート−1％）が廃止になったことを受け，96年4月より日本版レポ市場が誕生することになった。日本版レポ取引は，国債を中心と

して活発に行われており，債券の貸借に対し借り手が担保として現金を差し入れるという点で現先取引と異なる。

## 3 証券市場

**証券市場の機能**

証券市場とは一般に，債券や株式といった有価証券が新たに発行されたり，すでに発行された有価証券が売買されたりする市場のことをいう。証券市場はまた，資本市場とも呼ばれる。証券市場は概念的には銀行貸出市場に対比されるものであり，資金提供者はいつでも有価証券を流通市場で転売のうえ，リスクの負担を第三者に転嫁できるところに特徴がある。

証券市場は，取引の対象となる証券の種類を基準として，**債券市場**（bond market）と**株式市場**（equity market）に分けられる。債券市場においては，国，地方公共団体，民間企業などが発行した債務証書である国債，地方債，政府保証債，普通社債，金融債，転換社債（株式への転換権を付与された社債）やワラント債（新株引受権を付与された社債）などが取引される。一方，株式市場においては，株式が売買される。

証券市場はまた，発行市場と流通市場に分けられる。**発行市場**（primary market）とは，債券の発行，株式の増資というように，新たに発行される有価証券の募集が行われる市場のことをいう。有価証券の発行に際しては通常，不特定多数の投資家からの応募を勧誘するため，証券業者（アンダーライター）が発行者と応募者（投資家）との間に立って，有価証券の円滑な発行に向けて努

力している。

　これに対し，すでに発行された有価証券が売買される市場のことを**流通市場**（secondary market）という。流通市場での取引は，証券取引所で行われる取引所取引と，主として証券会社の店頭で行われる**店頭取引**（あるいは店頭市場）という2つの形態がある。一般に株式については，取引所取引が中心となっているのに対し，債券の売買はほとんど店頭取引として行われている。流通市場と発行市場とは車の両輪の関係にあり，両市場のバランスのとれた発達があってはじめて，証券市場はその経済的機能を十分に発揮できるといえる。

### 債券市場

わが国の債券発行市場においては，各種の債券が発行されているが，**表5-3**のとおり，そのなかでも発行量が最も多いのは国債である。国債の場合，**表5-4**のとおり，多種多様な種類で公募入札，シ団引受や政府機関による直接引受などを通じて発行されている。このうち**公募入札**とは，多数の応募者による競合いを通じて発行条件と発行額を決定する発行方法のことをいう。2006年度以降，長期国債はすべて，この方式に基づいて発行されている。一方，シ団引受とは，国とわが国の金融機関により構成される国債募集引受団（これをシ団という）が国債の募集の取扱いおよび残額引受契約を締結のうえ，企業や家計からの応募を募り，販売する方式のことをいう。シ団引受は1975年度から始まった赤字国債の発行方式として長年にわたって利用されてきたが，2005年度末をもって廃止された。

　一方，社債の発行に際しては，最も有利な条件を提示した証券会社を幹事会社とする引受シ団が組成された後，市場実勢に基づ

**表 5-3　公社債発行額の推移**

(単位：兆円)

|  | 1980年度 | 1985 | 1990 | 1995 | 2000 | 2005 | 2009 |
|---|---|---|---|---|---|---|---|
| 国　　債 | 14.6 | 23.4 | 40.9 | 68.4 | 105.4 | 150.6 | 112.3 |
| 地　方　債 | 2.1 | 2.3 | 0.9 | 2.0 | 2.3 | 6.1 | 7.3 |
| 政府保証債 | 1.6 | 2.7 | 1.9 | 3.2 | 5.1 | 7.0 | 4.6 |
| 金　融　債 | 13.6 | 26.3 | 46.9 | 43.4 | 21.0 | 8.7 | 4.1 |
| 事　業　債<br>(普通社債) | 1.0 | 0.9 | 2.1 | 5.7 | 7.6 | 10.9 | 10.3 |
| 転換社債 | 0.1 | 1.6 | 0.9 | 1.0 | 0.3 | n.a. | n.a. |
| 円建外債 | 0.3 | 1.2 | 1.4 | 2.1 | 2.4 | n.a. | n.a. |
| その他　合計 | 36.1 | 60.7 | 101.2 | 138.0 | 151.2 | 221.0 | 188.8 |

> わが国の債券発行市場においては，各種の債券が発行されている。そのなかでも発行量が最も多いのは，普通国債である。金融債がそれに次ぐが，近年においては事業債の発行高も増加傾向にある。

(注)　1)　転換債を含む。
　　　2)　国債は，FB を除くベース。
　　　3)　地方債は，縁故地方債を除くベース。
　　　4)　政府保証債は，公募のみ。
　　　5)　事業債は，電力債，一般債，NTT・JR・JT 債の合計。
(出所)　日本証券業協会。

いて決定された発行価格によって投資家に売りさばくという**均一価格販売方式**が採用されている。この均一価格販売方式とは，募集期間中は一切値引きせずに発行価格で販売することが義務づけられた発行方法であり，アメリカの債券市場においては広く採用されている。

　債券の流通市場は，店頭取引を中心として形成されている。これは，債券の銘柄数がきわめて多いことに加え，残存期間，クーポン，税制など取引にあたって考慮すべき点が少なくないことから，取引所取引のような集中取引にはなじみにくい面を有してい

るからである。こうしたなかで，債券売買価格の公正性や透明性の維持を目的として，わが国においては1997年4月以降，すべての銘柄について「**基準気配**」が公表されている。

**株式市場**　わが国においては，1998年11月末までの間，**市場集中の原則**に基づき，上場株式の売買はすべて証券取引所経由で行わなければならないと定められていた。このため，株式の流通市場は，東京，大阪など全国に6か所ある証券取引所を中核として構成されている。証券取引所取引の場合は，株式上場企業数および売買高では**東京証券取引所**が約9割を占めるなど，圧倒的なシェアを誇っている。このほかわが国の株式流通市場としては，非上場の株式（これを**店頭銘柄**という）が売買される**店頭市場**やプロの投資家同士をつなぐ場外市場，PTS（私的取引システム）があり，これらの市場においても株式が活発に取引されている。

　株式市場においては既存の株式の売買が活発に行われているが，このほか，設備の拡充などに際し必要とされる資金の調達市場としても機能している。これを**増資**という。増資は一般に，新株式の発行価格の決定方法を基準として，額面発行，時価発行および中間発行に分けられる。**額面発行**とは，新株式の発行価格を額面金額とするものであり，これに対し，**時価発行**においては新株式は株式の市場価格（あるいはそれに近い価格）で発行される。中間発行とは，額面価格と市場価格との中間に新株発行価格は決定される。

　わが国においては，1970年代初めまで，既存株主の権利保護もあって額面発行が主流を占めていた。しかし，その後は，次第に時価発行増資が増加し，2001年10月施行の商法改正により額

表 5-4 国債の種類とその発行方法

| 償還期間等 | 短期国債(TB) | 中期国債 | 長期国債 | 超 |
|---|---|---|---|---|
| | 6か月, 1年 | 2年, 5年 | 10年 | 15年変動[1] |
| 発行形態 | 割引国債 | 利付国債 | | |
| 最低額面単位 | 1000万円 | 5万円 | 5万円 | 10万円 |
| | 公募入札 日本銀行乗換 | 公募入札 窓口販売 (募集取扱い) | 公募入札 窓口販売 (募集取扱い) | 公募入札 |
| 入札方式 | 価格競争入札・コンベンショナル方式 | 価格競争入札・コンベンショナル方式 | 価格競争入札・コンベンショナル方式 | 価格競争入札・コンベンショナル方式 |
| 非競争入札等[5] | 第Ⅰ非価格競争入札 | 非競争入札 第Ⅰ非価格競争入札 第Ⅱ非価格競争入札 | 非競争入札 第Ⅰ非価格競争入札 第Ⅱ非価格競争入札 | 第Ⅰ非価格競争入札 第Ⅱ非価格競争入札 |
| 譲渡制限 | あり[2] | なし | なし | なし |
| 発行頻度 (2010年度計画) | 割引短期国債 1年：月1回 割引短期国債 6か月：総額 0.9兆円 | それぞれ 月1回 | 月1回 | 年4回[4] |

(注) 1) 15年変動利付国債の適用利率は，10年固定利付国債の金利に連動
ド $a$ は入札日に決定され，償還まで不変。
2) 短期国債は法人（一定の信託の受託者を含む）のみ，個人向け国債
す法人等のみに，それぞれ譲渡可能。
3) 30年債の3月，4月，6月，7月発行分は3月債として原則リオー
なお，2011年3月発行分は2011年度発行分（一部）とともに新発債
として原則リオープン発行。
4) 市場の状況によっては発行を取り止めることがある。
5) 3年固定個人向け国債は，2010年7月より発行（募集は6月より）。
6) リオープン発行の場合は，価格競争入札・コンベンショナル方式。
7) リオープン発行の場合は，第Ⅰ非価格競争入札を実施。
(出所) 財務省『債務管理リポート 2010』。

| 長期国債 | | | 個人向け国債 | 物価連動国債 |
|---|---|---|---|---|
| 20年 | 30年 | 40年 | 3年固定[5], 5年固定, 10年変動 | 10年 |
| 利付国債 | | | | |
| 5万円 | 5万円 | 5万円 | 1万円 | 10万円 |
| 公募入札 | 公募入札 | 公募入札 | 窓口販売（募集取扱い） | 公募入札 |
| 価格競争入札・コンベンショナル方式 | 利回り競争入札・コンベンショナル方式 | 利回り競争入札・ダッチ方式 | — | 利回り競争入札・ダッチ方式[6] |
| 第Ⅰ非価格競争入札 第Ⅱ非価格競争入札 | 第Ⅰ非価格競争入札 第Ⅱ非価格競争入札 | 第Ⅱ非価格競争入札[4] | — | 第Ⅱ非価格競争入札[7] |
| なし | なし | なし | あり[2] | あり[2] |
| 月1回 | 年8回 | 年4回[3] | 3年固定：月1回 5年固定・10年変動：年4回 | 年1回 |

は個人（一定の信託の受託者を含む）のみ．物価連動国債は一定の条件を満た
し（10年固定利付国債の金利 − $a$），半年ごとに利率が変動するが，スプレッ

としてリオープン発行する．40年債の5月，8月，11月，2月発行分は 5月債
プン発行．9月，10月，12月，1月発行分は9月債として原則リオープン発行．

面株式が廃止されたため,現在では時価発行増資のみが利用可能となっている。

> 進む株式公開市場の整備

このほか,わが国においても,投資家や株式公開を希望する企業経営者のニーズに応えるべく,新しい証券市場を創設する動きが台頭した。たとえば,東京証券取引所では1999年9月に新興企業向けの株式公開市場であるマザーズを創設し,同年12月より取引を開始した。マザーズの場合,既存の市場とは異なり利益の額等に関する基準がなく,今後成長の可能性を秘めた企業による上場（株式公開）が期待されている。また,大阪証券取引所（大証）では1999年12月,全米証券業協会（NASD）と提携して共同でナスダック・ジャパン市場（ヘラクレス）と呼ばれる店頭市場を大証の電子市場部門として創設することを決定し,2000年6月から取引を開始した。ヘラクレスはまた,日本証券業協会が子会社を通じて運営していた店頭市場であるジャスダック証券取引所と統合され,2010年10月からは新ジャスダック市場として運営されている。

# 4 外国為替市場

> 外国為替取引と外国為替市場

貿易取引や対外資本取引を行おうとする場合,自国通貨と外国通貨という2つの異なった通貨を交換しなければならない。この通貨の交換取引あるいは外貨の売買を**外国為替取引**という。そしてまた,外国為替が広く取引される場を**外国為替市場**（foreign exchange market), 通貨の交換に際し適用される交換比率を**外国為替相場**（foreign exchange rate）という。

外国為替市場は，取引の当事者を基準として，①一般の個人や企業などが銀行を相手として外国為替の売買を行う**対顧客市場**と，②銀行相互の間で外国為替が売買される**銀行間市場**（インターバンク市場）に大別される（図5-2）。外国為替市場という場合，通常は後者のインターバンク市場を指すことが多い。以下では，主としてこの狭義の外国為替市場について説明する。

わが国の外国為替市場は東京，大阪の2か所あるが，インターバンクの外国為替取引のほとんどは東京市場で行われている。このため，わが国の外国為替市場は通常，**東京外国為替市場**と称される。東京外国為替市場も，ニューヨークやロンドンの外国為替市場と同様，もっぱら電話を通じて取引が行われる**テレフォン・マーケット**あるいはスクリーン・モニターを媒介とした**スクリーン・マーケット**であり，一部欧州大陸諸国にみられるような為替取引所（ブルス）は存在しない。

**東京外国為替市場の発展と現状**

東京外国為替市場は，第二次世界大戦直後に一時閉鎖された後，1952年6月に為銀による外国為替保有が認められたのを受け，同年7月に銀行間の為替ポジション調整の場として再開された。その後，米ドルの金交換停止措置（いわゆるニクソン・ショック，1971年8月），固定相場制から変動相場制への移行（73年2月）など，国際通貨情勢の激しい変化に見舞われながらも，わが国経済の拡大や貿易・資本両面にわたる対外取引の自由化等を背景として，東京外国為替市場は1990年までその市場規模をほぼ順調に拡大させてきた。また，通貨別取引比率（ブローカー

**図 5-2　外国為替市場の概念図**

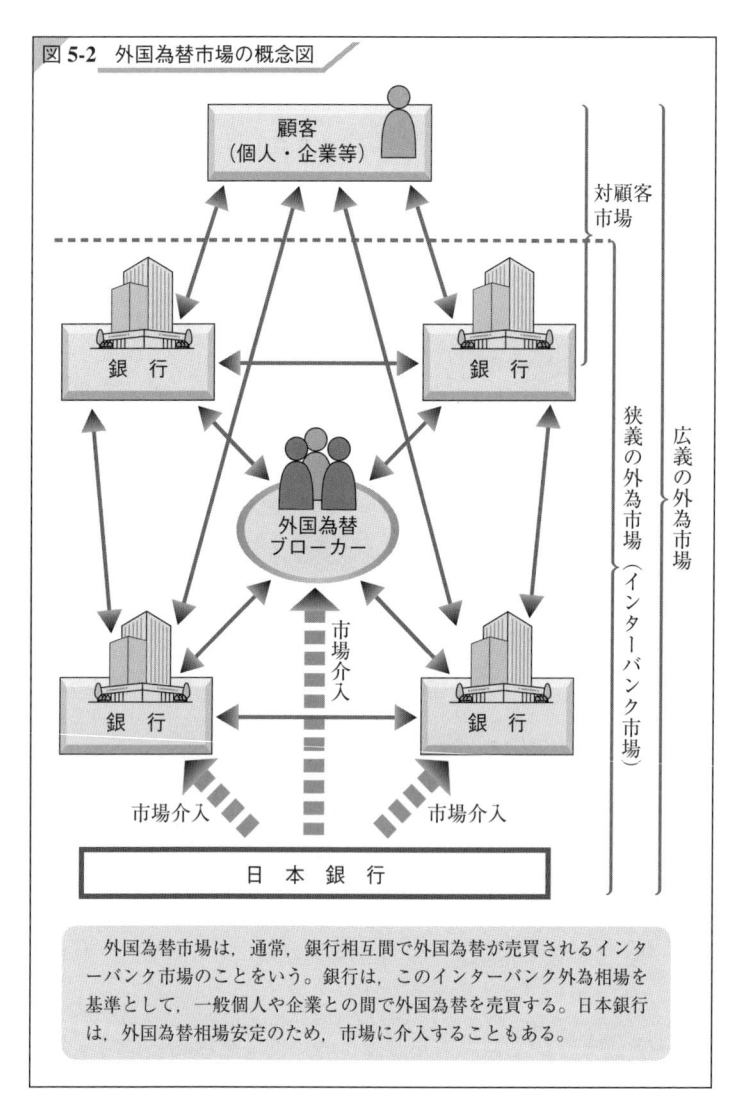

> 外国為替市場は，通常，銀行相互間で外国為替が売買されるインターバンク市場のことをいう。銀行は，このインターバンク外為相場を基準として，一般個人や企業との間で外国為替を売買する。日本銀行は，外国為替相場安定のため，市場に介入することもある。

経由分）をみると，基軸通貨である円－ドルの取引が約6割と引き続き大半を占めている。

1990年以降，東京外国為替市場での取引高は，折からの景気後退や対外証券投資の消極化などを背景として縮小してきたが，近年，円関連取引を中心としての東京が見直されつつある。この間，銀行の間では，外国為替ブローカーを経由しないダイレクト・ディーリングが活発化している。その結果，銀行間取引全体に占める外国為替ブローカー経由取引の比率は現在，2割程度にまで低下している。

### 外国為替市場における取引の実際

　外国為替市場での取引は，一般に資金の受渡し時期を基準として，直物取引，先物（フォーワード）取引の2種類に分けられる。**直物取引**とは，資金の受渡しが約定日の翌々営業日以内に行われるものをいう。わが国では従来，翌営業日渡しが標準となっていたが，1984年4月以降は欧米主要市場での取引慣行にあわせ翌々営業日渡し（スポット）が中心となっている。一方，**先物取引**とは，翌々営業日より将来の一定時点において一定の相場で一定の金額を受け渡すことを約束するものであり，先物為替予約とも呼ばれる。

　また，外国為替取引は，外国為替の売買形態を基準としてアウトライト取引とスワップ取引に分類される。**アウトライト取引**とは，直物為替あるいは先物為替をそれぞれ単独で売買することをいう。一方，**スワップ取引**とは，たとえば直物ドル買い・先物ドル売りというように，外貨の直物買い（売り）と，それと同額の外貨の先物売り（買い）戻しを同時に契約する仕法のことをいう。先物取引については近年，アウトライト取引として行われることはほとんどなく，直物為替と絡めたスワップ取引として実行されるケースが大半を占めている。

わが国では，中央銀行である日本銀行が，外国為替市場の安定化・秩序維持のため，財務大臣の代理人の資格で**外国為替資金特別会計**を用い，適宜市場での外貨売買を実施のうえ為替相場の安定化に資する操作を行っている（**為替平衡操作**，一般には**市場介入**と称される）。為替平衡操作は，1963年4月，ブレトンウッズ体制下の為替相場変動幅をIMF平価の上下0.75％以内（それまでは上下0.5％以内）に拡大した際に導入された。現在では，相場が過度に乱高下する場合には，市場介入が行われることもある。

## 5 金融派生商品取引

**わが国におけるデリバティブ取引の発展**

わが国では，帳合米取引と称される米の先渡し契約が江戸時代の大坂・堂島で活発に行われていたほか，外国為替の先渡し取引も従来から行われているなど，じつは古くから金融派生商品（デリバティブ）取引が行われていたのである。それにもかかわらず，現在，デリバティブが金融ハイテクと称されるように，金融業務の最先端に位置づけられるのはなぜだろうか。答えは単純である。スワップ，オプション等，高度の数学的処理を必要とする新しいタイプのデリバティブ取引が1980年代後半以降，内外市場において急速な勢いで拡大したからである。

わが国においても，こうした新しいタイプのデリバティブ取引が，金融機関や事業法人による金利・為替リスクの管理手段として広く定着している。また，わが国におけるデリバティブ取引を欧米主要国のそれと比較した場合，市場参加者の大半は銀行，証

券会社であり，一般投資家による取引は少ない一方，スワップ等の店頭市場ではプレーン・バニラと呼ばれる比較的単純な商品が取引の主流を占め，複合商品の取引はさほど普及していない，といった点がその特徴点として挙げられる。

**先物・先渡し取引**

先物（フューチャー）取引，先渡し（フォーワード）取引は，デリバティブ取引のなかでは最も伝統的な取引形態である。**先物取引**では，取引条件を常に一定に保ち，先物価格の指標性を維持することを目的として標準物を対象とした先物契約が売買される一方，決済については反対売買を通じる取引の清算により生じた差額分だけを受け渡すという差金決済が採用されている。先物取引の場合，決済時点での債務不履行リスクの削減のため，**証拠金**の積立てが要求されるとともに，市場価格での評価（値洗い）が日々行われており，顧客からの預託金残高が所要の証拠金を下回った場合には証拠金の積増し（追い証）が求められる。これに対し，**先渡し取引**とは，ある将来時点において現時点で定めた価格（約定価格または先渡し価格）により原資産を購入あるいは売却することを約定した契約を売買することをいう。

わが国の場合，**表 5-5** に掲げるとおり，外国為替，債券，株式および金利についての先渡し・先物取引が活発に行われている。外国為替の先渡し取引を除けば，残りの取引はすべて先物取引であり，それらはまた取引所で集中的に売買されている。

**FRA, FXA**

FRA（金利先渡し取引），FXA（外国為替先渡し取引，あるいは外国為替証拠金取引）は，金利および外国為替にかかる先渡し取引ではあるが，決済に際しては約定時の金利や外国為替相場・スワップ幅と決済時点で

5　金融派生商品取引　137

表5-5 主要な先物取引の概要

|  | ユーロ円3か月金利先物 | 無担保コールO/N金利先物 |
| --- | --- | --- |
| 取 引 所 | 東京金融先物取引所 ||
| 上 場 年 月 | 1989年6月 | 2007年12月 |
| 取 引 対 象 | 全銀協発表のユーロ円（TIBOR）3か月もの金利 | 無担保コールオーバーナイトもの金利 |
| 取 引 単 位 | 元本1億円 | 元本3億円 |
| 限　　　月（取引の期限） | 3, 6, 9, 12月を20限月 | 各月の限月を6限月 |
| 期　　　間 | 最長5年 | 最長6か月 |
| 最終決済方法 | 差金決済 | 差金決済 |

> わが国においては，外国為替，債券，株式および金利についての先渡し取引であり，その他の取引はすべて先物取引として実施されるところに特色がある。

の市場実勢との差額の受渡し（差金決済）で清算されるという点で，通常の先渡し契約と異なる。FRA，FXAはロンドン市場を中心として1980年代後半以降，デリバティブの1つとして活発に取引されており，わが国においても金利・為替リスクにかかわるヘッジ手段の拡充の一環として，1994年10月より解禁された。FRA，FXAにおいては，取引当事者間の契約に基づく相対取引であるという性格を反映して，取引当事者のニーズに応じた自由な商品設計が可能となっているといったメリットが指摘されている。

スワップ取引

スワップとは，将来のある時点において，属性の異なる債権・債務あるいは利息の

| 長期日本国債 | 東証株価指数先物 | 日経225先物 |
|---|---|---|
| 東京証券取引所 || 大阪証券取引所 |
| 1985年10月 | 1988年9月 | 同左 |
| 長期国債標準物（6％，10年） | 東証株価指数（東証1部上場銘柄の時価総額加重指数） | 日経平均株価（東証1部上場225銘柄のダウ式平均株価） |
| 額面1億円 | 指数×10,000円 | 日経平均株価×1,000 |
| 3，6，9，12月の3限月 | 3，6，9，12月の5限月 | 同左 |
| 最長9か月 | 最長1年3か月 | 同左 |
| 受渡し決済 | 差金決済 | 同左 |

先渡し・先物取引が活発に行われている。このうち外国為替だけが
ている。これら先物取引の場合，取引所において集中的に売買され

　受取り・支払といったキャッシュ・フローを契約当事者間であらかじめ定めた方法に基づき交換する取引のことをいう。スワップ取引は，いずれの取引当事者も相手方に対し，約定された原資産を引き渡す義務（債務）を有する双務契約であり，多種多様な債権・債務を原資産としているという取引の性格上，取引所取引のような標準物による定型化にはなじまないため，店頭市場で取引者のニーズにあうよう条件を定めたうえで取引されている。

　わが国でも1980年代以降，スワップ取引が活発化している。一般事業法人では，低コストでの円資金調達を狙いとして，通貨・金利スワップ取引を積極的に活用している。たとえば，固定金利の社債発行により資金調達した後，先行き金利低下予想が強

まってきた場合，金利スワップ取引により固定金利支払を変動金利支払に変換すれば，資金コストの削減が図れる。一方，金融機関は，スワップ取引のディーラーとして取引の媒介に従事するにとどまらず，自らの資産・負債あるいは運用・調達のミスマッチに伴う金利リスクのヘッジ手段として活用している。

**オプション取引**　オプションとは，ある将来時点（満期日）において，現時点で契約した価格（行使価格）で原資産を購入あるいは売却する権利のことをいい，原資産を購入する権利を**コール・オプション**，原資産を売却する権利を**プット・オプション**と呼ぶ。オプションの保有者（買い手）は，原資産の購入・売却義務を負わないため，オプションの行使が不利と判断される場合には権利を行使する必要はない。これに対し，オプションの発行者（売り手）はオプション手数料（**プレミアム**）を受け取るのと引換えに，オプションの買い手が権利を行使する場合にはこれに応じなければならない義務を負っている。

　オプションの本質は，市場価格の変動のなかから不規則な変動（これをボラティリティという）を抽出のうえ，それを引き受ける意思のある者に転売するところにある。オプションの手数料＝引受け料決定に際しボラティリティが重視されるのは，こうした事情を反映してのことであり，その意味で，オプションは市場価格の不規則変動リスクに対する保険と考えることができる。

　わが国においては，種々多数のオプション取引が売買されているが，そうした取引のうち主要なものは**表5-6**のとおりである。

表5-6 主要なオプション取引

| 原金融資産 | 上場・店頭の別 | オプション |
|---|---|---|
| 外国為替 | 上　　場 | 通貨先物オプション |
|  | 店　　頭 | 通貨オプション |
| 金　　利 | 上　　場 | 短期金利先物オプション |
|  | 店　　頭 | キャップ，カラー，フロアー，スワップション |
| 有価証券 | 上　　場 | 債券先物オプション<br>株価先物オプション |
|  | 店　　頭 | 債券店頭オプション |

> わが国においては，種々多数のオプション取引が売買されている。取引所上場オプションとしては，短期金利オプションと債券先物オプションおよび株式オプションなどが取引されている。一方，店頭オプション取引としては，通貨オプション，債券店頭オプションなどがある。

# 6 資産流動化と金融の証券化

**資産流動化の意義と機能**

近年，金融環境の変化を象徴するものとして，自由化，グローバル化のほか，セキュリタイゼーション（金融の証券化）が挙げられることが多い。セキュリタイゼーションという言葉は，2つの異なった意味をもっている。第1に，金融市場のなかでも証券市場の規模が相対的に拡大していくことをいう。第2には，企業のバランスシートの負債勘定に計上される資金調達ではなく，資産勘定で保有されている一定の資産を，証券化という手法を用いて投資家へ売却のうえ資金調達を実現することをいう。

このうち，第2のタイプのセキュリタイゼーションはデット・ファイナンス（debt finance）からアセット・ファイナンス（asset finance）へのシフトであり，間接金融，直接金融といった，既存の金融取引の枠組み自体を変質させる効果を有している。そしてまた，このタイプのセキュリタイゼーションは，これまで市場性に乏しいと考えられてきた資産（貸付債権など）が流動性の高い証券に変換されたうえ市場で売買されることにちなんで，**資産証券化**と呼ばれる。このほか，証券化の手法を用いず，投資家との相対取引でもって資産の流動化を図るローン・パーティシペーション，アサインメントなどという形態もある。

**ローン・パーティシペーション**とは，債権者が原貸出債権の移転を伴わずに，その債権の元利金を受け取る権利や債務不履行リスクといった経済上の便益やリスクを投資家に相対契約により移転させる仕組みのことをいう。これに対し，原貸出債権自体を債権者から投資家へ譲渡することによって，当該債権にかかわるリスク・リターンを移転させるスキームを**アサインメント**（債権譲渡）という。こうした「証券化によらない資産流動化」と資産証券化を合わせて一般に**資産流動化**という。

**資産流動化の形態**

以上のような証券化による資産の流動化の具体的方策は一般に，証券の発行形態あるいは小口化の形態を基準として，①信託方式，②譲渡方式，③担保方式，および④組合方式という4方式に大別される。**信託方式**とは，オリジネーター（原債券の保有者）が流動化の対象となった資産を信託会社に信託財産として管理を委託し，その信託受益権を売買する方式のことをいう。また，**譲渡方式**とは，オリジネーターが資産の分離・譲渡の受け皿として設立した特別目的

会社 (SPC) に資産の譲渡を行い，その対価として発生した譲渡代金債権を小口化のうえ投資家に販売する方式をいう。これに対し，SPC がオリジネーターから譲り受けた資産を担保に社債等を発行する方式を**担保方式**という。また，投資家が組合を形成し，出資という形式でもって投資家から資金を集め，その出資財産によってオリジネーターから資産の譲り受け事業を営み，その事業から生じる利益または収益を投資家（組合員）に還元する方式のことを**組合方式**という。

### わが国における資産流動化の動き

わが国においても 1993 年以降，資産証券化あるいは流動化のための環境整備が着実に進んでいる。たとえば，同年 5 月にはリース債権の流動化を図るうえで必要とされる環境の整備を狙いとして「特定債権等に係る事業の規制に関する法律（特債法）」が施行されたのに続いて，98 年 9 月からは「特別目的会社による特定資産の資産流動化に関する法律（SPC 法）」に基づき証券化の受け皿となる特別目的会社（SPC）の設立が容易なものとされたほか，債権譲渡の第三者対抗要件具備の簡素化を目的とした債権譲渡登録制度の創設（98 年 10 月），投資信託制度の拡充（2000 年 6 月）など，証券化の基礎となる各種の法律が相次いで制定・改正された。

こうした一連の流れのなかで，わが国においてもリース債権，クレジット・カード債権のほか，住宅ローン債権や不動産についても証券化，流動化する動きが活発化している。

## Column ⑪　江戸期・堂島の米市場にみる多様な金融取引

　江戸時代，大坂は「天下の台所」と呼ばれたように，日本経済の中心に位置していた。すなわち，全国各地で生産された農産物・食料品・衣類・工芸品などはいったん大坂へと集荷され，大坂で競り落とされた財物は江戸・京都あるいは地方へと販売されていったのである。そうした大坂での財物の取引のなかで最も重要な地位を占めていたのが，堂島で行われていた米の売買である。各藩では余剰米を大坂で売却のうえ，売却代金を江戸屋敷運営費用などに充当していたのであった。

　大坂は堂島の米市場において売買されていたのは，米の現物ではなく，蔵元が発行した米の倉荷証券である米小切手であった。この米小切手の性格は漸次，米仲買間で転々と売買されるようになるなかで，米に対する請求権を化体した商品切手的なものへと変容していった。そしてまた，米小切手発行から蔵出しに至るまでの期間が長くなればなるほど，米小切手の保有者は米の価格変動リスクにさらされることになる。こうした価格変動リスクをヘッジするため，享保15年（1730）に帳合米取引と称される米の先物取引が幕府公認の下で開始された。このことは，価格変動が激しい商品の取引においては，価格変動リスク・ヘッジのため，自然発生的に先物取引が行われるようになることを示唆しているといえよう。

　江戸時代後期になり，大名の財政が窮乏化していくと，在庫米あるいは出来米高を上回る米小切手が発行されることもしばしばみられるようになった。こうした米小切手は，過米切手あるいは空米切手と呼ばれた。現在，商品販売の裏付けをもたずに資金繰り安定化のために発行される手形のことを融通手形というが，過米切手はまさにこの融通手形に相当するものである。このことは，大名，企業ともに借り手は資金繰りに窮すれば，時代を超えて同じような弥縫策に走ることを示唆しているのだろうか。

第5章　金融市場と新しい金融取引手法

## Column ⑫ 金利裁定と期待理論

　投資家は，余裕資金の運用に際し，数多く存在する金融資産のなかから自らが適切と判断したリスクとリターンの組合せに合致するよう各種の資産・契約を売買のうえ最適なポートフォリオを構築しようとする。この金融資産選択行動を通じて，水が高いところから低いところへと流れるように，それぞれの金利の水準や変動が金融資産ごとの特性を反映しつつ平準化される。これを金利裁定という。

　この金利裁定取引の結果，各種の金利の間には密接な連動関係が見出されることになる。そして，各種金融資産に付された金利相互間の関係を示す代表的な考え方として，期待理論を挙げることができる。期待理論とは，金利形成に際し，投資家の先行き金利期待を重視する考え方のことをいい，長期金利は現在および将

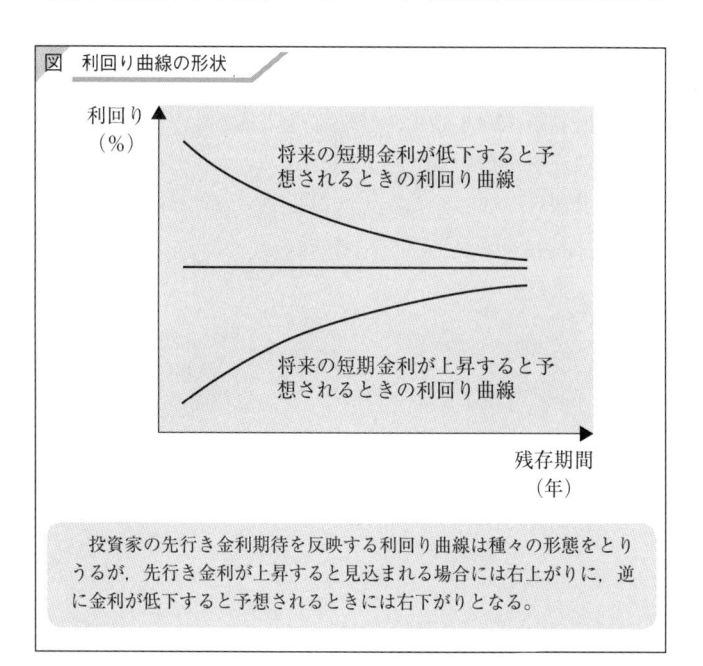

---

**図　利回り曲線の形状**

利回り（％）

将来の短期金利が低下すると予想されるときの利回り曲線

将来の短期金利が上昇すると予想されるときの利回り曲線

残存期間（年）

投資家の先行き金利期待を反映する利回り曲線は種々の形態をとりうるが，先行き金利が上昇すると見込まれる場合には右上がりに，逆に金利が低下すると予想されるときには右下がりとなる。

来の予想短期金利を基準として決定されるとされる（資産の信用度や満期期間の長さといったリスク要因を考慮すると，そのリスクプレミアムに等しい分だけ高くなる）。

また，各種の金利とそれらの満期までの期間との関係を「金利の期間構造」という。金利の期間構造は，その時々の経済・金融情勢や投資家の先行き金利予想などを反映して変動する。ある時点における金利の期間構造を縦軸に金利，横軸に残存期間をとった図で示したものを一般に利回り曲線あるいはイールド・カーブという。この利回り曲線は，図で示されるように先行き短期金利が上昇すると見込まれる場合には右上がりに，逆に短期金利が低下すると予想されるときには右下がりとなる。

## 参考文献

鹿野嘉昭〔2006〕『日本の金融制度（第2版）』東洋経済新報社。
東短リサーチ編〔2009〕『東京マネー・マーケット（第7版）』有斐閣。

# 第6章 貸出市場とメインバンク関係

**慶長小判**
*わが国における貨幣制度は、徳川家康により整備・統一された。*

貸出市場は、顧客市場と称されるように、不特定多数の参加者により均質的な金融商品が取引される短期金融市場や証券市場とは異なり、取引相手の信用度といった属性がとくに重視されるところに特色がある。

そしてまた、貸出取引の場合、いったん取引が成立すると、その後も継続的に同じ取引相手が選択される傾向が強い。これをさらに強め、貸し手と借り手とが一種の運命共同体的な関係を締結し、互いの利益増進のため結託することを謳ったのが、わが国独特の金融取引慣行とされるメインバンク関係と考えられる。

本章では、顧客・地域市場としての貸出市場の特性を説明した後、実務的観点から貸出金利決定メカニズムを探る。次いで、メインバンク関係の意味するところと、その日本的特徴について国際比較の観点を取り入れつつ検討する。

# *1* 貸出市場の性格と銀行業務

> 顧客市場としての貸出市場

　第5章でも述べたように，規格化された等質的な金融商品が取引の対象となる短期金融市場や資本市場は，不特定多数の参加者がいつでも，希望するだけの資金貸借を行うことができる匿名性の高い公開市場として組織されている。これに対し，預金や貸出といった銀行取引においては，多くの場合，取引当事者間の関係が重視され，いったん取引関係が確立されると，その後も引き続き同一の銀行が取引先として選択される傾向が強い。このような点をとらえて，相対型取引市場は**顧客市場**（customer market）と呼ばれることが多い。

　とくに銀行貸出の場合，借り手の将来所得という情報が不完全な資産を返済原資としていることから，銀行には，借り手の資金返済能力を事前に評価するだけでなく，融資実行後も借り手が約定どおりの行動をとっているか否かを事後的に常時監視するという情報生産活動に従事することが求められる。しかも，そうした情報生産費用は取引を停止すれば回収できないため，同一の借り手との取引を繰り返すほうが費用負担の面からも効率的と考えられる。それゆえ，銀行貸出市場において借り手として登場するのは，銀行により融資適格と判断された企業や家計だけである。

　そして，金利，期間，担保徴求の有無といった貸出条件は，借り手の特性や投資プロジェクトの採算性などを考慮のうえ，当事者間の交渉を通じて決定される。このとき，貸出市場で成立する

貸出金利は，金融市場全体としての資金の需要と供給というマクロ的な需給バランスに規定されつつ，最優良企業向けの貸出金利である**プライムレート**をベースラインとして借り手の信用度に応じたリスク・プレミアムを付加して個別・相対的に決定されるため，借り手ごとに異なる。

情報の経済学が教えるように，融資の対象となった投資プロジェクトに関して，貸し手と借り手が有する情報が異なっている場合（通常は借り手のほうがよく知っている），そうした情報構造をうまく利用して借り手は多くの利益を獲得しようとする。これが，**モラル・ハザード**（道徳的危険）の問題と呼ばれるものであり，銀行貸出の場合，そうした問題の発生を未然に回避するべく，借り手を一定の信用度以上の顧客に絞るとともに，融資条件については相対で交渉している。さらに融資が返済されるまでの間，銀行は借り手の行動を監視しているのである。その意味で，銀行貸出は，不特定多数の人びとを取引相手として，あるいは取引相手をあらかじめ特定しないで取引条件を提示する保険契約などとは異なる。ここに，相対型取引と市場型取引との本質的な相違がみられる。

### 一般事業法人との対比でみた銀行業務の特徴

銀行の貸出金利設定行動を考える前に，一般事業法人との比較において，銀行業務のどういった点が特徴的なのか考えることにしよう。銀行は，第1章で述べたように，金融仲介サービス生産の過程で資産変換を行い，貯蓄超過主体に代わって資産運用に伴う各種のリスクを負担している。このため，銀行の貸出行動を議論するに際しては，ミクロ経済学の分析対象である一般事業法人との比較により得られる次のような特徴に留意する必要が

1 貸出市場の性格と銀行業務　149

ある。

　第1に，一般事業法人の生産する財・サービスはフローの概念で把握される。これに対し，銀行の生産した預金・貸出サービスはストック量として認識され，期日が到来するまでの間，銀行のバランスシートに計上される。しかも，預金の受入れ期間と貸出期間とは一般的には対応していないため，資産・負債間で**期間のミスマッチ**が生じている。その結果，過去における金融仲介サービス生産に関する意思決定が現在のバランスシートおよび収益に対しても直接影響を及ぼす。

　第2に，銀行の生産する預・貸金サービスは，金銭の消費貸借という性格を反映して資金の源泉と運用を1対1で対応づけることが難しいほか，資金の流出入は日々大量に発生している。このため，一般企業とは異なり，顧客・商品別に限界費用に見合った価格付けを行うことが事実上困難となっている。

　第3には，銀行の生産する金融仲介サービスの価格である預金金利や貸出金利のベースラインは，中央銀行による金融政策により外生的に与えられる。このため，銀行が経営上コントロールしうるのは，そうしたベースライン金利にどれだけプレミアムを上乗せできるかとか，金融仲介サービスの生産に要する労働，設備等の投入量をどの程度にするかといった点に限定される。

　第4に，預金の吸収，貸出の実行といった業務は，あらかじめ定められた経営計画のもとで個々の銀行支店において分権的に遂行されており，本部は本支店間の資金尻の調整，さらには銀行全体としての預・貸金尻の調整を，コール市場等における資金の取入れ・放出を通じて行っている。営業の最前線で借入企業との間で貸出条件交渉に臨む銀行支店において運用の基準とされる金利

は，**本支店レート**と呼ばれる内部的な資金貸借レートである。本支店レートは，銀行の平均資金調達コストを基準にその時々の金融情勢や先行き予想を勘案のうえ，総合的な観点から決定されるが，最近ではその時々の市場レートを採用する銀行もみられる。

## 2 貸出金利とフルコスト原理

貸出金利の上限と下限，
制度金利との連動関係

　それでは，銀行の**貸出金利**はどのようにして決定されるのであろうか。わが国における銀行の貸出金利に対する規制の実際について概観した後，この問題について考えることにしよう。

　銀行貸出金利規制の根拠は**臨時金利調整法**であり，同法により期間1年未満（かつ1件100万円以上）の短期貸出金利に対しては最高限度（1980年以降，15％）が定められている。一方，下限については最優良企業向けの貸出金利である**短期プライムレート**により画されており，銀行が個々の貸出に適用する金利は，この範囲内で借り手企業の信用度や取引関係の密度等を考慮のうえ個別・相対的に決定される。この短期プライムレートは，従来，公定歩合に一定のマージンを上乗せして決定されていたが，1989年1月以降は，銀行の平均的な資金調達コストを基準として設定されている。

　これに対し，期間1年以上の長期貸出については臨時金利調整法が適用されない。そのため，長期信用銀行が利付金融債の表面利率に一定の利鞘（マージン）を上乗せして決めた**長期プライムレート**を基準に，各銀行が個別に決定していた。国有化や銀行合併

に伴って長期信用銀行という業態がなくなった現在では，長期プライムレートは短期プライムレートに一定のマージンを上乗せして決定されている。なお，欧米主要国においては，長期資金は原則として証券市場で調達されることになっており，そのため，長期貸出金利についてもプライムレートが設定されているという例はほとんどみられない。

このようにわが国では，貸出期間に応じて異なったプライムレートが設定されている。とりわけ，短期の貸出に対しては制度的に上限と下限が設けられているため，貸出金利の需給調整機能は必ずしも十分ではないと指摘されることが多い。しかしながら，銀行が熾烈な貸出競争を繰り広げているという事実からも明らかなように，貸出金利はそうした枠組みのなかで競争的に決定されるとともに，市場での需給を反映して伸縮的に変動しているといえよう。

### 約定平均金利としての貸出金利統計

現在，われわれが貸出金利統計として利用している**貸出約定平均金利**は，以上のような仕組みを通じて決定された個々の貸出金利をその貸出残高をウエイトとして加重平均したものである。そのため，貸出約定平均金利は適用金利の変更だけでなく，長・短貸出構成比率の変化をも反映して変動することになる。国内銀行ベースでみると，高度成長時代は短期貸出が貸出の大部分を占めていた。そのため，**図6-1**のとおり，貸出金利は一定のタイム・ラグを伴いつつも公定歩合の変更にほぼ連動するかたちで変動していた。かつて支配的であった「貸出金利の変動は，公定歩合に連動して動く自主規制金利（短期プライムレート）の申合わせという制度的要因によって，大勢が決定されてしまう」とい

図 6-1　貸出金利の推移

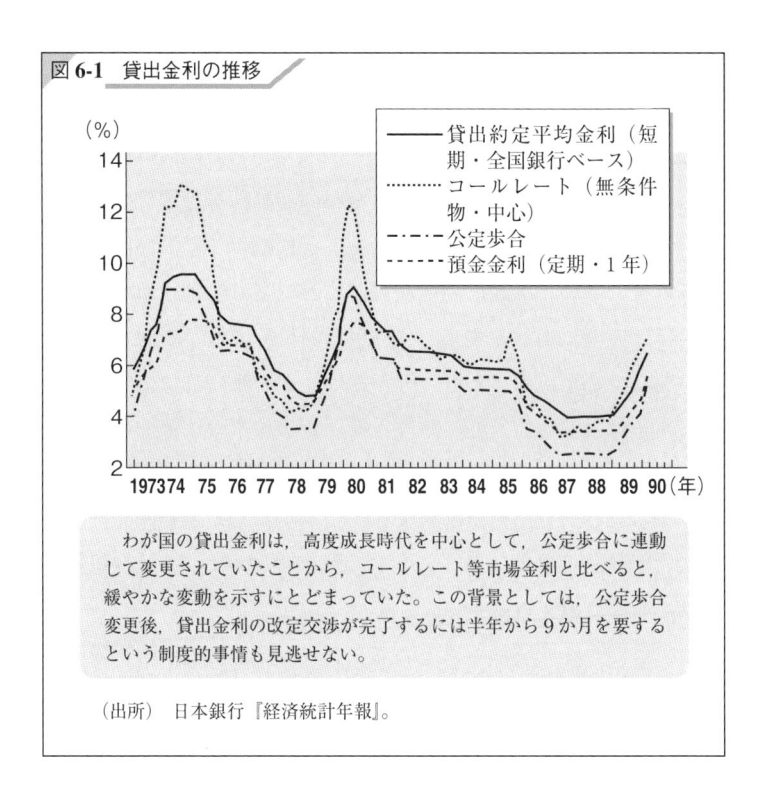

(%)
― 貸出約定平均金利（短期・全国銀行ベース）
…… コールレート（無条件物・中心）
―・― 公定歩合
---- 預金金利（定期・1年）

> わが国の貸出金利は，高度成長時代を中心として，公定歩合に連動して変更されていたことから，コールレート等市場金利と比べると，緩やかな変動を示すにとどまっていた。この背景としては，公定歩合変更後，貸出金利の改定交渉が完了するには半年から9か月を要するという制度的事情も見逃せない。

（出所）　日本銀行『経済統計年報』。

う主張は，こうした事情を指摘したものと考えられる。

　実際，高度成長期においては，貸出の約6割から8割を期間1年以内の貸出が占めていた。もっとも，公定歩合の変更があった場合，それと同時にすべての貸出金利が同じ率だけ変更されるわけではない。これは，現在でも変わっていない。貸出金利が満期期間あるいは金利更改期の中途で変更されることはなく，次回の貸出実行時あるいは金利更改期に至ってはじめて新しい金利が適用されるのである。そしてまた，公定歩合変更直後の金利更改時にフルスライドした新しい貸出金利が直ちに適用されるのは大企

2　貸出金利とフルコスト原理　　153

業向けのプライムレート貸出に限られ，それ以外の貸出については，借入企業との金利変更交渉を通じて新しい金利が漸次適用されていく。

このため，約定平均金利で貸出金利の変動性を測定した場合，コール・手形レートなどの市場レートと比較すると，硬直的にならざるをえない。実際，高度成長期においては金利水準の変更効果がほぼ完全に出尽くすまでには平均的にみて約半年から9か月間を要していた。もっとも，近年では，その後今日に至るまでの間にみられた都市銀行等における長期貸出比率の趨勢的な上昇などを背景として，貸出金利の公定歩合追随率は70〜80％程度にとどまるなど，貸出約定平均金利と公定歩合との連動関係は相対的に希薄化してきている。こうした傾向は1989年1月の新短期プライム制度導入以降さらに強まり，現在に至っている。

### 銀行行動の定式化

以上のようなわが国貸出市場の特徴や銀行業務のあり方を踏まえると，貸出金利はそのベースラインを金融市場における資金の需給により規定されつつ，支店管轄の地域市場ごとに銀行間の顧客獲得競争のなかで平均費用原理（フルコスト原理）に基づいて設定されているのではないかと考えられる。

銀行の貸出金利設定行動に関し，かつては限界費用となるコールレート（むしろ市場金利の代表金利の意味で使われていた）を基準として決定されるとする見方が多かったが，その場合，預金金利は規制金利として外部から与えられることが前提とされていた。現在のような自由金利時代においては，預金金利も市場において決定されるため，預金金利とコールレートを区別して議論する根拠はとくにみあたらない。むしろ貸出金利は，その時々の平均的

な資金調達金利を基準として設定されると考えるほうがより現実的ではないかと考えられるのである。

こうした観点に立って、銀行の貸出行動をやや厳密なかたちで定式化することにしよう。いま、取引先企業 $l$ に対し適用した貸出金利を $r_l$、預金金利を $r_d$、本支店レートを $r_i$、また企業 $l$ 向けの貸出残高を $L_l$、預金および内部的な資金貸借をそれぞれ $D$、$C'$、さらには営業経費を $f(D, L)$ とすると、業況審査を経て融資適格と認められた企業のみを貸出取引対象先とする A 銀行 B 支店の最適化行動は、次式のように表現することができる。

$$\text{Max}\, \pi = \sum r_l L_l - r_d D + r_i C' - f(D, L) \tag{1}$$

ただし、$\sum L_l + C' = D$

そして各支店ごとの最適化行動を集計すると銀行全体の最適化行動となり、$C'$ で示される内部的な資金貸借はコール資金で表現される余資の運用あるいは不足資金の調達に帰着する。

**貸出金利設定方式としてのフルコスト原理**

この最適化問題の解は、銀行をプライステイカーあるいはプライスセッターのいずれであるかと想定することで異なる。ここでは、銀行は借入企業ごとの資金需要を熟知している（資金需要曲線を知っている）という事情を考慮のうえ、プライスセッターとして行動すると仮定する。このとき、(1)式を集計したトータルとしての利潤最大化を図ろうとする銀行の貸出金利設定行動は、限界費用を $MC$ とすると、次式のとおり**フルコスト原理**によって表現できる。

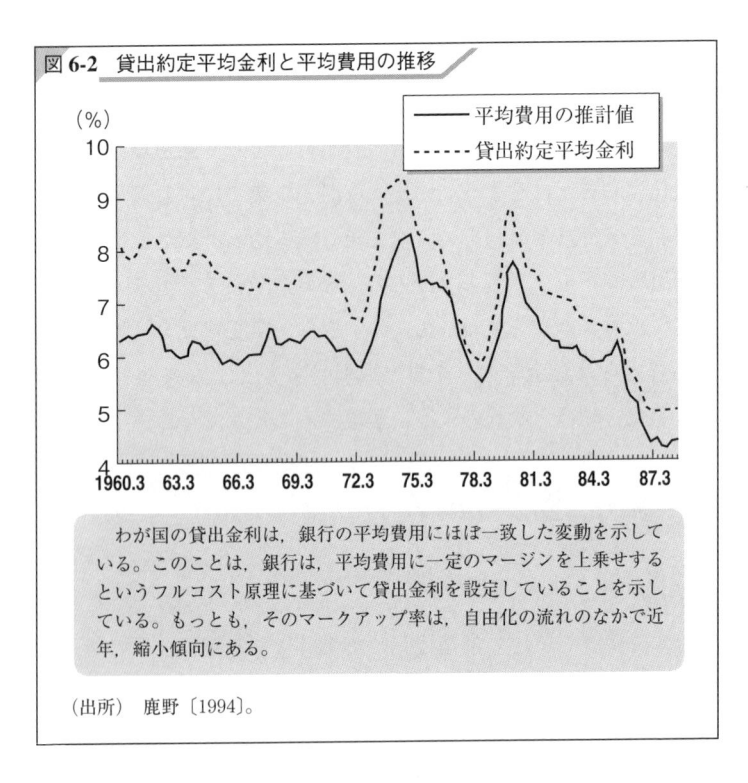

### 図6-2 貸出約定平均金利と平均費用の推移

わが国の貸出金利は，銀行の平均費用にほぼ一致した変動を示している。このことは，銀行は，平均費用に一定のマージンを上乗せするというフルコスト原理に基づいて貸出金利を設定していることを示している。もっとも，そのマークアップ率は，自由化の流れのなかで近年，縮小傾向にある。

(出所) 鹿野〔1994〕。

$$r_l = (1+m)MC \tag{2}$$

ただし，$m$ はマークアップ率とする。

　銀行の貸出金利設定行動を規定する限界費用は，限界的な資金調達利率と限界的な営業経費とからなる。このうち営業経費（人件費，物件費）については各店舗ごとの取引ボリュームに比例して人員や設備機器が配布されているという点を踏まえて考えると，その平均値でもって代替することが可能と思われる。一方，限界的な資金調達利率については，銀行は本源的預金として受け入れ

図 6-3 業態別貸出金利の推移

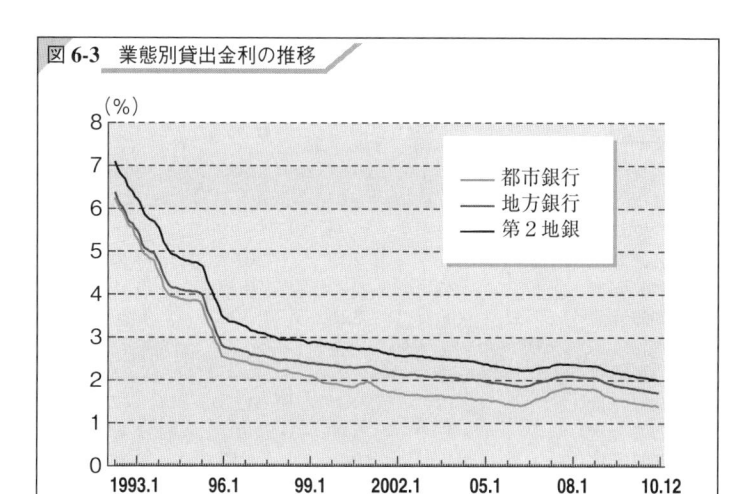

<業態別にみた貸出金利の変動度合い>
(計測期間：1992年4月～2010年12月)

|  | 都 市 銀 行 | 地 方 銀 行 | 第 2 地 銀 |
| --- | --- | --- | --- |
| 平 均 値 | 2.298 | 2.627 | 3.105 |
| 標 準 偏 差 | 1.147 | 1.070 | 1.206 |
| 変 動 係 数 | 0.499 | 0.407 | 0.388 |

貸出金利の動きを業態別にみると，都銀，地銀，第2地銀の順に高くなっているだけでなく，その変動度合いも相対的に小さくなっている。このことは規模の大きな業態ほど，貸出金利水準が低いほか，金融市場の動向に応じてより弾力的に変更されていることを示唆している。

た資金でもって貸出を行い，現金準備や準備預金保有のために必要となる不足資金をインターバンク市場から借り入れている。その意味で，すべての負債が貸出資金に充当されているという点を考慮すると，預金利率とコール等市場性資金利率との加重平均利率として把握することができる。

表 6-1 平均費用の業態間比較

(単位：%)

| | 資金調達原価 | 預金債券利率 | 経費率 | 〈参考〉利鞘 |
|---|---|---|---|---|
| **都市銀行** | | | | |
| 1997 年度 | 2.02 | 0.54 | 1.21 | 0.30 |
| 2002 年度 | 0.91 | 0.10 | 0.92 | 0.40 |
| 2007 年度 | 1.21 | 0.27 | 0.96 | 0.31 |
| 2009 年度 | 0.99 | 0.16 | 0.90 | 0.26 |
| **地方銀行** | | | | |
| 1997 年度 | 2.10 | 0.47 | 1.53 | 0.47 |
| 2002 年度 | 1.37 | 0.06 | 1.27 | 0.44 |
| 2007 年度 | 1.44 | 0.26 | 1.18 | 0.41 |
| 2009 年度 | 1.32 | 0.19 | 1.12 | 0.35 |
| **第 2 地銀** | | | | |
| 1997 年度 | 2.40 | 0.57 | 1.83 | 0.46 |
| 2002 年度 | 1.60 | 0.10 | 1.49 | 0.57 |
| 2007 年度 | 1.67 | 0.31 | 1.35 | 0.45 |
| 2009 年度 | 1.55 | 0.25 | 1.29 | 0.34 |

(注) 1) 国内部門の計数。
　　 2) 利鞘は総資金利鞘。
(出所) 全国銀行協会「全国銀行財務諸表分析」。

> 一方，平均費用をみると，貸出金利水準と同様に，都銀，地銀，第2地銀という順番で高くなるなど，規模の大きな業態ほど低くなっている。これらのことをあわせて考えると，銀行はフルコスト原理にしたがって貸出金利を設定しているといえる。

ちなみに，図 6-2 は，1980 年代後半までの貸出約定平均金利と銀行の平均費用の推計値を示したものである。この図からも明らかなように，貸出金利は全期間を通じて平均費用にほぼ一致した変動を示している。このことは，フルコスト原理に基づく貸出金利設定行動を示しているといえよう。そしてまた，図 6-3 に掲

げたように，都市銀行，地方銀行，第2地方銀行の貸出金利水準を比較すると，規模の大きな業態ほど金利水準が低い。これは，何を意味するのだろうか。仮に貸出金利がその時々の限界費用に基づいて形成されているのであれば，業態間で貸出金利水準が傾向的に異なることはありえない。一方，平均費用については，**表6-1**のように規模の小さな業態ほど高い。これらのことは，銀行はフルコスト原理に基づき平均費用を基準として貸出金利を決定していることを示唆していると考えられる。

## 3 高度成長期の金融メカニズム

**高度成長時代の金融メカニズム**

　第1章でも述べたように，家計といった最終的な黒字主体において蓄積された資金は，金融資産への運用を通じて，最終的な赤字主体である企業に流れていく。こうした資金がどのような経路を通じて流れていくのかを，**金融メカニズム**という。現在のような自由金利時代にあっては，価格あるいは金利を媒介として市場においてすべてが決定される。その意味で，金融メカニズムのあり方を議論するということは，市場における需給調整機能を論じることに等しいため，とるに足らない問題であるといえるのかもしれない。

　しかしながら，わが国の高度成長期のように，金融取引に対し各種の競争制限的規制が課されていた場合には，話は異なる。高度成長時代において特徴的であった間接金融主体の企業金融は，人為的低金利政策，差別的商品の取扱禁止規制，店舗規制，公社

債市場における起債調整などといった諸規制によって支えられていた。そして，結果としてみると，**図6-4**に示したように，個人貯蓄および企業からの資金需要の大部分が，銀行を中心とする金融機関市場へと集中するように仕向けられていた。

比喩的にいうと，高度成長期においても家計貯蓄を企業部門へと流すパイプとしては「銀行」および「資本市場」の2つが設置されていたが，「資本市場」パイプのバルブがわずかしか開けられていなかったため，資金は「銀行」パイプを通じて家計から企業へと流れていったのである。そしてまた，限られた家計貯蓄を成長・戦略産業へと，しかも低利で重点的に配分するという政策の実効性を確保するため，厳しい為替管理を通じて内外金融市場が遮断されていたのであった。

金融債を通じた金融機関相互間での資金融通

もっとも，銀行が預金として家計から吸収していた資金の大部分は期間1年以下の短期資金である。これに対し，わが国の大手製造業企業が希望する設備投資資金の平均借入期間は5〜7年程度であり，かなりの期間ミスマッチを伴っていた。このミスマッチはどのようにして解消されたのであろうか。

都市銀行では，自行の取引先企業向け融資を優先させる旨の確約をとりつけたうえで，金融債を引き受けることにより長期信用銀行に資金を供給していたのであった。これは，都市銀行が長期貸付に伴う各種のリスクを長期信用銀行に転嫁するものである。しかしながら，その一方で，長期信用銀行においては長期資金の安定的調達が可能となるなど，相互にメリットのある合理的な棲み分けであったため，長期間にわたって日本に独特な長期金融システムとして機能していたと考えることができる。この都市銀行

## 図 6-4 わが国の金融メカニズム

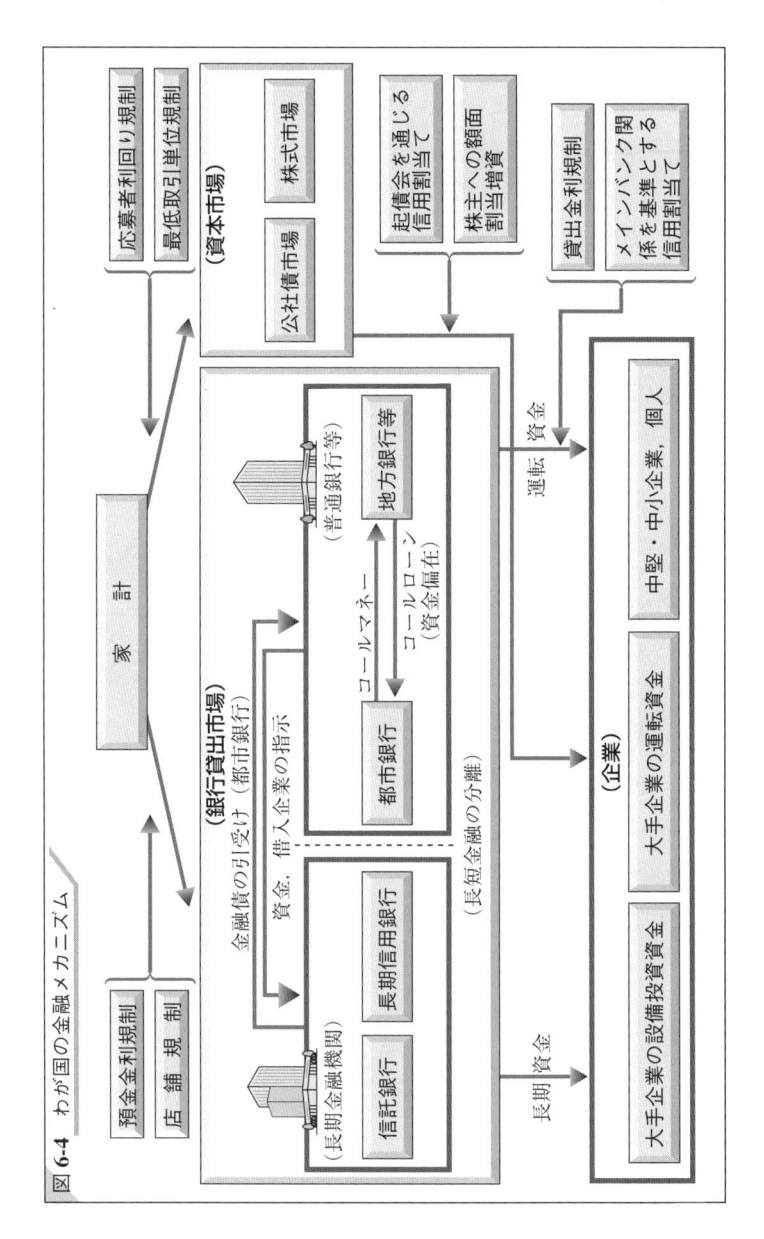

**（資本市場）**
- 応募者利回り規制
- 最低取引単位規制
- 株式市場
- 公社債市場

- 起債会を通じる信用割当て
- 株主への額面割当増資

- 貸出金利規制
- メインバンク関係を基準とする信用割当て

**（銀行貸出市場）（都市銀行）**

家　計

預金金利規制
店舗規制

**（長期金融機関）**
- 信託銀行
- 長期信用銀行

金融債の引受け
資金、借入企業の指示

**（普通銀行等）**
- 都市銀行
- 地方銀行等

コールマネー
コールローン（資金偏在）

（長短金融の分離）

**（企業）**
- 大手企業の設備投資資金
- 大手企業の運転資金
- 中堅・中小企業、個人

長期資金
運転資金

3　高度成長期の金融メカニズム　161

による金融債の引受けは，次のような制度的条件によって支えられていた点も見逃せない。第1には，金融債が日本銀行適格担保に指定され，その流動性が制度的に保証されていたことが挙げられる。第2に，金融債の表面金利が定期預金金利と比べて常に1％以上割高に設定されていたため，採算的にみてもうま味があったのである。

### 信用割当基準としてのメインバンク

次に問題となるのは，そうしたなかで，わが国貸出市場における需給はどのようなメカニズムを通じて調整されていたのかという点である。高度成長期のわが国貸出市場においては，貸出金利が規制されていたため，**信用割当て**（credit rationing，価格を介さない量的調整）がみられたとの指摘はよく聞かれる。しかしながら，その一方で，信用割当てがあったとした場合，それはどういう形態でもって行われていたのかという点に関しては，不思議なことにほとんど議論されていない。

この信用割当て問題に関して，銀行では融資を依頼してきた企業がメインバンク関係（メインバンク関係の意味などについては次節を参照）にあるか否かを重要な基準として銀行信用を配分していたと思われる。すなわち，都市銀行では，メインバンク関係にある取引先企業からの巨額にのぼる資金供給要請を優先的に満たすと同時に，自行のポートフォリオ・リスクの分散化を図ることを狙いとして，その他の都市銀行などの協力をえて「事実上の協調融資団」を組成のうえ，融資を実行していた。そしてまた，その一方で，他行がメインバンクとして幹事を務めている非メイン企業向け協調融資団に参加することにより，相互に貸付資金の取引先企業への円滑な配分・供与に努めてきたと考えられるのであ

る。

　実際，銀行，企業等の実務家の間では，高度成長時代，メインバンク関係の確立は資金の優先割当てを確約したクーポン券を獲得することに等しいとの指摘がしばしば聞かれた。これは，信用割当基準としてのメインバンク関係の重要性を支持するものと考えられる。換言すると，貸出市場での資金配分は本来的には貸出金利の価格調整機能を通じて達成される筋合いにあるが，高度成長時代のわが国においては，貸出金利が公定歩合を基準として人為的に低水準に設定されていたことから，そうした調整機能がほとんど作用しえず，メインバンク関係を基礎とした数量調整が重要な役割を果たしていたといえよう。

**事後的な貸出金利調整メカニズムとしての実効金利**

　この間，貸出金利については，公定歩合に一定のマージンを上乗せするかたちで**標準貸出金利**（短期プライムレート）が決定されていた。しかし，経費を含めた資金調達コストと比較すると，そうした貸出金利の適用だけで金融機関自体の成長・発展に必要な利益を確保しがたかったのも事実であった。このため，金融機関では，銀行信用市場での超過需要の存在を背景とする融資交渉上の優位性をてことして，借入企業から受け入れた預金の量と金利の双方をコントロールし，事後的には市場実勢に近い貸出金利を適用していた。

　貸出金利の事後的な調整手段として利用されていたのが，**歩積・両建て**と呼ばれる**拘束性預金**（compensated balance）である。金融機関では借入企業に対し，貸出の一定割合を通知預金，定期預金として再預入することを求めたのであった。この拘束性預金に伴う事実上の融資額の減少を調整した貸出金利のことを**実効金**

利 (effective lending rate) と呼ぶ。金融機関では,実効金利でみた貸出金利を市場実勢に近い水準に維持すべく,拘束性預金比率をコントロールしていた。一方,借入企業としても,旺盛な設備投資計画を予定どおり実行していくためには金融機関からの融資協力が不可欠であったことから,次善的な解として,そうした割高な貸出金利を受け入れたのであった。

### 金融の自由化と貸出金利

このような事後的貸出金利調整メカニズムが適用可能であったのは,そもそも銀行信用市場に超過需要が発生していたからである。もっとも,第一次石油危機を契機とする日本経済の構造変化を背景として,そうした条件が後退するとともに金融機関の貸出交渉力が相対的に弱まり,貸出市場の借り手市場化が進行することになった。こうした動きは当初,プライムレート適用先企業数の増加あるいは同適用貸出比率の上昇,さらには拘束性預金比率あるいは預金歩留り率の低下という貸出条件の変化として顕現していた。しかしながら,1980年以降は,大手企業を中心に資本市場で資金調達を行うという動きが次第に広範化したことを背景として銀行借入需要は傾向的に減退するなか,より直接的なかたちで現れるようになっている。

そしてまた,その後の資本市場における社債発行・増資規制の緩和,預金金利の自由化という流れのなかで,こうした傾向にさらに拍車がかかり,1989年1月に拘束性預金を前提としない**新短期プライムレート**制が導入され,現在に至っている。いずれにしても,わが国高度成長期の金融メカニズムは制限色の強い各種の金融取引規制やマクロ的な資金需給バランスに支えられて独特の形態をとっていた。しかし,その後の金融環境変化のなかで金

利を通じて需給が調整されるようになってきただけでなく，借入企業による銀行貸出市場と資本市場との間の裁定活動も活発化している。

## 4 メインバンク関係をどのように捉えるか

**メインバンク関係に関する定型化された事実**

わが国における銀行と企業との間にはメインバンク関係と呼ばれる通常の銀行取引を越えた緊密な取引関係がみられるとされることが多い。本節では，このメインバンク関係の意味するところとその日本的特徴について検討しよう。メインバンク関係に関する定型化された事実としては，一般に次の5つが挙げられる。すなわち，①数ある銀行のうち最大の融資シェアを誇る銀行である，②借入企業の株式保有に関しても銀行のなかでは最大の持株シェアを誇る，③借入企業に対し役員を派遣している，④長期・固定的な総合取引である，⑤借入企業が経営危機に陥ったときには救済策を積極的に講ずる，という事実である。

これらのメインバンク関係に関する定型化された事実のうち，①，②，および③は，有価証券報告書のなかで企業の経営・財務状態に関する重要事項として開示されている。**表6-2**は，1990年代前半の東京電力の有価証券報告書に基づき，その銀行別借入残高シェアおよび持株シェアを要約したものである。同表からも明らかなように，個々の銀行の融資・持株シェアは安定的であり，銀行取引において重要な役割を果たしていると考えられる銀行のことを，多くの場合，**メインバンク**（main bank）と呼ぶ（東京電

力の場合は，さくら銀行および日本興業銀行の2行)。ここで「多くの場合」という留保条件を付けたのは，銀行取引は貸出にとどまらず，預金，内外為替，社債の管理等種々のもの（ただし，貸出とは異なり，銀行別取引シェアは公表されていない）があり，貸出取引にのみ着目してメインバンクを捉えようとすると，その実態を十分把握しえなくなるおそれがあるからである。

　たとえば，借入残高がゼロという企業の場合，メインバンクをもっていないといい切れるのだろうか。あるいは，メインバンクは1行しか存在しえないのだろうか。大手企業のうち電力，鉄鋼，化学等大規模な生産設備を必要とする産業においては，運転資金あるいは日々の資金繰りは都市銀行が，また設備資金は長期金融機関がそれぞれ担当するという一種の「棲み分け」が慣行として存在し，前者は短期メイン，後者は長期メインと呼ばれていた。したがって，大手企業については先に指摘した東京電力のように長・短融資ごとに計2行のメインバンクがありうるが，金融界においては短期メインをメインバンクとして取り扱うのが一般的となっている。

　また，④および⑤の事実は，銀行，企業の実務家からの指摘等に基づく経験的な事実であり，新聞情報等によっても比較的多く観察される。そして，これらの定型化された事実がなぜ日本で観察されうるのかという問題の検討を通じて，メインバンク関係に関する種々の議論が展開されている。しかしながら，そうした議論の多くは定型化された事実の一部分に焦点をあてたものであり，そういった取引慣行のうちいずれが日本に固有の特徴なのかが明らかにされていない。

表6-2 東京電力の銀行別融資・持株比率一覧（主要銀行分）

(単位：%)

|  | 融資比率 |  | 持株比率 |  |
| --- | --- | --- | --- | --- |
|  | 1990年3月末 | 1993年3月末 | 1990年3月末 | 1993年3月末 |
| さくら銀行 | 4.38 | 5.17 | 2.29 | 2.45 |
| 第一勧業銀行 | 2.29 | 2.29 | 1.53 | 1.53 |
| 三菱銀行 | 2.29 | 2.29 | 1.22 | 1.22 |
| 富士銀行 | 2.29 | 2.29 | 1.16 | 1.16 |
| 住友銀行 | 1.03 | 1.00 | ＊ | ＊ |
| 三和銀行 | 1.03 | 1.00 | ＊ | ＊ |
| 日本興業銀行 | 10.02 | 9.87 | 2.37 | 2.36 |
| 日本長期信用銀行 | 8.87 | 8.69 | 1.25 | 1.25 |
| 三井信託銀行 | 5.39 | 5.21 | 1.05 | 1.04 |
| 三菱信託銀行 | 5.14 | 4.97 | 1.25 | 2.05 |
| 安田信託銀行 | 4.59 | 4.45 | ＊ | ＊ |
| 住友信託銀行 | 4.12 | 3.99 | 0.88 | 1.16 |
| その他とも計 | 100.00 | 100.00 | 100.00 | 100.00 |

　メインバンクとは通常，融資比率および持株比率が最大の銀行のことをいうが，設備資金の借入ウエイトが高い大企業の場合，運転資金，設備資金ごとに複数のメインバンクを擁することもある。東京電力では，短期資金についてはさくら銀行が，長期資金は興銀がそれぞれメインバンクとして融資量を調整していた。

(注) 1) 総借入金（除く開銀融資）に対する融資比率。
　　 2) ＊印は，持株比率上位20位以内に入っていないため，持株比率が不明であることを示す。
(出所) 東洋経済新報社『企業系列総覧』（各年）。

---

**メインバンクの意味するもの**

　それゆえ，ここでは，銀行と企業との顧客関係に立ち戻って，メインバンク関係の意味について改めて考えよう。企業からみた場合，銀行が提供する種々のサービスのうち貸出がとくに

4　メインバンク関係をどのように捉えるか　　167

重視されるのは事実であるが，日々の営業活動に際しては預金取引，内国為替の取扱いや外国為替の売買も，貸出と同様に重要な銀行取引である。銀行，企業の実務家がメインバンクと呼ぶのは，貸出だけでなく，これら銀行取引のいずれにおいても最大の取引シェアを有する銀行のことであり，貸出順位1位はその1つの側面にしかすぎない。したがって，メインバンクの日本的特徴を議論するに際しては，そうした特定の銀行への取引集中および融資シェアを基準とする各種銀行取引の分配がなぜ長期的かつ固定的に生じるのか，なぜメインバンクは法的責任を越えて経営危機に陥った企業に救済の手を差し伸べるのか，といった観点から進める必要があると思われる。

　まず最初に，すべての銀行取引が特定の銀行に長期的かつ固定的に集中するということは，何を意味しているのだろうか。これは，銀行取引の特定銀行への集中が銀行および企業の双方からみて互いに最適な方策であることを示唆している。このため，メインバンク関係については，メインバンクが取引先企業に対して資金調達の安定性を確約する一方，当該企業ではメインバンクに対して他の銀行よりも競争上有利な立場を維持できるよう協力することをうたった取引の仕組みとして理解することができる。そしてまた，多数の銀行のなかからメインバンクに指名された銀行では，所要資金の円滑な供給のため，当該企業の経営状況を常時監視するだけでなく，他の銀行による情報生産に対する「ただ乗り」を容認することにより，融資実行を誘い出すように努めると考えられる。そうしたなかで，メインバンクは融資の安全性を他の銀行に対し事実上「保証」しているため，借入企業が経営危機に瀕した際には率先して救済措置を講じると考えられる。

メインバンクはまた，取引先企業の大株主でもある。メインバンクは平時においては，乗っ取り，敵対的買収の危険から当該企業を守るとともに，「声なき安定株主」として企業経営権の安定化に協力している。しかし，「いざという場合」には大株主として借入企業の経営に介入しうる権限を留保している。実際，借入企業が経営危機に瀕した場合には，この権限を行使して経営陣の交代あるいは刷新を求めたり，役員を派遣したりすることにより企業再建が推し進められることが多い。これらは，取引先企業に対して事前に確約した資金の安定供給を確保するうえでの前提条件である融資の安全性およびメインバンクとしての「名声」を維持・確保するための行動として理解しうる。

　ちなみに，メインバンクはどういったタイプの経営危機企業に対し救済の手を差し伸べるのか検討してみると，通説のように銀行主導で積極的に企業の再構成を実施するという事例は非常に少ない。銀行以外に主導権を握れる企業が見当たらなかったため，やむをえず危機におちいった企業を資金面から支援し，景気の回復を待つというパターンのほうがむしろ一般的となっている。さらに，銀行による企業救済においてみられるとされる役員派遣については，借入企業の業況にかかわりなく，どちらかというと銀行サイドの都合により定例的に行われている場合が多い。したがって，メインバンクによる経営危機企業に対する救済・支援策は，わが国の銀行監督行政のあり方に支えられるかたちで，むしろ受動的に実施されている側面のほうが強いと思われる。

**メインバンク関係の日本的特徴**

　以上のようにメインバンク関係を，資金の安定供給および借入企業の経営支配権安定化に関する二重の長期契約として捉

えると，そうした契約の締結あるいは銀行と借入企業による金融取引面での協調行動が，法律的・制度的に保障されている必要がある。

　わが国の場合，銀行による借入企業の株式保有が認められるなど，両者間の協調行動に対する法的制約がなく，これがまた銀行保護的色彩の強い監督政策と相まってメインバンク関係の成立・発展を支えてきたと考えられる。実際，メインバンクは貸し手および株主としての二重の立場から借入企業の経営権に関与することが認められている。その結果，経営危機企業への各種の支援措置を裁量的に実施できる立場にあるほか，企業の内部情報へのアクセスおよびそうした情報の自家利用も可能となっていた。これらが全体として，メインバンクの監視・介入機能をより強固なものにする方向で作用している。

　海外主要国においても，**ハウスバンク**（ドイツ），**ラインバンク**（アメリカ）と呼ばれる特定の銀行が，特定企業との銀行取引上独占的な地位を確保し，当該企業を相手として**リレーションシップバンキング**（relationship banking）を展開している。これに対し，わが国のメインバンク関係においては，決済預金を除くすべての銀行取引がおおむね融資シェアに準じて融資銀行に割り当てられており，メインバンクが銀行取引を独占することはないという点でハウスバンク等と異なる。

　また，銀行と企業との関係をみると，ドイツにおいては，わが国と同様に，銀行による株式保有が認められるなど両者が協調行動を採ることが可能となっている。こうした点をとらえて，**ハウスバンクはメインバンクに類似した機能を有している**とされることが多い。実際，ドイツの大手銀行は，「銀行による企業支配」

が時として問題になるなど，監査役派遣を通じて取引先企業の経営に強く関与しているほか，経営危機企業に対する救済活動も実施している。ただし，ハウスバンクによる経営危機企業への資金供与は，倒産リスクは株主が負担すべきとの考えから，増資新株の引受けや劣後融資の実行を通じて行われており，この点，銀行融資で救済資金を提供するわが国のメインバンクとは異なる。

　一方，アメリカの場合，大恐慌以降，銀行による株式取得が禁止されるなど，銀行と企業とが協調的行動をとることが制度的に認められていない。加えて，銀行主導による企業救済は，企業再建が失敗に帰したときには再建に関与した者の債権は全額他の債権に劣後するという「衡平的劣後化学説」(equitable subordination)により事実上その途が閉ざされているという点で，日本およびドイツと異なる。

### メインバンク関係と銀行経営

　次に，メインバンク関係と銀行経営との関係について考えることにしよう。メインバンク関係にある借入企業では，資金の安定供給の対価として各種の銀行取引をメインバンクに集中させ，その銀行が銀行間の利益・規模競争上より有利な位置を確保できるよう協力しているが，それだけにとどまらない。メインバンク関係は信用割当基準として機能していただけでなく，預金・為替についても貸出シェアに準じた取扱シェアを融資参加銀行に保証するというかたちで銀行間の利益分配基準としても重要な役割を果たしていた。

　このほか，メインバンク関係が貸出ポートフォリオのリスク管理に大きく寄与していた点も見逃せない。高度成長時代，大手銀行を中心とする企業集団では，いわゆるワンセット主義の下で鉄

鋼, 造船, 化学, 電気機械など主要産業を網羅する企業をグループ内に抱え, メインバンク関係に基づき銀行融資を受けていた。これを銀行のリスク負担という観点から捉えると, ①個別企業に対する与信額は他の銀行からの融資を得て借入総額の2〜3割程度に抑えられていた, ②ワンセット主義を反映して銀行貸出は各業種ごとに万遍なく散らばっていた, というかたちで貸出ポートフォリオの業種・企業別分散が結果として図られ, 資産内容の健全性維持を後押ししていたと考えられる。

### 金融の自由化の進展と銀行取引関係の変容

もっとも, 1980年以降の金融環境の変化は, これまでメインバンク関係を支えてきた基礎的条件を崩壊させ, その意義や役割を後退させる方向で作用している。実際, わが国大手企業の多くは, 資金調達の場を銀行信用市場から資本市場へとシフトさせている。こうした企業による銀行離れは規制緩和に伴い資本市場からの資金調達が容易になったという要因のほか, 銀行借入に付随するウェットで企業経営上の自由度を制約するという側面が強く意識されるようになったことも作用している。というのも, 銀行借入の場合, 融資シェアの維持や期末協力預金の要請などメインバンクを中心として取引銀行の利益最大化につながるよう行動することがしばしば求められたからである。高度成長時代においては, それらはコストとして容認されていたが, 金融自由化のなかで経営・財務上の自由度を確保しようとする動きが企業サイドにおいて生じるのは, ある意味で当然のこととともいえる。

メインバンク関係の今後のあり方に関しては, 銀行と企業との取引関係がよりドライなものへと変わっていくなかで, 株式の持合い慣行を含む銀行取引全体がどうなるのかといった観点から多

角的に検討する必要がある。

## Column ⑬　江戸時代の幣制は三貨制という多通貨会計の世界

　江戸時代，わが国経済は繁栄を享受したが，貨幣・金融制度も世界に比肩しうるほど大きく発展していた。貨幣に目を向けると，金・銀・銅という貨幣素材の産出に恵まれたこともあって，金・銀貨のほか，約700年ぶりに寛永通宝という銭貨（銅貨）が国民通貨として鋳造されるなど，わが国独自の幣制が打ち立てられた。江戸時代の幣制は，金・銀・銭貨それぞれが基本通貨として混合流通していたことにちなんで三貨制と呼ばれる。三貨制は，貨幣素材を変えることにより，高額貨幣を発行しようとする貨幣制度として捉えることができるが，わが国の場合，金・銀・銭貨間の交換相場は市場で決定されていたところに特徴があるとされる。

　三貨制においては，金・銭貨は計数貨幣として1両，1文といった額面金額を基準として利用されていたが，銀貨の場合は，秤量貨幣として重量でその価値が表されていた。加えて，「東の金遣い，西の銀遣い」と称されるように，小額貨幣として全国的に広く利用されていた銭貨を除けば，東日本では金貨建て・金貨支払が主流であった一方，西日本では銀貨建て・銀貨支払となっていたなど，貨幣の利用は地域的にも異なっていた。さらに，財物の価格表示は商品ごとに異なっており，江戸においても大坂から輸送されてきたものについては，銀で表示されていた。

　したがって，江戸においては金・銀・銭貨という三貨が価値基準および交換手段に用いられていたのである。このため，商人の帳場は通貨別に作成され，商品の仕入れや販売は各通貨に仕分けられた後，記帳されるなど，江戸は現代でいう多通貨会計が支配的な世界にあった。また，商人の町，大坂においては信用取引が

高度に発達しており, 商人間の取引の決済は銀目手形と呼ばれる銀貨建ての小切手により行われており, 貨幣自体の受渡しはほとんどみられなかった。これらのことは, 江戸時代における商人の才覚を示すものといえないだろうか。

江戸時代における幣制の展開を考えるうえで忘れてはならないのは, 16世紀中ごろから17世紀末にかけてみられた銀の大量流出である。その当時, わが国は世界でも有数の銀産出国であり, 大量の銀・銀貨が中国へと流出し, これがその後の幣制の展開を大きく制約することになったのである。ちなみに, 新井白石によると, 17世紀に大量に生産された慶長銀貨120万貫のうち100万貫が海外に流出したとされている。経済発展に伴い貨幣に対する需要が増大する一方で, 貨幣素材が海外に大量流出したため, 徳川幕府としては, 成長通貨の円滑な供給を目的として, 貨幣の改鋳のほか, 各藩による藩札の発行を容認せざるをえなかったのである。

## *Column* ⑭ 金融サービスのアンバンドリングとリバンドリング

デリバティブ取引の発展を背景として, 金融取引のあり方自体も変革を求められている。デリバティブ取引の急拡大は, リスク管理手法の変容を促しただけでなく, 将来キャッシュ・フローに対する請求権や運用リスクの負担など, 従来の金融商品では一括して束ねられていた機能が個々の構成要素に分解され（これをアンバンドリングという）, 各要素単位で, あるいはこれまでとは違った組合わせで金融サービスを売買することが可能になったということをも意味している。換言すると, 金融のグローバル化, エレクトロニクス化のなかで銀行業務, 証券取引といった従来型の金融概念が陳腐化しつつあり, 現在では貸付や債券発行により創造されたキャッシュ・フローやリスクをデリバティブ取引を利用して構成要素に分解したうえ, 多様な投資家の資金運用ニーズ

に合致するよう再結合する(リバンドリング)手法が広範化しつつある。

　実際,貸付債権を銀行の資産勘定から切り離したうえで資産担保証券として投資家に転売するセキュリタイゼーション,特定のリスクに対する頑健性が高くなるよう仕組まれた商品の開発,ノンバンクの決済業務への進出などが,金融機能のアンバンドリングという新しい動きのなかで,近年,世界的な規模で進展している。

## 参考文献

岩田一政・浜田宏一〔1980〕『金融政策と銀行行動』東洋経済新報社。

鹿野嘉昭〔1994〕『日本の銀行と金融組織』東洋経済新報社。

鹿野嘉昭〔2006〕『日本の金融制度(第2版)』東洋経済新報社。

清水啓典〔1997〕『日本の金融と市場メカニズム』東洋経済新報社。

堀内昭義・吉野直行編〔1992〕『現代日本の金融分析』東京大学出版会。

# 第7章 金融システムの安定性と監督・規制

*藩札：江戸時代の地方貨幣*
*江戸，京都，大坂以外の地方においては，金銀貨よりも藩札と呼ばれる地方貨幣が交換手段として利用されていた。*

　日本の金融システムは，これまでの間，競争制限的な銀行規制に支えられ，安定的に推移してきた。しかし，1980年代後半以降のバブルの拡大・崩壊のなかで，リスク管理体制を十分整備しないまま不動産関連融資に傾斜した金融機関の多くにおいては，その経営体質の脆弱化を余儀なくされている。とりわけ1994年末以降，中小金融機関を中心として破綻機関が増加する傾向にあるなど，金融システムの安定性は最大の金融問題であったといっても過言ではない。

　本章では，金融システムの安定性の意味するところを簡単に振り返った後，安定性維持のための諸方策のあり方について検討する。次いで，新しい金融環境のもとでの銀行に対する監督・規制のあり方を国際的な広がりにも留意しつつ考える。

# *1* 金融システムの安定性の意味するもの

> 金融システムの不安定性とは

安定的な金融システムとは，広い意味での金融システムないし信用制度が全体としてみて整然かつ円滑に機能している状態を意味している。それでは，**金融システムの不安定化**，あるいは**信用秩序の動揺**とは，どのような状態を指すのであろうか。マクロ経済学では，市場を財市場・労働市場・金融市場と大きく3つに分類しているが，他の市場と比較して金融市場は著しく脆弱な構造をもっている。これはどのような原因に由来しているのであろうか。

金融システムの不安定化というとき，それは個別の金融機関の倒産を意味するわけではない。ある1つの金融機関の経営破綻という現象のみを捉えた場合，これは何も金融市場に限らず，たとえば生産物市場における企業倒産と同じである。さらに，市場機構における企業倒産は，非効率的な経営主体を市場から排除し，それがもたらす社会的費用を制限する役割を果たしていると見なせば，これは市場を効率化するメカニズムともいえる。

それにもかかわらず金融機関の倒産が問題になるのは，ある特定の金融機関が破綻したとき，経済全体に悪影響を及ぼすと考えられるからである。すなわち，金融システムが不安定化し，各種の金融経済取引にかかわる決済の円滑な処理を妨げ，それを契機として他の健全な金融機関も連鎖的に倒産し，金融システム全体が機能しえなくなる。こうした金融システムの不安定性の理由は

どこにあるのであろうか。

1つには，たとえ経営状態が実質的に健全である金融機関であっても，ひとたびその金融機関に対する信用が単なる噂などで崩れてしまえば，すべての預金者が一斉に預金を引出しに殺到する可能性が存在することにある。この現象を**銀行取付け**（bank run）と呼ぶ。ところが，金融システムの不安定性は，個別銀行の取付けのみにとどまらない。金融市場を特徴づける最も重大な不安定要因は，1つの銀行の取付けが他の銀行の取付けに波及し，ついには金融システム全体が破綻してしまうシステミック・リスクにある。こうした現象は**金融恐慌**（banking panic）と呼ばれ，わが国では昭和初期の金融恐慌，アメリカでは大恐慌期における3次にわたる銀行の大量破綻といった事例をみることができる。

したがって，金融システムにおける深刻な問題は，「健全な経営状態にある銀行であっても常に取付けの可能性が存在しており，そのうえ1つの銀行の取付けが金融システム全体に波及し，金融恐慌を引き起こしてしまう」ことにある。これは，個別銀行の抱える不安定性と金融システム全体として抱える不安定性という二重の脆弱性を，金融市場がもっていることにほかならない。以下，それぞれのリスクについて説明していくことにしよう。

**銀行取付け**　　まず，個別銀行が取付けにあうリスクのメカニズムとは何であろうか。すでに第4章において銀行が金融仲介機能をもつことは説明したが，そのとき金融仲介機能は**図7-1**で表されていた。

**図7-1**で，銀行Cは不特定多数の預金者A，B，…から小口かつ短期の預金を集め，それを比較的少数の融資先に大口かつ長期で貸し出している。預金者の行動は，いつでも預金の引出し・解

1　金融システムの安定性の意味するもの　179

### 図 7-1　金融仲介の仕組み

預金者A、預金者B、…　→　銀行C　→　融資先D、融資先E、…

> 銀行は、総じて多数の小口・短期の預金を集め、それを比較的少数の大口・長期預金として貸し出している。このことは、貸し出された資金が非流動（すぐには回収できない）化することを意味している。

---

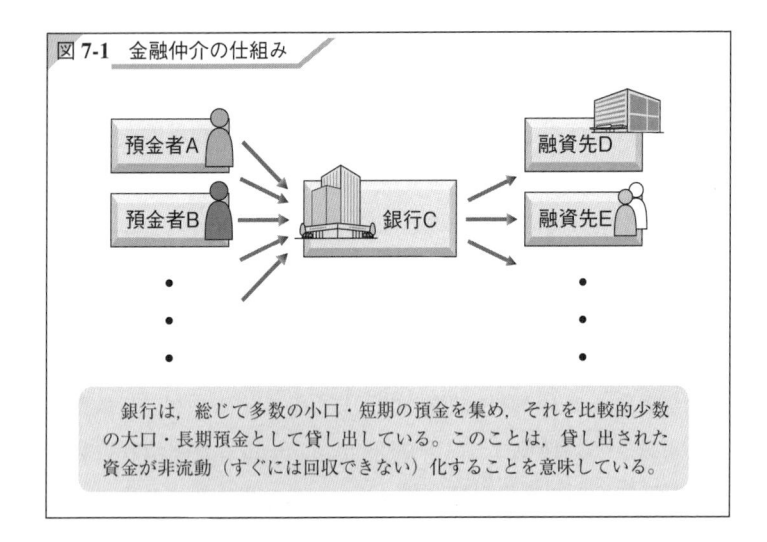

約が可能であるという意味で流動的である一方、貸出については返済金額・期間とも固定的であるといえる。貸し出された資金は投資に回され、たとえば設備投資として使用されたとき、そこからの収益で返済が完了するには、かなり長い時間がかかるからである。また、ひとたび設備投資が実行されてしまえば、その企業が倒産して途中で収益活動を中断すると、そこからの資金の回収はほとんど見込めない。

したがって、銀行の利潤が貸出金利と預金金利との利鞘から得られるとするならば、銀行は、業務構造上、利益をあげるために長期の貸出を行わねばならず、返済完了時点まで与信のリスクを負わざるをえない。また同時に、銀行はこうした貸出業務を行うかぎり、必然的に預かった預金すべてを手元に保有していないことになる。このことは、いかに健全に営業を行っている銀行であっても、ある一定以上の金額を超えた預金者の払戻しには応じら

れないことを意味している。

　しかしながら，金融仲介に内在する不安定性は，こうした金融機関による資産の調達・運用構造だけにあるわけではない。預金者と銀行が保有しているお互いに対する情報の内容において，大きな違いが認められるのである。まず，預金者は預けた資金に対する金利には敏感であっても，取引している銀行の経営内容についてはあまり注意を払わない傾向がある。本来，人びとは預金をするとき，安全な銀行を選別するためには費用を負担しなければならないはずであるが，通常，銀行の経営状態まで考慮に入れて，預金者が銀行を選択するといったことはこれまで少なかった。また，銀行自体が自己の経営について正確な内容を積極的に公開しないかぎり，預金者が個人でそうした情報を得ることは難しいし，情報の獲得に要する費用も膨大なものとなるであろう。

　一方，銀行は預金者が預金を引出しに来る預金者のタイミング・額について十分な情報をもっているわけではない。この結果，銀行は，できるだけ高金利の商品を提供することによって，とりあえず手持ちの預金量を確保するとともに，新たな預金獲得競争を行うことを強いられる。つまり預金者，銀行双方とも，相手についての十分な情報をもっていないのである。各経済主体が同じ情報をもっているのではなく，それぞれ異なった情報しかもっていない状態を経済理論では**情報の非対称性**（asymmetric information）と呼んでいる。

　さらにもう1つの不安定性の原因として，**要求払預金契約**（demand deposit contract）では，預金者が銀行に預金を引出しに来たとき，銀行はこれを拒む術はまったくない。預金者が銀行に払戻しを要求するとき，銀行は求めに応じて手持ち現金がなくなるま

1　金融システムの安定性の意味するもの　　181

で,順次支払を続けなくてはならない。いってみれば,窓口に並んだ先着順（first-come, first-served basis）に支払われる。したがって,預金者が,取引先の金融機関に対して信頼を失って預金引出しに走ったとき,他の預金者が追随することを防止できないし,さらに銀行が支払を拒む手段も（契約上）ない。銀行は,破綻するまで預金引出しに応じなくてはならない状況に追い込まれてしまう。

> サンスポット・タイプ
> の取付け

このとき,取付けにあう銀行の実質上の経営状態は預金者にとって重要でないことに注意されたい。重要なのは,預金者がその銀行の経営に対し主観的な不安をもっているか否かである。預金者は,自己の取引銀行が破綻するという思込みに囚われてしまえば,とりあえず預金を引き出して手元に置くか,あるいは他の銀行に移そうとするはずである。したがって,もし取付けにあっている銀行の経営内容が悪くないとしたなら,預金引出し・定期預金の解約は預金者にとっても必ずしも望ましい行動ではない。しかし,十分な情報をもっていない預金者それぞれにとっては,取付けに走ることは合理的な行動になっている。

預金者の銀行に対する信頼が失われたとき,銀行の経営内容が実質的に悪いときはもちろん,それが思込みであっても取付けが発生することに注意されたい。この現象を,経済理論ではサンスポット・タイプ（sunspot type〔太陽黒点型〕）の取付けと呼んでいる。銀行に対する預金者の信用がどのような理由で崩れたかに依存せず,取付けが発生するからである。

このような銀行に内在する脆弱性を明らかにするために,保険業と比較してみよう。保険金を引き出すためには,たとえば自動

車保険であれば事故証明，火災保険であれば火災証明が必要とされ，そうした手続なしには保険金を受け取ることはできない。しかも，これらの発生件数は理由が特定化されているため，統計的に予測可能な数値である。これに対して，預金者が預金を引き出す，あるいは定期預金を解約する場合に特定の理由・原因は問われない。つまり，実質上，預金取崩しに対する歯止めは存在していないばかりでなく，その予測も難しい。

　通常，このような不安定要因を抱えているにもかかわらず，取付けは発生しないし，また，その保護手段と思われている工夫もなされている。銀行が取付けにあわないと思い込まれている理由は，「大数の法則」が働いていると仮定されるからである。つまり，予測されない預金者による預金引出し，あるいは貸付先の企業倒産が発生することはあるにせよ，それが全体数から比較して僅かであれば，十分危険分散が可能であるとみなされている。しかし，すでに説明したように預金者の行為が独立である保証はなく，さらに銀行の貸出先が特定の業種に片寄っている場合（たとえば，農業，あるいは不動産業に特化しているとき），必ずしも「大数の法則」が，安定性のよって立つ基盤とはいえなくなってくる。

　資金不足に陥った銀行は，一時的に他の銀行からの借入れによって賄うという手段をとるであろうし，あるいは手持ちの手形・債券・証を現金化することもあろう。銀行は，預金をすべて貸出に当てることで利潤をあげているわけではなく，債券を保有することによって流動性リスクの分散を図っている。債券保有は資金を貸出に回したときよりも収益は低いかもしれないが，現金化して支払に回すという意味での流動性はより高いといえる。とくに，債券の保有は，常に銀行自身が流動性リスクを管理できると

*1* 金融システムの安定性の意味するもの

いう意味で経営上重きをなしている。ところが，これらの手段は個別銀行の取付け防止手段であっても，次に述べる金融恐慌には対処できない。

### 金融恐慌

信用秩序の動揺とは，個別銀行の破綻ではなく，金融システム全体の機能停止であると本節のはじめで定義した。実際，特定の銀行で生じた破綻は，他の銀行に次々と波及していく可能性をはらんでいる。したがって，金融市場全体が機能停止してしまう**金融恐慌**こそが，経済政策上最も避けなければならない事態であるといえる。ここでは，金融恐慌のプロセスについて考察していくことにする。実は，すでに説明した銀行の資金不足を補うための銀行間貸借（インターバンク・ローン）や債券保有は，個別的な銀行破綻の防止には役立っても，かえって連鎖的な破綻の原因になるとも考えられるのである。以下，銀行取付けの波及プロセスの原因として，インターバンク・ローンが波及の連鎖に加担していること，また債券市場の暴落が銀行のポジションを悪化させることを考察していくことにしよう。

まず，個別の銀行の破綻が金融市場全体に波及する原因として，インターバンク・ローンに基づく連鎖を考えてみよう。現代の銀行は相互に借入れを行い，信用創造を拡大することによって結び付いている。このとき，債権銀行は債務銀行に信用を供与していることになり，当然，銀行に対する**信用リスク**を負担している。したがって，債務銀行が取付けの発生等により破綻したとき，銀行間貸借を通して累が及んだ債権銀行も経営破綻に陥る可能性が存在する。銀行間相互貸借が信用創造に基づき乗数倍になっているとすれば，1つの銀行が破綻したことによって取引も乗数的に

縮小することになる。つまり，銀行間貸借は，個別銀行の資金不足が比較的小さいとき，個別銀行破綻のバッファーとなりうるが，問題を生じた銀行の規模が大きいときには，かえって連鎖的な破綻を引き起こしてしまう可能性がある。

　もっとも，銀行取付けの連鎖は，インターバンク・ローンを通じてのみ発生するわけではない。なぜなら，もしそうであるなら，銀行間に直接貸借関係がないとき，取付けは波及しないことになるからである。つまり，この考え方は，小規模の取付け連鎖や，ある地域に限定された信用不安を説明するには有効であるが，より大規模な金融恐慌を説明する要因とはいえない。

　そこで，大規模な銀行取付け連鎖の原因として，債券市場の暴落を考察することにしよう。これは，ある特定の銀行に問題が生じ，手持ち債券を投売りしたとき，それが債券市場全体の暴落を引き起こし，債券を保有している金融機関すべての資産構成が悪化する可能性である。このとき，債券市場の暴落は，貸出の焦げ付いた銀行と直接取引のない銀行であっても，債券市場に参加している銀行のポジションを悪化させることになる。この現象は，いわば価格変動によって引き起こされた**市場リスク**に基づく金融恐慌である。フリードマン と シュヴァルツは著書『米国の金融史，1867-1960』(*A Monetary History of the United States, 1867-1960*) のなかで，債券市場の暴落が，1930年代に3次にわたって発生した銀行恐慌 (banking crisis) の原因であると記述している。

　このほかに，現代では決済システムのエレクトロニクス化の結果，すでに説明した未決済残高の著しい増加に伴うリスクや，コンピュータ・ダウンの結果，決済システム全体が機能麻痺に陥る可能性も生まれている。また，金融市場の国際化に伴って，外国

為替の変動に伴うリスク,あるいは他国で発生した信用不安が自国へ及ぼす影響も考慮しなくてはならない。前者の例としては,1985年のアメリカのバンク・オブ・ニューヨークのコンピュータ・ダウン,後者の例としては1974年の西ドイツのヘルシュタット銀行の破綻が挙げられる。

これまでの説明から,金融市場が他の市場と比較して,著しく脆弱な構造をもっていることに注目されたい。銀行の金融仲介機能,決済機能それ自体がリスクを伴っているともいえる。したがって,金融システムには,安定性維持のためのさまざまな措置が取られている。

## 2 金融システムの安定性維持とプルーデンス効果

**プルーデンス政策とは**

金融システムの安定性を維持するために,どのような措置が取られ,あるいはどのような仕組みが制度のなかに組み込まれているのであろうか。前節では,金融システムの不安定性は,「個別銀行の不安定性」とそれが他に波及して引き起こされる「金融システム全体の不安定性」というように,二重の意味で存在することを明らかにした。したがって,金融システムの安定性維持の手段も,それぞれの不安定性に対応して想定されていると見なしてよいであろう。

まず,個別銀行の安定性に関する措置がある。これらは,それぞれの銀行の経営の健全性を維持することによって,破綻を事前に防止する目的をもっているため,**事前的措置**と呼ばれている。次に,取付けが発生してしまった後,それが他の銀行に次々と波

及していったり，あるいは何らかの決済上の事故から金融システム全体が機能しなくなるというシステミック・リスクの顕現を防止するために組み込まれている措置を，**事後的措置（セーフティ・ネット）** と呼んでいる。このように金融システムを二段構えの構造として，個々の銀行の経営破綻を予防する措置を「事前的措置」，仮に1つの銀行が破綻しても，それが金融制度全体に波及しないよう防止する措置を「事後的措置」とするのも，金融市場の不安定性が二重の意味で存在していることによるからといえる。

さらに，金融市場の不安定性がこのように整理されることから，政府が公的に市場に介入する根拠，およびその結果としての金融制度の性格づけが自ずから規定されてくる。たとえば，政府の公的介入の根拠を，「金融機関の健全性」を維持するための政府介入，「信用秩序・金融システムの安定性」を維持するための政府介入の2つに分けることがあるが，これは前者を個別銀行についての対策，後者を金融恐慌についての対策と見なすことができる。これら金融システムの安定性を維持するための措置を総称して，**プルーデンス政策**（prudential policy）という。本節では，プルーデンス政策の目的とその効果について説明することにしよう。

市場規律に基づく事前的措置とは

事前的措置の最も自然な考え方は，預金者，金融機関が**市場規律**（market discipline）に則った行動をするような経済環境を作り上げることであろう。前節の説明で情報の非対称性が銀行取付けの要因の1つであったことを思い出されたい。逆にいえば，このことは，それぞれの経済主体が相手の情報をもとうとする動機をもち，かつ情報が比較的簡単に（低いコストで）手に入るならば，取付けの発生が防止されることを意味している。つま

2 金融システムの安定性維持とプルーデンス効果

り，預金者は取引している金融機関の選択に注意を払い，また金融機関もその貸出に対して十分な考慮を払うように仕向ける環境づくりがなされなくてはならない。そのために，銀行の経営内容についての公開（ディスクロージャー）が求められる。これは同時に，銀行の情報を得るために要するコストを預金者が削減できることにもなる。

しかし，経営状態の悪い金融機関が自発的に自己の経営状態を公開することはそれほど簡単ではない。自己に不利な情報を公開してしまえば，その金融機関の資金調達能力の低下につながるからである。さらに，悪い経営状態を公表した銀行は取付けにあう可能性も高くなるであろう。預金者が預金を引き出し，取引銀行を変えることは，きわめて簡単であるからである。

### 公的規制による事前的措置

また，事前的措置には，公的な規制として，**競争制限規制**，**バランスシート規制**，**金融機関検査・考査**，およびモニタリングなどがある。競争制限規制とは，金融機関同士が過度の競争からリスク・テイカーとなることを防止する規制である。具体的には，預金金利の規制，銀行業務と証券業務の分離，銀行業への参入規制などがこれに相当している。競争制限規制は，金融制度の安定化という目的のため，金融行政においてこれまで主たる役割を果たしてきた。しかしながら，金融市場は自由化の方向で進んでおり，国際的にみた場合，こうした規制自体がかえって金融の空洞化を招いたり，あるいは競争力低下の原因になるとも考えられる情況が生まれている。さらに，競争制限規制は，金融機関が規制を逃れようとして余分な費用を支払わねばならないという側面をもつことにも配慮すべきであろう。これは，規制がなければ本来

支払う必要のない社会的費用が発生していることを意味している。

バランスシート規制とは,金融機関のバランスシートの特定の項目にあらかじめ一定比率の制約を設定することでリスク管理を行い,経営の健全性を達成することを目的とした規制である。これには**自己資本比率規制,大口融資規制,外国為替持高に関する限度規制**などがある。自己資本比率規制とは,経営の安定化のために金融機関に一定水準以上の自己資本を保有することを義務付ける規制である。大口融資規制とは,同一借入人に多額の融資を行った結果,信用リスクの分散が不十分になることに配慮したものである。具体的には,同一人に対する貸出金の合計を,銀行の広義の自己資本の一定割合以内に押さえるという規定である。また,外国為替持高に関する限度規制は,外国為替相場の変動から為替銀行にもたらされる為替リスクに上限を課している。

銀行検査・考査,モニタリングとは,公的機関が各金融機関の経営内容を調査し,問題がある場合にはその改善を求めるものである。一般に,金融機関に直接出向いて調査する場合を考査と呼び,出向かない場合をオフサイト・モニタリングと呼んでいる。また最近では,決済システムが著しくエレクトロニクス化され,決済金額・件数とも膨大になったため,各金融機関のコンピュータ部門の安全対策に関する調査も重要性を増している。

### 事後的措置

事前的な措置で賄い切れず特定の金融機関が破綻したり,取付けが発生してしまったとき,それを金融市場全体に波及させないことを目的に,あらかじめ金融システムに組み込まれている措置を事後的措置(セーフティ・ネット)と呼ぶ。

その主なものは,中央銀行による**最後の貸し手機能**(LLR, lender

of last resort）と**預金保険制度**（deposit insurance）である。これらはともに金融システムの安定性を維持するための有力な手段ではあるが，問題を起こした金融機関に対する過度の保護と見なされたときには**モラル・ハザード**を引き起こし，かえって不安定化を増大させてしまうという欠点をもっていることに注意する必要がある。

> 最後の貸し手機能とモラル・ハザード

最後の貸し手機能をもつ中央銀行は，ある特定の金融機関が一時的に流動性不足の事態に陥ったとき，最終的な流動性の供給者として無制限に貸出を行うことができる。取付けにあっている銀行に対して中央銀行が資金を供給し，その結果，預金者が預金支払の保証を得たと判断すれば，預金引出しに走る預金者の数はそれ以上増えないであろう。さらに，こうした金融仲介に伴うリスクに対してばかりではなく，最後の貸し手機能は，決済システムに問題が生じたとき，流動性不足に対処できる唯一の手段である。たとえば，先ほど触れたバンク・オブ・ニューヨークのコンピュータの故障から決済システムが混乱したとき，ニューヨーク連銀は，LLR 発動によって事態を沈静化した。

こうした役割を果たす中央銀行という機関が存在しているのは，金融市場においてだけであり，財市場，労働市場には存在していない。しかしながら，金融市場が脆弱であるからといって経営上問題を抱えたすべての銀行に，中央銀行は無制限に貸し出すわけではない。経営危機に陥ったとき，常に中央銀行貸出で救済されるという前提が確立してしまっていては，金融機関は自らの経営上のリスク管理に注意を払う必要がなくなってしまうからである。つまり，中央銀行の最後の貸し手機能は，金融市場の安定に信頼

を与えるものであっても，個別の金融機関にモラル・ハザードをもたらすものであってはならないのである。

したがって，中央銀行の貸出による救済は，問題が発生している金融機関のこれまでの経営状態，あるいは金融機関が破綻したときに及ぶであろう金融市場への影響を考慮したうえで決定されることになる。このとき議論されるのは，「小さな金融機関は倒産させることができても，大きな金融機関は（他の金融機関に及ぼす影響が多大なため）倒産させることはできない」とする，いわゆる"too big to fail"ドクトリンの問題である。事実，1984年にアメリカで発生したコンチネンタル・イリノイ銀行の経営破綻は，倒産させたときの金融市場に与える影響の大きさを考慮し救済された。

しかし，大きな金融機関でありさえすれば，常に中央銀行によって救済されるわけではない。中央銀行が救済に乗り出すのは，個別の金融機関の問題に対処するためではなく，それが金融恐慌に発展するおそれがあるとき，あるいは決済システムに混乱が生じる可能性があるときに限られる。つまり経営破綻に陥った金融機関を救済するためには，その前提として，金融機関の経営者および預金者双方の自己規律と自己責任の原則が確立していなくてはならない。そのため，LLRを発動する場合，救済される金融機関に経営上の問題があるときには，経営者の交代，業務範囲の縮小といった罰則措置がとられることもある。

**預金保険制度とモラル・ハザード**

預金保険制度とは，いくつかの金融機関であらかじめ保険機構を作っておき，加盟金融機関が破綻したとき，保険金として預金者に一定金額を支払うこと，破綻金融機関の再建・処理に

資金援助することを定めた制度である。したがって，預金保険制度は，その設立主旨および機能からいって，加盟金融機関の払戻し能力に信頼を与えていることは明らかであろう。

預金保険制度は，1934年にアメリカで創設されて以来，倒産銀行数を激減せしめるという絶大な効果を示した。しかし，1980年代に至って再びアメリカでは多くの**貯蓄貸付組合**（S&L, Savings and Loan Association）の破綻をみるに至っている。じつは，預金保険制度は，その運用の仕方によって，金融システムを安定化させたり，また不安定な方向に導く効果をもっているのである。それでは，その不安定性を生み出す要因はどこにあるのだろうか。

まず，預金保険制度は，預金者・金融機関双方のリスク負担を肩代わりする性格をもっている。すなわち，もともと預金者は，手持ちの現金を預けるとき，安全な金融機関を探すコストを求められているはずであり，金融機関は，預け入れられた資金を融資先の十分な情報収集・審査のもとに貸し出さなくてはならないはずでもある。過度に手厚く保護された預金保険制度は，預金者・金融機関双方にこうした努力を怠らせ，ハイリスク・ハイリターンの運用に傾斜した行動に走らせてしまう。金融機関が破綻したとしても，最終的に公的資金による救済が保障されているとすれば，預金者は金融機関の経営に注意を払わず，単に高い金利のみに興味を示すことになるし，金融機関は貸出先の返済能力に無頓着になる。双方とも最終的な負担を預金保険制度が肩代わりしてくれることを前提として行動するのである。このような場合，預金保険は，預金者・金融機関にモラル・ハザードを生ぜしめることになる。

1980年代後半にアメリカで発生した多数の貯蓄貸付組合の破

綻は，こうした金融機関が預金保険機構で守られていたがゆえに発生したといわれている。その際，指摘されたのは，預金保険料が各金融機関の経営状態・資産内容と関係なく，一律一定の保険料率が適用されていたということであった。さらに，事実上，破綻した金融機関に対して無制限の支援を行うという認識も前提となっていたことは否めない。この事例は，必要以上の保護が，預金保険による恩恵を倒産リスクの低い金融機関から倒産リスクの高い金融機関に移転してしまうことを示唆している。

**破綻した金融機関をどう処理するか**

1980年代後半のアメリカでは，モラル・ハザードによるS&L大量破綻という金融危機が発生してしまった。一方日本において不動産投資によるバブル崩壊から同様の危機が発生したのは1990年に入ってからである。実はこれまでの議論では，破綻してしまった金融機関をどのように処理するかについて触れられていない。1980年代後半のアメリカ，そして90年代の日本を直撃した金融機関の大量破綻という現象は，アメリカでは30年代の銀行危機以来，日本では昭和初期の金融恐慌以来，起きてはいなかったのである。したがって，単なる風説によって健全銀行が遭遇する取付けではなく，不良債権の累積という経営上の問題から破綻に至った金融機関をどのように処理するか，あるいは経営不安に陥っている金融機関に，公的資金注入をも含めて，どのような措置をとるかについて具体的なルールが金融システムに組み込まれたのは，日米を問わず，最近のことなのである。アメリカの金融制度改革の解説は第9章に譲り，ここでは最近の日本の金融制度改革について解説することにしよう。

1990年代に入ってからのバブル崩壊，それに続く長期間の不

況は，現象面からみれば資産デフレと見なすことができる。ここで資産とは株と土地を意味し，1980年代後半に高騰した資産価格の崩壊現象が日本の90年代の有様である。この結果，日本の金融機関は多額の不良債権を抱え込んでしまった。しかし長期不況のより本質的な原因は，護送船団方式に基づいた金融市場の安定化を意図して，大手銀行は1行たりとも潰さないことを明言していた金融行政が，かえって金融機関に公的援助の期待を与えてしまい，モラル・ハザードの土壌を作ってしまったこと，そして不良債権問題が顕現化した後にあってもなお，抜本的な破綻処理措置を金融システムに組み込むタイミングを逸してしまったことであった。

この章の冒頭で説明したように，金融市場は本質的に不安定な構造をもっており，信用秩序の維持のためには，経営不振あるいは破綻した金融機関に対して公的資金をも含めた手当てをすることはやむをえない措置といえる。しかし同時に，こうした措置がモラル・ハザードを発生させないような透明なルールとなっているか，ルールを施行する政策当局がアカウンタビリティ（説明責任）を果たしているかが重要な問題となってくる。

破綻した金融機関の処理を前提とした組織として，1998年6月に**金融監督庁**が発足した。すでにその前年の1997年秋には，金融危機（三洋証券，山一證券，北海道拓殖銀行の破綻）が発生していた。金融監督庁は，大蔵省から検査・監督部門を独立させ，さらに証券取引等監視委員会を移管して新設された組織である。98年10月に**金融再生法**及び**早期健全化法**が施行され，ようやく法的な整備が整った。同年12月には，銀行免許の交付や公的資金投入を決める組織として**金融再生委員会**が発足している。翌99年

### 図7-2 財政・金融の分離

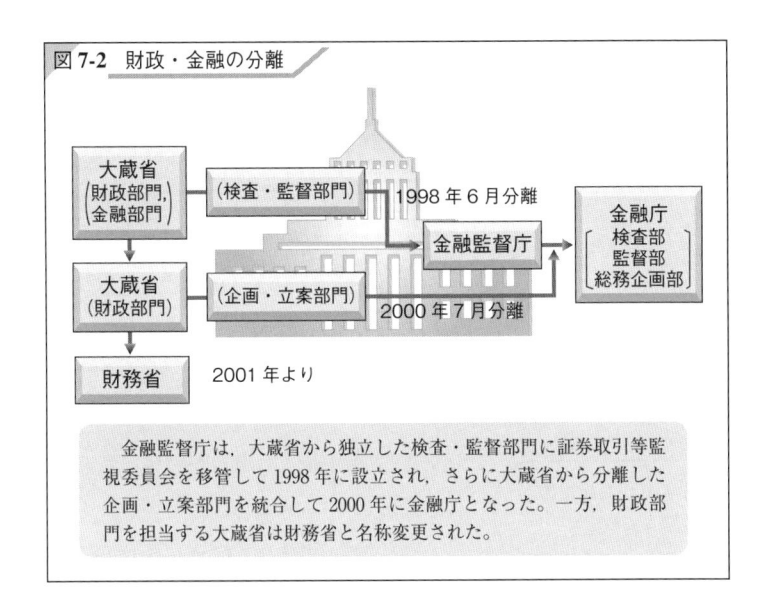

金融監督庁は，大蔵省から独立した検査・監督部門に証券取引等監視委員会を移管して1998年に設立され，さらに大蔵省から分離した企画・立案部門を統合して2000年に金融庁となった。一方，財政部門を担当する大蔵省は財務省と名称変更された。

4月には，金融機関に対する具体的な審査規準である**金融検査マニュアル**が公表され，金融システムにおける事後的処理の一応の体制が整った。それまでは金融機関が破綻しても，それをどのように処理するかという具体的な措置は日本の金融システムに組み込まれていなかったといってよい。なお，金融再生法および早期健全化法は2001年3月までの時限措置として導入されていたが，恒久的な破綻金融機関処理制度として00年5月に改正預金保険法が成立した。

この間1998年10月には日本長期信用銀行が破綻し，また同年12月には日本債券信用銀行が破綻している。以上の経緯から1998年秋から年末にかけての金融危機，さらに99年に入ってからの銀行破綻（4月の国民銀行，5月の幸福銀行，6月の東京相和銀行，8月のなみはや銀行）処理は金融再生委員会が執り行った。

2 金融システムの安定性維持とプルーデンス効果

2000年7月から金融監督庁は，大蔵省から分離された（金融行政の企画立案を行う）金融企画局と統合されて**金融庁**となった。さらに金融再生委員会は2001年1月に廃止され，その機能は金融庁に統合された。したがって金融庁は検査部，監督部，総務企画部から構成されている。

## 3 金融機関に対する監督・規制のあり方をめぐって

――――――――――
プルーデンス政策の国際協調
――――――――――

　前節までの議論は，一国内の金融システムを念頭に置いて解説されていた。しかし，現代では金融のグローバル化が進展し，コンピュータ・通信技術の発達とあいまって，一国内の資金移動ばかりでなく，いくつかの国にまたがった資金移動が瞬時に行われている。また，銀行も一国内にとどまることなく，外国に支店を設置することで国際業務に積極的に参加することが当然のことになっている。その際，各国の金融機関は，自国の金融機関ばかりでなく，外国の金融機関との競争にさらされる。このような経済環境の変化から，金融機関の国際的な競争条件の統一化が必要となった。

　このことは，金融システムの安定性を考慮するとき，それぞれの国内のみの安定ばかりでなく，国際的な安定をも意味している。つまり個別の国で発生した信用秩序の動揺が，他国の金融システムに影響を与える事態も十分に予想できるし，事実，1987年の**ブラック・マンデー**は，アメリカのみならずわが国にも少なからざる影響を及ぼした。こうした事態に対処するため，金融当局の

監督・規制の国際的協調が求められている。とくに，各国金融当局が互いに整合的な金融政策を行うこと，さらに政策を行使する責任分担についてあらかじめ統一的な合意が必要となる。

> バーゼルI

グローバルな金融システムの安定を目的とした国際統一基準はどのようになっているのだろうか。バーゼル銀行監督委員会（BCBS: Basel Committee on Banking Supervision）は，スイスのバーゼルにある国際決済銀行に属する国際的な統一基準を取り決める機関であり，1988年のバーゼル合意（Basel accord）によって銀行の自己資本規律規制を公表した。これをBIS規制という。自己資本比率規制は，銀行に一定割合以上の自己資本保有を義務づけて，銀行の資本構成における債務の比重を相対的に引き下げることを目的としている。自己資本が充実している銀行は，それだけリスクに対処する能力をもっているといえる。

1988年の合意では信用リスクのみが対象となっていたが，96年には市場リスクも考慮の対象となった。これらを総称してバーゼルIと呼ぶことにする。最低所要自己資本比率は，分子に自己資本を置き，分母にリスク・アセット（信用リスク）と市場リスクを置いて以下のように定義される。

自己資本比率
$$= \frac{\text{自己資本}}{\text{リスク・アセット（信用リスク）}+\text{市場リスク}} \geq 8\%$$

ここで分子の自己資本の内訳は，「基本的項目（Tier 1）＋補完的

項目(Tier 2)＋準補完的項目(Tier 3)－控除項目」となっている。分母のリスク・アセットとは，あらかじめ定めたリスク・ウエイトの区分に資産項目の相当額を対応させて計算した値である。また市場リスクとは，金利・株価に代表される市場価格の変動から発生するリスクをいい，一定の算出方法が定められている（資産項目別のリスク・ウエイトおよび市場リスクの導出法については，佐藤編〔2007〕を参照されたい）。

わが国においては，1998年に**早期是正措置**が導入され，自己資本比率が最低所要自己資本比率を下回った銀行に対して，その水準に応じた行政措置が発動できるようになった。これは，自己資本比率規制が具体的な実効力をもつに至ったことを意味する。さらに2002年には，最低所要自己資本比率を上回る銀行に対しても，信用リスク，市場リスク等のモニタリングを行う予防的な措置として**早期警戒制度**が導入された。

**バーゼルⅡ**　バーゼルⅠは，銀行監督の国際的な統一基準として定着したが，金融取引の技術革新とともに，実体適合性に問題があることが次第に明らかになってくる。そうした事態を受けて2004年にバーゼルⅡが合意され，公表された。バーゼルⅡは，互いに補完しあう3つの柱から構成されている。その内訳は，第1の柱として「最低所要自己資本比率」，第2の柱として「銀行自身の策定による自己資本政策を監督当局が検証」，第3の柱として「市場規律の活用」からなる。

とくに，このバーゼルⅡでは第1の柱（最低所要自己資本比率）の分母において新たにオペレーショナル・リスクが加わっている。**オペレーショナル・リスク**とは，事務事故，システム障害，不正行為等で損失が生じるリスクをいう。またリスク・アセット（信

表7-1 バーゼルⅡの概要

| | 概　要 |
|---|---|
| 第1の柱<br>(最低所要自己資本比率) | バーゼルⅠの最低所要自己資本比率のリスク・ウエイトを細分化する。また信用リスクの評価方法において，銀行が自主的に選択できる複数の選択肢（標準的手法，基礎的内部格付手法，先進的内部格付手法）を示す。分母に，新たにオペレーショナル・リスクを加え，その複数の評価方法の選択肢（基礎的手法，粗利益配分手法，先進的計測手法）を提示する。 |
| 第2の柱<br>(銀行の自己管理と監督上の検証) | 銀行に自主的なリスク管理を求めるとともに，当局がそれをモニタリングする。 |
| 第3の柱<br>(市場規律) | 銀行にリスク管理の情報を開示することを義務付けることで市場規律を確保しようとする。 |

> バーゼルⅡは，第1の柱（最低所要自己資本比率），第2の柱（銀行の自己管理と監督上の検証），第3の柱（市場規律）から構成されている。

用リスク）はバーゼルⅠで単一の計算方式であったものが，バーゼルⅡではより精緻化されて，「標準的手法」あるいは「内部格付手法」から銀行自らが選択できるようになっている。

自己資本比率

$$= \frac{\text{自己資本}}{\text{リスク・アセット（信用リスク）}+\text{市場リスク}+\text{オペレーショナル・リスク}}$$

$\geq 8\%$

3　金融機関に対する監督・規制のあり方をめぐって

> バーゼルIII

2008年に表面化したグローバルな金融危機の経験から金融規制・監督の規制を再構築する機運が高まり、バーゼル銀行監督委員会より、10年12月に「バーゼルIII：より強靭な銀行および銀行システムのためのグローバルな規制の枠組み（Basel III: A global regulatory framework for more resilient banks and banking system）」が公表された。そこではどのような点が問題になったのだろうか。

(1) **自己資本比率の質・量の強化**　第1に、金融機関の自己資本の質・量が強化された。バーゼルIIのもとで基準を満たしていたはずの金融機関が、金融危機において深刻な事態に陥ったためである。その内訳を**表7-2**によって説明してみよう。まず、自己資本の質については、これまでのTier 1資本を「コアTier 1」と「その他Tier 1」に分け、それらの最低水準で規制されることになる。ここで狭義の中核的自己資本（**コアTier 1**）とは、銀行の自己資本のうちで損失吸収性の最も高い資本である普通株と内部留保を意味し、その最低水準を4.5％（**表7-2**における（ア））とした。次にコアTier 1とその他Tier 1から構成される**Tier 1資本**の最低水準を6.0％（**表7-2**の（イ））とし、Tier 1とTier 2の和である**総資本**の最低水準を8.0％（**表7-2**の（ウ））とした。金融機関はこれら3つの最低水準を満たさなくてはならない。

次に、より健全性を高めるための固定的な上乗せ基準（**資本保全バッファー**）を新たに創設し、これを2.5％（**表7-2**の（エ））とした。資本保全バッファーは、非ストレス期（平時）において積み立てておき、景気後退期の資本の取崩しに対処することを目的にしている。この固定バッファーは実質的に、最低所要自己資本の一部と見なされる。したがって、最低自己資本としての実質コ

### 表7-2 バーゼルⅢの所要自己資本およびバッファー

(単位：%)

|  | コア Tier 1 | Tier 1 資本<br>(コア Tier 1＋<br>その他 Tier 1) | 総資本<br>(Tier 1＋Tier 2) |
| --- | --- | --- | --- |
| 最低水準 | 4.5（ア） | 6.0（イ） | 8.0（ウ） |
| ＋ | | | |
| 資本保全バッファー | 2.5（エ） | | |
| ＝ | | | |
| 最低水準＋資本保全バッファー | 7.0（オ） | 8.5 | 10.5 |
| カウンターシクリカルな資本バッファーの範囲 | 0〜2.5（カ） | | |

> バーゼルⅡでは金融機関の自己資本の質・量が強化された。また，より健全性を高めるための固定的な上乗せ基準（資本保全バッファー）を新たに創設している。さらに過剰な信用供与が発生することを防止するために，カウンターシクリカルな（景気連動抑制的な）自己資本バッファーも導入している。

ア Tier 1 は，4.5％（ア）と2.5％（エ）との合計となる7％（オ）になった。同様に Tier 1 資本，総資本において，最低水準＋資本保全バッファーはそれぞれ8.5％および10.5％と公表された。これら自己資本規制の強化は，2013年から6年間の移行措置期間をおいて段階的に19年までに達成することを求められている。

また表7-2の最後にある，**カウンターシクリカル・バッファー**は，2010年12月に「カウンターシクリカルな（景気連動抑制的な）自己資本バッファーを運用する各国当局のためのガイダンス」として公表された。金融部門において過剰な信用供与が発生するこ

とを，マクロ・プルーデンス政策の視点から防止することを目的として，各国政策当局がこの追加的なバッファーを設定する仕組みである。そこにおいてカウンターシクリカル・バッファーは，コア Tier 1 のベースで 0〜2.5 ％（カ）の間の水準に設定されている。その適用はすでに述べた資本保全バッファーとの組として用いられる。

(2) **レバレッジ規制と定量的な流動性規制**　自己資本比率の質と量の強化を補足するために，レバレッジ規制と流動性規制も導入された。レバレッジ規制の導入は，グローバルな金融危機では，金融部門において過剰なレバレッジが積み上がっていたことが理由となっている。今回公表された**レバレッジ比率**の定義は以下のように定義されている。

$$\text{レバレッジ比率} = \frac{\text{資本（新定義の Tier 1）}}{\text{ノンリスクベースのエクスポージャー}}$$

ここで分子は今回新たに定義された Tier 1 資本であり，分母はすべての資産が原則となっている（詳しくは佐藤・堀本〔2011〕参照）。

また金融機関の流動性不足のリスクに対処するために，国際基準として**定量的な流動性規制**の導入も公表されている。銀行が保有していなければならない流動性準備の基準として，流動性カバレッジ比率と安定調達比率の 2 つが設定された。その内容は次のようになっている。

**流動性カバレッジ比率**（LCR, Liquidity Coverage Ratio）とは，短期間（30 日間）のストレスに発生する資金流出に耐えうるだけの流動性の高い資産を保有しているかを測る指標である。

$$\text{LCR} = \frac{\text{適格流動資産}}{\text{30日間のストレス期間に必要となる流動性}} \geq 100\%$$

これに対して**安定調達比率**（NSFR, Net Stable Funding Ratio）とは、短期の流動性を期待できない資産（分母に置かれた所要安定調達額）に対して、安定して流動性が期待できる資金調達額（分子にある安定調達額）を確保する比率である。

$$\text{NSFR} = \frac{\text{安定調達額}}{\text{所要安定調達額}} > 100\%$$

### ナロー・バンク論

さて、これまで金融システムは必然的にリスクを伴っていることを説明してきたが、より銀行の機能の本質にかかわる問題として、システムの抱えるリスクを分離させる構造的改革は可能なのだろうか。本章の最後に、金融システム改革論の1つとしてライタンなどが主張するナロー・バンク論について言及したい（Litan〔1987〕）。

銀行が金融仲介機能と決済機能をもっていることはすでに第4章で説明したが、**ナロー・バンク論**は、銀行を金融仲介業務を行う銀行と決済業務を行う銀行とに分離することを提言している。これは、2つの業務を兼営している今の銀行のリスクを、金融仲介から発生するリスクと決済から発生するリスクに分離することを意味している。前節までで、銀行が常に取付けにあう可能性をもち、さらにそれが金融システム全体に波及する可能性をみてきたが、これは金融仲介機能から発生したものであった。一方、未決済残高の増大に伴うリスクは決済機能から生じていると見なすことができる（第4章「貨幣と決済」参照）。したがって、それぞ

れの機能に伴って発生するリスクのタイプが異なるのであるから，機能を分離することによってリスク自体も分離できるという主張は，それなりに説得的であるといえる。

決済機能は，経済を支えるインフラストラクチャーという点で公的な意味合いをもつにもかかわらず，それがリスクの高い金融仲介業務に従事する銀行に委ねられていることが問題であるという認識が，ナロー・バンク論の根底にある。もともと金融不安は，預金の大量引出しに基づくものであったが，近年のコンピュータ・通信技術の発達から預金自体が通貨の役割を果たすようになり，そこから発生する未決済残高のリスクが，銀行業務に新たに加わってきたともいえる。したがって，金融仲介機能と決済機能を分離することは，より公的な決済システムの安全性をまず確保しようとする考え方といえる。

リスクの面からいえば，銀行の機能を分離することによって，金融システムの安定性が高まることは明らかであろう。しかしながら，ナロー・バンク論には次のような問題点が指摘されている。その1つは，現在行われている銀行業務を2つに分離することは，効率性を低下させるというものである。資金をもっていない債務者が決済する場合を考えてみよう。この債務者は，まず金融仲介業務を行っている銀行から借入れをし，次に決済業務を行う銀行を通して支払うことになる。つまり借入れによる支払は，独立した機関との2つの取引に分離されてしまう。銀行からの借入れの大半が支払を目的としたものであるとすれば，金融仲介・決済の分離が，現在のシステムに比べて著しい非効率を生み出すのは容易に想像されよう。

近年ナロー・バンク論が言及されるのは，第9章のアメリカ

の規制改革で説明する**ボルカー・ルール**との関係においてである。リーマンショック以降のグローバルな金融危機を受けて，アメリカの金融制度改革として，ドッド゠フランク法（2010年）が公表されたが，金融機関の業務範囲はボルカー・ルールが反映されている（ドッド゠フランク法については第9章を参照）。とくに，銀行による自己勘定取引の制限，ヘッジファンド等への出資制限は，預金という資金決済手段を保有している銀行に対して，金融仲介の機能の制限を課するものであるといえる。その意味でボルカー・ルールは，決済機能の公共性を重視するナロー・バンク論に基づいた規制といえる。

### *Column* ⑮　江戸時代にもあった取付け騒ぎ

　すでに述べたように，江戸時代の地方都市においては金・銀・銭貨のほか，藩札と呼ばれる領国大名が領内通用限りとして発行した地方貨幣が流通していた。現存の資料から判断すると，藩札の第1号は寛文元年（1661年）に発行された福井藩札であるとされている。藩札は当初，西日本地域の藩を中心として発行されていたが，その後，他の地域にも広がり，19世紀以降はほぼ全国の諸藩が発行するようになった。藩札発行に際しては，多くの場合，その利用促進を狙いとして領内における金・銀貨の通用が停止され，藩札の通用が強制された。このため，全国人口の約8割を占める諸藩の武士や農民の日常生活は，ほとんど藩札という紙幣と小額銭貨で賄われていた。

　各藩が藩札を発行するに至ったのは，基本的には領内における通貨不足の解消を狙いとするものであった。しかしながら，それはまた財政赤字ファイナンス手段でもあったため，財政構造が脆弱な藩においては赤字補塡のために藩札を増発するという誘因に勝てず，将来返済不可能な水準にまで濫発する藩もみられた。そ

うした藩においては，市場原理が働き，藩札の価値が暴落してしまったほか，紙屑になる前に藩札を正貨に交換しようとして交換所に一般庶民がわれ先にと多数殺到する事態もしばしばみられた。

このような藩札の大幅な価値下落，取付けの発生などを根拠として藩札は悪貨であるとされることが多い。本当にそうなのだろうか。江戸時代を通じて藩札が安定的な交換手段として利用され続けた藩や，藩財政の立直りとともに人びとからの信認を回復し，その後，「良貨」として広く流通した藩札も現に存在したのである。これらのことは，藩札の流通性は藩の財政力や財政運営態度に大きく依存しており，財政構造が脆弱でかつ赤字ファイナンス手段として安易に増発に頼った藩の藩札は悪貨と化した一方，節度ある財政運営を心掛けていた藩において藩札は良貨として流通していたことを示唆している。放漫財政を維持している国の為替レートが下落することとどこが違うのであろうか。

## *Column* ⑯　システム崩壊の危機

1997年11月17日の北海道拓殖銀行破綻，同24日の山一證券自主廃業によって顕現化した日本の金融危機は，日本の金融史に残る大きな出来事であった。これら金融機関破綻の直接的な引き金は，それに先立つ2週間前に発生した三洋証券の短期金融市場における資金繰りのショートであったといわれる。

短期金融市場とは，文字どおり短期の金融資産を取引する場で，金融機関相互の資金運用・調達が行われるインターバンク市場と，金融機関だけに限定されないオープン市場から成り立っている。とくに，インターバンク市場はコール市場と手形市場に分かれ，各金融機関はここにおいて日々の資金を運用・調達している。

1997年11月3日に三洋証券が会社更生法を申請したことによって，短期金融市場に史上初めてのデフォルト（債務不履行）が発生した（10月31日に三洋証券は，群馬中央信用金庫からコール市場で10億円，都城農協から債券現先市場で83億円を調達

していた)。その直後から各金融機関が短期金融市場での資金運用を差し控える事態が発生し，それが北海道拓殖銀行，山一證券の資金繰りを極めて困難なものにしたのである。とくに北海道拓殖銀行は，11月14日（金曜日）までに準備預金の資金繰りができず，積み不足が確定したこの時点で破綻が決定した。さらに山一證券の自主廃業が続き，11月26日には日本各地で銀行取付けに近い事態が多発した。

　本文で説明したように銀行取付けとは，個別の金融機関に対して預金者がいっせいに預金を引き揚げる現象をいい，金融恐慌とは，それが金融システム全体に影響を及ぼす現象をいう。1997年11月の事例は，金融機関が日々の資金調達手段である短期金融市場への資金提供をいっせいに停止したことから引き起こされた。これは，インターバンク・ローンを介在してシステミック・リスクが広がった事例と考えられる。個別の金融機関に限らず，マーケットに対する信頼が崩れたときには，金融システムの機能停止が懸念される事態に立ち至ってしまうのである。

## 参考文献

軽部謙介・西野智彦〔1999〕『検証　経済失政』岩波書店。

金融庁／日本銀行〔2011〕「バーゼル銀行監督委員会によるバーゼルIIIテキストの公表等について」。

佐藤隆文〔2010〕『金融行政の座標軸』東洋経済新報社。

佐藤隆文編〔2007〕『バーゼルIIと銀行監督』東洋経済新報社。

佐藤隆文・堀本善雄〔2011〕「グローバル危機後の金融規制改革について——バーゼルIII合意を中心に」『地銀協月報』2011年1月号。

鹿野嘉昭〔2006〕『日本の金融制度（第2版）』東洋経済新報社。

中央銀行総裁・銀行監督当局長官グループ〔2010〕「中央銀行総裁・銀行監督当局長官グループがより高い国際的な最低自己資本基準を発表」日本銀行ホームページ。

西村吉正〔1999〕『金融行政の敗因』文春新書。

西村吉正〔2003〕『日本の金融制度改革』東洋経済新報社。

米国財務省〔1991〕「金融制度の近代化──より安全で,より競争力のある銀行制度に向けての提言」。

吉田暁〔2002〕『決済システムと銀行・中央銀行』日本経済評論社。

Friedman, M. and A. J. Schwartz〔1963〕*A Monetary History of the United States, 1867–1960*, Princeton University Press.

Hicks, J. R.〔1989〕*A Market Theory of Money*, Oxford University Press(花輪俊哉・小川英治訳〔1993〕『貨幣と市場経済』東洋経済新報社).

Litan, R. E.〔1987〕*What Should Banks Do?*, The Brookings Institution(馬淵紀壽・塩澤修平訳〔1988〕『銀行が変わる』日本経済新聞社).

# 第8章 金融システムと中央銀行

**山田羽書：わが国初の紙幣**
*17世紀初め，伊勢山田地方では山田羽書と呼ばれる紙幣が誕生した。*

　ほとんどの国においては現在，通貨の安定的供給，決済システムの効率性維持や金融システムの安定性確保を狙いとして，中央銀行が設立されている。本章では，金融システムにおける中央銀行の役割と意義について説明する。

　もう少し具体的にいうと，なぜ中央銀行が必要とされるのか，自由化，国際化，エレクトロニクス化が進展するなかで，現在，中央銀行に対してはどのような役割が期待されるのか，といった点を明らかにする。また，中央銀行がそうした役割を担ったり，金融政策運営に従事する際しては，政府からの「独立性」が重要となる。それゆえ，ここでは，中央銀行の独立性と国民に対する説明義務（いわゆるアカウンタビリティ）の意味するところについて現代的な観点から検討する。

# *1* 中央銀行制度の生成と発展

> 中央銀行の成り立ち

中央銀行が保有している機能は，金融活動の発達とともに生じたさまざまな問題を解決するために，試行錯誤の結果作り上げられてきたと見なされる。現在確立している金融システム・中央銀行の機能も，初期の段階ではわれわれが今日認識しているものとかなり異なっていた。

たとえば，**銀行券**というと誰でも政府が発行する通貨を想定してしまう。なぜなら現代社会において銀行券とは，中央銀行が発行する通貨（法定不換紙幣）と同義語になってしまい，われわれはそれが当たり前の世界で経済活動を営んでいるからである。しかし，もともと銀行券は各市中銀行が発行していた。その後，そのことによって派生した問題を解決するために中央銀行が設立されるとともに，現在保有している各種の機能が中央銀行へと集約されていった。

それでは，なぜ銀行は銀行券を発行するようになったのであろうか。また，個別の市中銀行が発行する銀行券を通貨として取り扱うことにはどのような不都合があったのであろうか。中央銀行がまだ設立されず，市中銀行だけが存在している経済状態から出発して，この問題について考察していこう。

> 発券銀行としての機能

市中銀行が銀行券を発行し，さらにその権利を中央銀行が独占するに至った経緯はおおむね次のように要約することができる。容易に想像される

ように，貨幣経済が発生した当初は財と貨幣の交換が同時に行われていた。やがて，取引が頻繁に行われるようになるにつれて，財の受取りと支払に時間的な「ずれ」が発生するようになった。つまり，財を購入した人は，すぐさま貨幣を支払うのではなく，支払額と支払期限を約束した証書を相手に与えるようになる。まず，このようなかたちで個人間の貸借関係が発生していった。さらに，この証書（借用書）は，第三者の支払に回されるようになっていく。たとえば，個人（商人）Aが個人（商人）Bから財を購入し，その支払を，金額と期日を明記した証書を発行することで行ったとしよう。このときBが個人（商人）Cに何らかの負債があり，それをAが発行した証書で支払うことができれば，結果的にAとCとの貸借に還元されてしまう。こうした証書は**手形**と呼ばれ，現代における信用取引の原型となった（前者のように振出人と支払人が同一人物であるときの手形を**約束手形**といい，後者のように振出人（A），支払人（B），受取人（C）と3人が関係するものを**為替手形**という）。また手形が表示している債権を，この例のようにBからCへ譲渡する手続きは，証書の裏にBの名前を書くことから**裏書**と呼ばれる。

　手形による決済は，支払額と期限を決めるだけで，いちいち貨幣を準備する必要がないという利点のため，経済の発達とともに普及していった。この結果，手形が貨幣と同様の役割を果たすようになったのである。現代の経済理論では，手形・小切手の類を経済内部の取引から自発的に生まれた貨幣という意味で，**内部貨幣**（inside money）と定義している（これに対して中央銀行が発行する銀行券は，経済活動の外から供給される貨幣という意味で，**外部貨幣**〔outside money〕と呼ばれる）。

しかし，情報の伝達経路が発達していない時代では，手形による取引は基本的に当事者間の信用であって，個人に対する負債の支払を遠隔地にいる他人の借用書で受けるということには問題があった。なぜなら取引相手から第三者が発行した手形で支払を受け取ることは，自分と直接取引しない人の信用が問題になるからである。したがって，個人が発行した手形をより信用のある紙片（証書）に代え，より広い受容性をもった証券に代える必要が生まれてきた。

　実は，こうした必要から発達した機関が銀行であり，また個人の発行した証書と交換に銀行が発行した（割り引いた）証書を**銀行券**と呼ぶ。局地的であっても，人びとに信用のある銀行が発行する手形（銀行券）のほうが，個人間取引で発行された手形よりも信用が高く，かつ一般受容性も高かった。このように考えると，銀行券は市中銀行の発行する手形（借用書）と見なせることになる。さらに，経済圏の拡大とともに，遠隔地から財を購入し，その支払をするために，それぞれのローカル銀行間の送金も発展していった。

　こうした状況のもとで人びとは，一般の人が発行する手形をより信用の高い銀行券と交換し，彼らの経済圏のなかで銀行券を貨幣として使用するようになる。銀行券を発行する銀行ごとに局地的な経済圏が発生し，その経済圏では銀行が発行する銀行券が貨幣として流通していった。

　しかし，規模の小さい個別銀行のなかには必ずしもリスク管理が十分でなかったり，十分な情報をもちえなかったりして，割り引いた手形が焦げ付いてしまう事態が発生した。また，それぞれの銀行が発行する異なった種類・額面の銀行券から発生する煩雑

さも問題となった。さらには，本位貨幣との兌換を保証した銀行券を大量に発行しておきながら，交換した資産とともに雲隠れする銀行経営者も現れる危険性もある。つまり，リスク管理が不十分であるとか，あるいは詐欺的な経営を行ったりして市中銀行が倒産する場合もあることから，銀行券を発行する権利を国家が独占し，管理・監督する必然性が生まれたのである。このようにして，現代では**発券銀行**の機能は中央銀行に属している。銀行券が通貨と同じになるまでには，これだけの歴史的経緯があった。

> 銀行の銀行としての機能

さて，銀行券発行の独占権を保有した中央銀行はそれだけ信用が増し，一方市中銀行は，銀行券（通貨）を通じて積極的に中央銀行と取引するようになっていった。やがて中央銀行に開設した口座を利用して，各市中銀行の間で振替決済が行われるようになっていく。中央銀行が果たすこうした役割は，**銀行の銀行としての機能**と呼ばれる。**図 8-1** は，中央銀行の存在しないシステムと，中央銀行が存在するシステムを表している（図で矢印は資金の流れを意味する）。

2つのシステムを比較することでどのようなことがわかるであろうか。まず，それぞれのシステムで，銀行券の意味合いが異なっている。中央銀行の存在しないシステムでは，銀行券はあくまで市場取引によって発生した内部貨幣にすぎない。また，**図 8-1** a では3つの銀行の関係を表しているが，銀行が多数存在するシステムに拡張していくと，銀行券の取立てを発行銀行ごとに行わなければならないなど，事務的なコストが高まる。加えて，直接取引がない場合はいうに及ばず，直接取引があったとしても，経済主体それぞれが取引相手の信用度にかかわる情報を得ることが，

*1 中央銀行制度の生成と発展*

### 図 8-1 中央銀行の位置

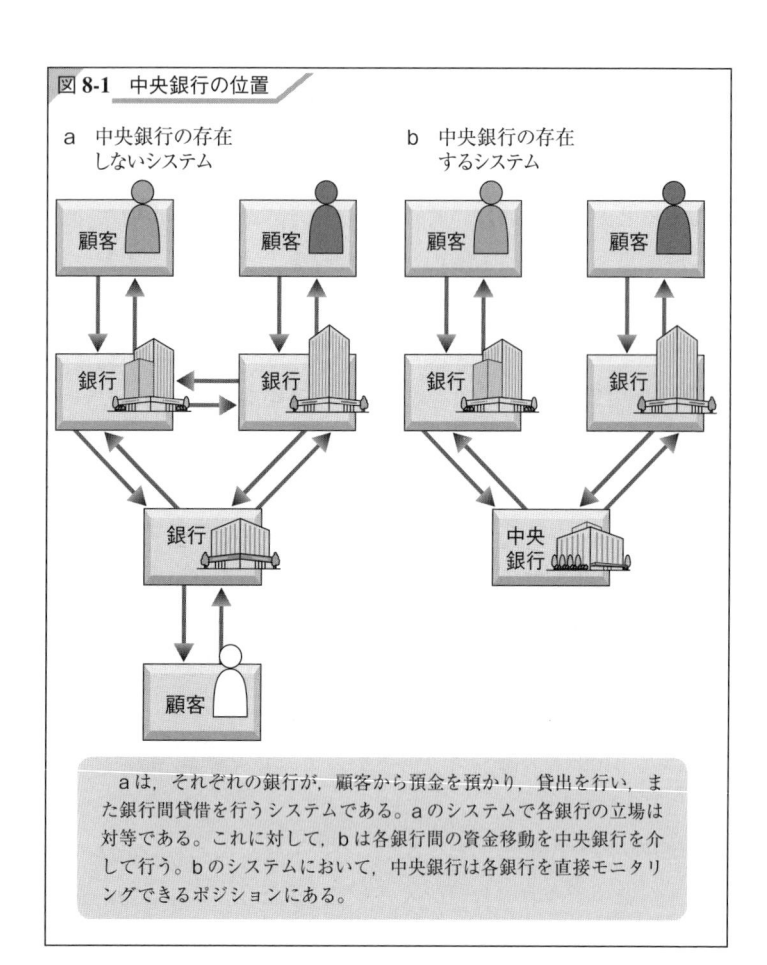

**a 中央銀行の存在しないシステム**

**b 中央銀行の存在するシステム**

> aは，それぞれの銀行が，顧客から預金を預かり，貸出を行い，また銀行間貸借を行うシステムである。aのシステムで各銀行の立場は対等である。これに対して，bは各銀行間の資金移動を中央銀行を介して行う。bのシステムにおいて，中央銀行は各銀行を直接モニタリングできるポジションにある。

次第に困難になっていくことが予想される。そうした場合，特定の銀行が銀行券を過剰供給したとしても，他の経済主体が直ちにそれを認識することは難しい。また，ある銀行が破綻したとき，それが他に波及することを防止する措置がこのシステムには組み込まれていない。

図**8-1** bで示される中央銀行が存在するシステムは，こうした問題を解決するための工夫として導入されたと考えることができる。まず，このシステムのなかで中央銀行は，直接取引している各市中銀行を直接モニタリングし，経営内容についての情報を得ることができる位置にある。中央銀行による取引銀行のモニタリングは，個々の銀行がその資産内容の健全化を促す方向で行われるが，それはまた，銀行のモラル・ハザードを防止するうえでも有効に機能する。

また，中央銀行が独占的な発券機能をもっているとすれば，不測の事態が発生した場合，健全であるにもかかわらず破綻に瀕した銀行に流動性を供給することができる。これは**最後の貸し手機能**（LLR, lender of last resort）と呼ばれ，19世紀後半のイギリスでたびたび発生した恐慌の経験を経て認識されるに至った。言い換えれば，個別銀行に分散する発券に伴うリスクを中央銀行に集めることで，リスクの一括化を図るとともに，規模の経済を働かせて銀行券の信用を高めることができることになる。現代の中央銀行の目的には，**通貨価値の安定**と**金融システムの安定**が掲げられているが，その萌芽はこうした経緯に基づいている。

それでは，中央銀行だけが唯一の銀行として存在するシステムはどうであろうか。現代の経済理論は「市場メカニズムによる資源配分以外の方法で効率性を満たすことは難しい」ことを示唆している。金融市場においてもこの命題は当てはまり，中央銀行のみのシステムでは，旧社会主義諸国の例をみるまでもなく，著しい非効率が金融市場に発生するであろう。

しかしながら同時に，他の市場（財市場，労働市場）よりも金融市場は脆弱（不安定）であるため，何らかの公的機関（中央銀

1 中央銀行制度の生成と発展 215

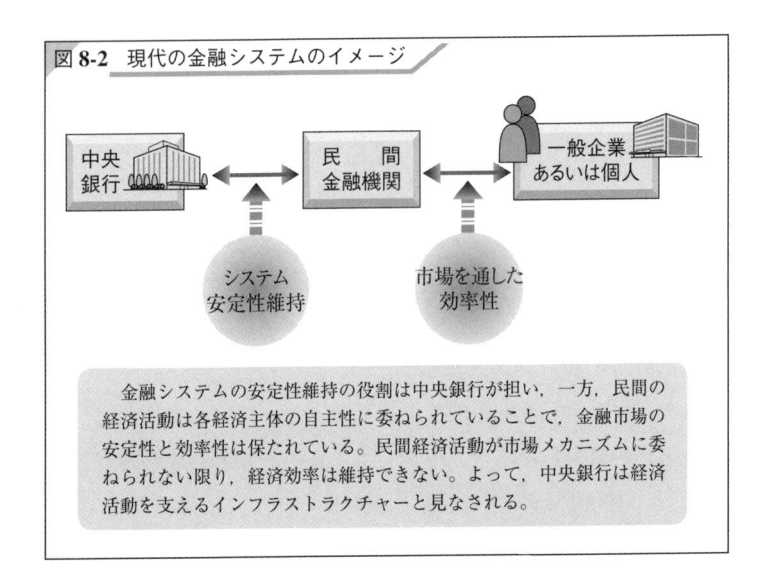

**図8-2 現代の金融システムのイメージ**

金融システムの安定性維持の役割は中央銀行が担い，一方，民間の経済活動は各経済主体の自主性に委ねられていることで，金融市場の安定性と効率性は保たれている。民間経済活動が市場メカニズムに委ねられない限り，経済効率は維持できない。よって，中央銀行は経済活動を支えるインフラストラクチャーと見なされる。

行）が必要であるともいえる（中央銀行を伴わない銀行モデルにおいて，効率的な資源配分とともに，銀行取付けに至る可能性も同時に存在するケースが報告されている）。したがって，図8-2でイメージされるように，金融市場における効率性の達成に関しては市場メカニズムに委ねる一方，金融システムの安定性維持にかかわる対策は中央銀行に委ねるというのが，当面われわれが保有するシステムなのである。

| 政府の銀行としての機能 |

また中央銀行には，**政府の銀行**としての役割がある。1694年にイングランド銀行（Bank of England）は，政府に貸し付けすることの代わりに発券銀行としての機能を与えられた。現代における中央銀行は政府預金の受払いと，政府に対する信用供与を行っている。しかし，銀行券の発行という特権をもつ中央銀行

が，政府に信用供与を行うことは，システムとして問題を含んでいるともいえる。第4章（貨幣と決済）で説明したように，現代の通貨は法定不換紙幣であり，何ら他のもの（貴金属・有価証券）と兌換する義務を負うことなく，中央銀行は紙幣を印刷し供給できるという側面をもっている。したがって，通貨の発行権が国に帰属し，かつそれが法定不換紙幣であるということは，国家の都合でいくらでも政府紙幣が発行されるおそれがある。

とくに，増刷された紙幣が表示している金額だけ，国家は名目上の収益を得ることができる。この新たな通貨を発行することによって政府が得る収益のことを**造幣益**（シニョレッジ〔seigniorage〕）という。国家にとって造幣益は，税金・国債に依存するよりもはるかに容易な歳入確保手段である。なぜなら他の手段である増税は国民の不満を引き起こす一方，国債の発行は将来の償還問題を招くからである。

ところが，造幣益を求めるあまり政府が大量に通貨を発行すれば，通貨価値の下落を招きインフレーションを引き起こしてしまう。過去においても現代においても，国家財政を賄うために政府が無制限に紙幣を増刷し，経済がハイパー・インフレーションに陥った例は枚挙にいとまがない。インフレーションは貨幣表示された資産の目減りを意味しているので，造幣益は**インフレーション税**（inflation tax）と呼ばれている。したがって，通貨価値の安定を維持していくためには，中央銀行が，政府から独立した政策を実施しうるような環境づくりに努めることが重要であるといえよう。

ところで，もともと金本位制度の時代には金との兌換が前提とされているため，中央銀行が発行できる銀行券は保有している金

*1 中央銀行制度の生成と発展* 217

の量に制約されていた。たとえば，イギリスでは，1844年のピール条例（Peel's Bank Act〔Bank Charter Act of 1844〕）によって，イングランド銀行を中央銀行にするとともに，金の裏付けに基づく銀行券発行権を与えた。しかし，その後のたびかさなる不況・恐慌に対処するため，厳格なルールに従って通貨供給を守ることができなくなった。このような経験は他の国でも同様であった。それでも第二次世界大戦以後のブレトンウッズ体制まではドルが金とリンクしていたのであるが，1971年の「ドルの金交換停止」（いわゆるニクソン・ショック）によって，われわれは完全な法定不換紙幣の時代に突入した。

　現代の通貨は，国家が一元的に通貨をコントロールする管理通貨制度のもとで運営されており，そこでは金という為替レートの変動のアンカーは存在していない。結果として金融政策の裁量性が確保される一方で，財政政策についての規律付けが後退してしまい，財政赤字拡大に歯止めがかからなくなるという問題が発生している。

## 2　金融システムにおける中央銀行の役割

**現代の中央銀行**　　前節では，中央銀行の発生過程を述べるとともに，そこから中央銀行のもっている機能の解説を行った。現代の経済の発展と金融市場の拡大は，経済活動に伴って生じる債権・債務の支払の金額・件数を膨大なものにしてしまっている。コンピュータ・通信技術の発展がその処理のために導入された結果，近年とみに決済システムは高度

化・多様化している。こうした決済システムを取り巻く環境の急激な変化を背景として，中央銀行の役割も大きな変革を余儀なくされている。それでは，現代の中央銀行は，前節で説明したような古典的機能を活用して金融政策の運営に従事することのほかに，どのような役割を果たすことが求められるようになっているだろうか。ここでは，現代においてわが国の中央銀行が，金融システムの安定化のためにどのような役割を果たしているかをみていくことにしよう。

すでに第4章で説明したように，わが国の決済システムは手形交換制度，内国為替制度，外国為替円決済制度などから構成されており，それらはいずれも共通した構造をもっている。**図8-3**は現代の銀行間の決済システムを概略的に描いたものである。前節の図**8-1 b**は中央銀行の古典的な位置づけをイメージしていたが，**図8-3**は，共同決済システムを組み込んだシステムのなかでの中央銀行の役割を描いている。コンピュータによる通信技術の発展は共同決済システムに大きな変革をもたらした。さらに，システムの効率化とともに発生した新たなリスクも，おもにこの部分の構造を調べることによって理解できる。

**図8-3**のシステムにおいて，各金融機関のそれぞれの資金移転は，まず中継機関によって一括処理され，そのデータが中央銀行に送られ，最終的には各金融機関が中央銀行に開設している当座預金間の資金移動で完了する。この仕組みのもとでは，(1)まず中央銀行がすべての金融機関間の資金移動について知りうることができ，したがって金融システム全体を監視するための最も適した位置にいること，それと同時に，(2)各銀行間の膨大な決済件数が，最終的には中央銀行の当座預金間の資金移動のみに簡素化

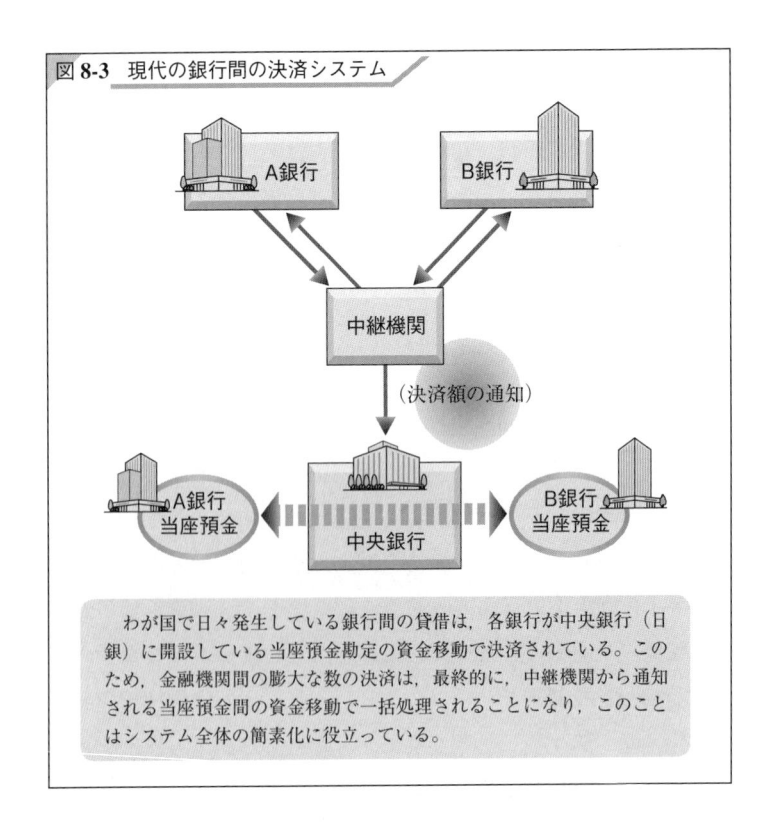

### 図 8-3 現代の銀行間の決済システム

わが国で日々発生している銀行間の貸借は、各銀行が中央銀行（日銀）に開設している当座預金勘定の資金移動で決済されている。このため、金融機関間の膨大な数の決済は、最終的に、中継機関から通知される当座預金間の資金移動で一括処理されることになり、このことはシステム全体の簡素化に役立っている。

されうることに注意されたい。

たとえば、わが国において金融機関同士の資金移転は、各金融機関が日本銀行に開設している当座預金勘定（中央銀行預金）を通じて行われる。この**日銀当座預金**は、日本銀行と当座預金取引のある金融機関との間の決済のためにしか利用されない。しかし、金融機関相互の資金移動や日本銀行と金融機関の取引が**日銀小切手**と**日銀当座預金振替**によって決済されるなど、中央銀行は、民間金融機関により構成される金融システムの円滑な運行を、決済

手段の提供を通じて全体として支えているのである。ここで，日銀小切手とは日銀当座預金をもつ金融機関が振り出す小切手であり，日銀当座預金振替とは日銀当座預金をもつ金融機関間の預金振替である。

　したがって，日本銀行は銀行券を発行するとともに，金融機関同士の決済をするために中央銀行預金を提供することによって，民間金融機関の決済ネットワークを支援する役割を果たしている。現在，日銀ネットによる当座預金取引では，この当座預金口座の振替がオンライン処理されている。また，資金供給のためのオペレーション，資金吸収のためのオペレーションといった金融政策も，日本銀行と金融機関との取引をつなぐ日銀当座預金を通じて行われている。

### 決済リスクと中央銀行

　近年のコンピュータによる通信技術の著しい発展の結果，決済システムのエレクトロニクス化，ネットワーク化が進展した。こうした技術進歩は大量の決済をスムーズかつ低いコストで処理できることによって，決済システムの効率を向上させたが，同時に新たなリスクを発生させている。したがって，現代における中央銀行の責任は，民間決済が円滑に行われることを支援するとともに，技術進歩によって発生した新たなリスクをできるだけ圧縮することにあるといえる。それでは現代の決済システムから発生するリスクとはどのようなものであろうか，またそのリスクはどのような手段で削減されているのであろうか。

　取引約定後，決済が予定どおり行われないことに伴うリスクを**決済リスク**という。決済は取引に対する支払が完了したときに完結するのであるから，決済リスクの大きさは，決済される金額の

大きさ（量的リスク）と決済されるまでの時間（時間的リスク）に依存しているといえる。このとき，未決済の金額と決済されるまでの時間を掛け合わせたものは**未決済残高**と呼ばれる。したがって，決済リスクは未決済残高に比例して増大することになり，その削減のためには，未決済残高を圧縮しなくてはならない。

決済システムの効率性の向上は大量の決済を短期間に行えることを可能にしたのであるから，そのとき必然的に増大する未決済残高に対する配慮がシステムのなかに組み込まれている必要がある。このため一度に決済される金額に上限を定めたり，あるいは決済されるまでの時間の短縮がはかられている。逆にいうなら，現代の中央銀行が決済金額の上限，あるいは決済時間の短縮化に注意を払うのは，決済リスクの圧縮を目的としているからなのである。

現在わが国で採用されているシステムは，**全他銀行合算のネット決済**と呼ばれ，各銀行がネット決済をした差額のみを，**図8-3**でイメージされるように中継機関を利用して決済するシステムである。そこでは，一定時間の決済を合計する時点決済（一括決済），決済金額を反対取引を利用して差額として決済する相殺，中継機関を利用する共同決済という決済の効率化を目的とした工夫が組み込まれている。

しかしながら，決済システムの効率性が増すことは，必ずしも決済リスクを減少させることを意味しない。たとえば，時点決済の集計された決済金額は，1件ずつ個別に決済が行われる即時決済の金額よりも大きいはずであるから，時点決済は量的リスクの増大となる。また，時点決済は一定時間の取引を集計するため，必然的に時間的リスクの増大にもなっている。さらに，共同決済

においても,中央のシステム自体にコンピュータ・ダウンといった問題が生じたときには,加盟銀行すべての決済に支障が及んでしまう。したがって,現代の金融システムを設計する場合には,システムの効率性と決済リスクのトレード・オフ(二者択一の関係)に配慮しなければならない。また,このとき決済リスクを誰がどのように負担するのかということも問題になってくる。

### わが国の決済リスク

わが国の決済システムは,それぞれ決済リスクをはらんでいる。たとえば,内国為替制度では,日銀の当座預金口座の振替が最終的に行われる以前に,受取人に対する支払が完了してしまう。したがって,加盟金融機関および日本銀行は,受取人に支払が済んだ時刻から当座預金勘定の振替が完了するまでの間,決済リスクを抱え込むことになる。

また,外国為替円決済制度においても,受取人の口座に入金されてから後に,金融機関同士の決済が行われるため,決済リスクが発生している。たとえば,円・ドルの取引が東京外国為替市場で行われたとき,通貨の売買はその通貨の運用・調達が便利な場所でなされるため,円の決済は東京の外国為替円決済制度によって行われ,ドルの決済はニューヨークのCHIPS(Clearing House Interbank Payment System)で行われる場合が多い。このとき,東京とニューヨークの市場がオープンしている時間には差があるため,リスクが発生している。1974年に西ドイツのヘルシュタット銀行が,外国為替取引の時間差から発生した損失のため破綻したことから,このような異なる通貨の交換の時間差に起因するリスクをヘルシュタット・リスクと呼んでいる。

こうした決済リスクを圧縮するために,一度に決済される額に

上限を設定したり，決済時間の短縮化が図られている。具体的には，全銀システムでは，**量的リスク対策**として仕向超過額（仕向合計額－被仕向合計額）の限度を各銀行が自己申告し，それに基づいて日本銀行に差し入れる担保額を決定すること，また**時間的リスク対策**として同日決済することが実施されている。外国為替円決済制度では，相対銀行ごとに**ネット受取限度額**を設定している。

### 金融システムに対する監視

わが国の金融行政は，これまで金融市場を制約し規制することで，金融システムの安定性を維持してきたといえる。戦後混乱期から復興期には，まず資金仲介機能を確立することが目的であり，実際のところ効果的な政策であった。しかし現代においては，国際的なレベルでの金融自由化の波が押し寄せ，金利が自由化され，業態間の垣根が低下するにつれて，競争制約的な政策が金融市場の発展を阻害することとなったり，あるいは規制を逃れるために金融機関が不自然な競争に走り，かえって経営リスクを高める事例が多くなった。

それぞれの国の歴史的な経緯によって金融システムは異なるとはいえ，金融市場が国際化すれば，制約的な枠組みをもっている国の金融機関が国際的競争力を失うことは当然といえる。一方，コンピュータ・通信技術の発展から決済システムの役割が飛躍的に増大したため，とくに，決済システムの円滑な運行を確保するための中央銀行の責任が重大になった。こうした環境の変化のもとで，中央銀行の金融システムに対する監視の重要性が高まりつつあるが，それでは金融システムに対する監視とはどのようなものであるべきなのだろうか。ここではその方向性について議論していくことにしよう。

そもそも，なぜ金融システムは中央銀行の監視が必要なのであろうか。金融システムの機能は，資金仲介・信用創造機能と決済機能に大別されるが，それぞれ他の市場にみられない固有のリスクを抱えている。前者においては個別の金融機関に発生した破綻が金融市場全体に広がるリスク，また後者においてはコンピュータ・ダウンといったきわめて技術的なトラブルが膨大な未決済残高を引き起こすリスク等がある。つまり金融市場には，発生当初ではシステムの一部の綻びであったものが，短期間のうちに全体に動揺を与える**システミック・リスク**の可能性が常に存在するのである。こうした現象は他の市場にはみられない。

したがって，監督当局には，システミック・リスクを発生させないという要請と，個別の金融機関に対して効率的な経済活動を行える枠組みを与えるという要請が同時に求められる。その際，両者のバランスはどのようにとられるべきものなのだろうか。

### 中央銀行による監視のあり方

個別の金融機関に対する規制や指導によっては金融システムの安定を維持することが難しくなっている以上，規制が緩和された個別の金融機関の行動は，マーケット・メカニズムによる競争原理に委ねられることになる。その際，経済活動の結果はあくまでも個別企業の自己責任に基づいていなくてはならない。つまり，市場規律のもとに，個別の金融機関で生じた問題は，あくまでも当事者間で解決すべき問題とし，安易に公的な機関が救済しないということである。

現在の中央銀行にとって何よりも大切なのは，個別の金融機関に発生した問題が金融システム全体に波及するシステミック・リスクに対処することである。したがって，中央銀行は，通常は決

済システムの円滑な運行に配慮し，問題が発生したときにはそれがシステム全体に波及しないよう防止するという立場をとり，個別の規制・指導に頼った安定化政策はとらないという理解を市場に与えることが重要になっている。個別企業の破綻・倒産は非効率な経済主体が市場から排除されるプロセスと見なせば，それは市場規律の結果であり，かえって企業間の競争の質を高めることにもなる。

したがって，金融機関に対するルールは必要最低限にすべきであり，かつその透明性が高くなくてはならないし，さらに金融機関の行動を監視する技術も高度化されなくてはならない。この見地から，金融システムの監視のあり方として，第7章で述べた金融機関に対する考査・モニタリングの役割が大きくなっている。なぜなら，こうした監視機能の向上は，マーケット・メカニズムに信頼を置く一方で，個別の金融機関に対する直接的な指導・規制に偏重することのない，最も有効な金融システムの安定化手段となりうるからである。その意味で，銀行監督は中央銀行が金融システムの安定性維持に努めるうえで重要かつ欠くことのできない機能であるといえよう。

今後の金融システムの監視については，次の事柄が重要視されている。①デリバティブといった新しい金融取引に対処できるよう考査・モニタリング技術を高度化すること，②金融取引が拡大・複雑化してきたため，個別取引のリスクに注意を払うよりも金融機関内部のリスク管理体制の監視がシステムの安定のため有効であること，③金融の国際化の結果，個別の国の問題が他国に波及しやすくなったため，国際的なレベルでの金融システムの監視体制を作り上げておくことである。

# *3* 中央銀行の独立性とアカウンタビリティ

中央銀行の独立性とは

　まず**中央銀行の独立性**とは何か，なぜ中央銀行の独立性は必要か，という疑問を明らかにすることから始めよう。すでに第4章で説明したように，われわれは管理通貨制度のもとで経済活動を行っている。中央銀行によって発行される通貨は法定不換紙幣であり，法律によって何ら他の貴金属との兌換を保証されていない紙幣を印刷し，それを流通させることが定められている。これは，財政赤字を新たな通貨の発行で賄おうとする誘惑に政府は常に晒されていることを意味している。

　一方，これまでの実証研究は，「過度の通貨供給量の増大は，短期的には生産活動を活発にし，失業率を低下させるが，長期的に実質的な経済効果はなく，インフレーションを引き起こす」ことを告げている。したがって，現代の経済学は，金融政策の景気刺激効果が一時的なものである以上，景気対策としての金融政策は控えめにすべきであることを教えている。つまり金融政策は景気に対する万能の処方箋ではなく，むしろそれだからこそ，通貨価値の安定という目標のみに施行されるべき手段であるといえる。

　このような金融政策の効果と限界から，物価安定のために金融政策を，景気変動の緩和のために財政政策をもちいるというポリシー・ミックスの重要性が強調されてきた。これはマンデル（R. A. Mundell）によって主張された**政策割当ての原理**（principle of assignment problem）に基づいている。ところが現実には，金融政

策に通貨価値の長期的安定以上の負担を強いる場合が多い。その1つの理由は，一見したところ金融政策のほうが財政政策よりも機動性に富むからである。財政政策の計画・変更には時間がかかり，議会の承認も必要となる。したがって，金融政策は短期的な景気刺激策として利用されがちである。このことは，短期的な目的を達成するために，政府が恒常的なインフレ政策をとり続ける原因となる。

このようにみていくと，政府が財政政策によって経済的成果を実現しようとする行為と通貨価値の安定という目標が，必ずしも整合的に一致するとは限らない。この結果，ポリシー・ミックスの前提条件が崩れ，実際には金融政策に本来の機能以上を求め，インフレを引き起こすというのが，すべての国家に共通したパターンであった。したがって，政府の活動がインフレ政策に陥りやすいという傾向をもつ以上，インフレに対処するために長期的な視野から政策を決定するという意味での独立性が，中央銀行に与えられていなくてはならないことになる。

### アカウンタビリティとは

独立性の対価として，中央銀行に何が求められるのであろうか。われわれの社会が三権分立に基づき相互にチェックし合い，そのバランスのうえに成り立っている以上，完全に独立した権限をもった機関が成立してよいわけはない。独立性には必ずその範囲が規定されていなくてはならず，また行為に対する責任が義務づけられていなくてはならない。また，究極的には，その独立性が国民の手に帰することが保障されていなくてはならないであろう。とくに現代の中央銀行には，独立性の対価として自らの行動について国民の信認と理解を得る必要性が高まっている。

そもそも中央銀行が「通貨価値の安定」に責任をもち，かつその実現に成功しているという「信認」があれば，人びとはインフレ期待をもつこともなく，慎重な経済活動を行うであろう。これに対して，中央銀行が景気刺激を言い訳に緩和政策をとり続ければ，人びとはインフレを前提とした活動を行い，経済は長期的なインフレに陥ってしまう。

中央銀行がこうした信認を得るためには，何が必要であろうか。金融政策の効果・限界を思い出してみると，中央銀行は「一時的な状況に応じてたやすく政策を変更することがなく，長期的な目的をもって政策運営を行っている」ことが重要になる。そのためには，中央銀行の目的が明確でなくてはならないし，さらに困難な選択あるいは政策変更を行うとき，その決定プロセス・理由を説明する必要が生じてくる。

中央銀行が，自らの政策の意義と，その決定理由について第三者に説明する責任はアカウンタビリティ（accountability）といわれている。通貨価値の安定を維持するために，中央銀行に独立性を与える必要があることはすでに述べたが，その独立性の対価として，中央銀行は政策やその決定のプロセスを自ら政府・議会・国民に説明し，納得させる責任を負っているともいえる。たとえば，アメリカの連邦準備制度は大統領の指示を受けないが，議会に対する報告義務があり，議長は上下院銀行委員会で証言しなくてはならない。

独立性とアカウンタビリティの関係

中央銀行の独立性とその対価としてのアカウンタビリティについて述べてきたが，それでは，中央銀行はどの程度独立的であるべきなのだろうか。また独立性とアカウンタビリティとはど

のように関連しているのだろうか。

　中央銀行が行う政策を効果的なものにするためには，何よりも中央銀行に対する理解，信認が十分でなくてはならないが，そのためには中央銀行の目的が明確であり，かつ政策決定のプロセスが透明であることが求められる。この中央銀行の行動に対する理解，信認の程度は，どのように中央銀行の目的を規定するかに依存しているといえる。

　中央銀行は，物価の安定のみに責任をもてばよいのであろうか。それとも物価の安定のみならず，それ以外の政策目標にも関与すべきなのであろうか。中央銀行の目的が「物価の安定」のみであるというようにきわめて狭い範囲に制限してしまえば，政策目的が単純明快になり，政策決定に対する理解も得やすい。これに対して，中央銀行の担う政策権限を物価安定，銀行監督，さらに景気対策をも含めるというように拡大するに従って，その目的は拡散し，より政治的な判断が政策決定に影響することは明らかである。つまり政策権限が拡大すれば，目的も多様化し，必然的に結果のトレード・オフを斟酌しなければならなくなる。その結果，中央銀行のアカウンタビリティは曖昧になってくるし，中央銀行に対する信認も揺らいでしまう。われわれは中央銀行の目的の範囲をどの程度にまで規定すべきなのだろうか。

### 独立性の現状

　この疑問に対する各国に共通した解答は今のところない。中央銀行制度が社会や経済の発展を支えるインフラストラクチャーの1つであるという認識からすれば，近代社会システムの一部として各国に共通一致した目的が定められてしかるべきであろう。これに対して，中央銀行制度は，政治的動機や経済的必然性あるいは歴史的偶然から，

19世紀末から発展してきた制度的枠組みということを考えれば,それぞれの国に固有の目的をもった中央銀行が存在するのが当然ということになる。

　もっとも,実態として欧米主要国やわが国においては,**価格・物価の安定**とともに**金融システムの安定性維持**に努めている中央銀行が多い。というのも,両者は相互に補完関係にあり,いわば「車の両輪」としてはじめてその機能を十分に果たすことができると考えられるからである。つまり通貨価値の変動によって経済が混乱すれば,信用秩序も動揺し,金融システムに悪影響が及ぶことは当然懸念される。またひるがえって,金融市場の枠組みを提供する金融システムが不安定であるとき,通貨価値が大きく変動することは当然予想されるからである。

# 4　金融危機とマクロ・プルーデンス政策

マクロ・プルーデンス政策

　1987年のブラック・マンデー以降,数年の周期で金融危機が繰り返される事態が発生している。それまでの経済問題は,たとえば1973年の石油危機に代表される資源価格の高騰が一般物価水準を引き上げるコストプッシュ・インフレであった。しかしブラック・マンデーを契機として,物価が安定していて一見経済が良好にみえる状態(これを**大いなる安定**と称する)にバブルが生成され,突如として金融危機に至る現象が繰り返し発生するようになった。ここではとくに,2008年9月のリーマンショック以降,グローバルな金融危機において注目されているマクロ・プ

ルーデンス政策の考え方を整理してみよう。

そこで最初にミクロ・プルーデンスの考え方を振り返ってみる。ミクロ・プルーデンスとは，金融システムの安定を実現するためには，まず個別の金融機関の健全性を確保し，次に個別の金融機関に問題が生じても，それが他の金融機関に波及しないようにファイアーウォールを設定しておくという考え方である。第7章「金融システムの安定性と監督・規制」で解説した伝統的なプルーデンス政策は，個別の金融機関の破綻が金融市場全体に波及することの防止という考え方に基づいているため，ミクロ・プルーデンスとして捉えてもよいであろう。

これに対してマクロ・プルーデンスとは，金融システムを金融取引のルール・制度のみならず，金融機関および市場参加者の相互依存関係を考慮した概念と定義するとき，金融システム全体のリスクを評価し，その削減を図る施策をいう。したがってミクロ・プルーデンスとマクロ・プルーデンスは，視点が異なるものの，金融システムの安定という共通した目的から相互依存関係にある。

そこで金融システム全体のリスクをどのように評価したらよいのであろうか。1つのアプローチとして横断的リスクと時系列的リスクという評価軸をここで採用してみよう（詳しい解説は白川〔2009〕を参照）。**横断的リスクの評価軸**とは，ある時点における金融システムを評価する視点をいう。金融機関は総じて同じポジション（ポートフォリオ）を採用する傾向があり，そのため資産価格に大きなショックが起こったとき，流動性を確保しようとする群集行動的現象が発生する。市場参加者が集団的に同じ行動をするとき，金融システムに大きな影響を及ぼす。とくに金融機関が

同一のリスク管理手法を採用していれば，こうした影響はいっそう増加する。

これに対して**時系列的リスクの評価軸**とは，時間の経過に伴って金融システムにおけるリスクの許容度が変化することをいう。経済が良好な状態にあるとき金融機関はリスクテイクに積極的になり，逆に不況期にはリスクの許容度は低くなる。安定した物価のもとに経済成長が持続していると見なされる状況（大いなる安定）が長く続けば，市場参加者は積極的なリスクテイク行動を採用する。こうした金融機関の行動はマクロ景気循環を増幅する傾向があり，**プロシクリカリティ**（pro-cyclicality: 景気循環増幅効果）と呼ばれる。プロシクリカリティの抑制という観点は，第7章で説明したバーゼルⅢや第9章で述べるドッド゠フランク法に反映されている。

以上の観点から，マクロ経済の概念図の中で，マクロ・プルーデンス政策においてモニターすべきポイントを図 **8-4** で示してある。①まず個別の金融機関の行動に共通してみられる傾向の把握，②次に金融機関の動向が金融市場全体にどのように作用しているか，③さらに金融機関の傾向と金融市場の相互作用がどのようになっているか，④以上を総称した金融システムと実体経済の相互作用を調査・分析することが，マクロ経済全体にわたるリスクの評価ポイントになるであろう。

> 金融危機対策

それでは金融危機対策としてどのような手段が考えられるのだろうか。問題は，良好な経済状況とバブルとの識別が困難な点にある。金融危機は予測できるのだろうか。グローバルな金融危機（2008年）以前の各国の中央銀行の立場は，バブルの発生の予測は不可能である

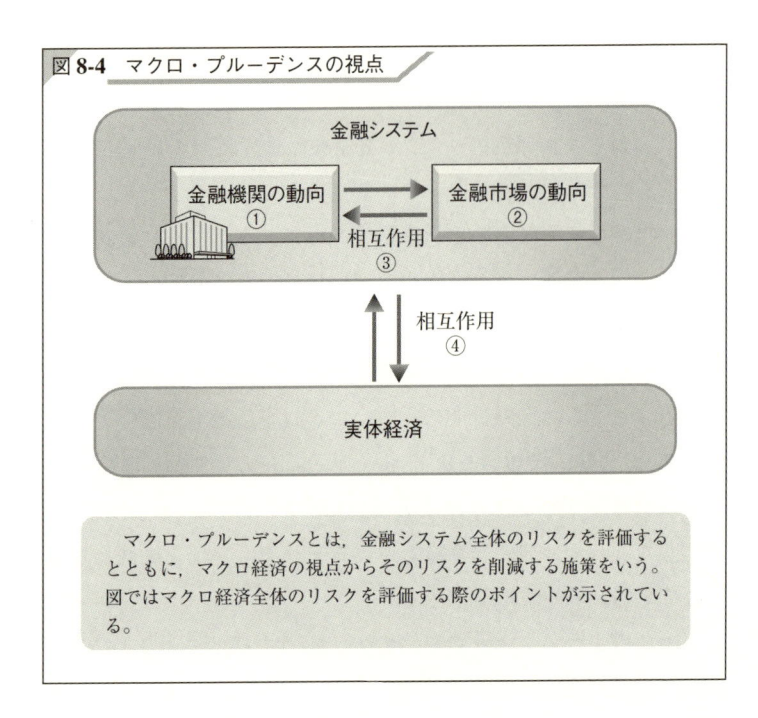

図 8-4 マクロ・プルーデンスの視点

```
金融システム
  金融機関の動向 ① ⇄ 金融市場の動向 ②
         相互作用 ③

         ↕ 相互作用 ④

  実体経済
```

マクロ・プルーデンスとは，金融システム全体のリスクを評価するとともに，マクロ経済の視点からそのリスクを削減する施策をいう。図ではマクロ経済全体のリスクを評価する際のポイントが示されている。

という立場と，事前にバブルを予測して回避しようとする立場に分かれていた。前者はFRB viewと呼ばれ，「金融政策は資産価格に割り当てられるべきではなく，バブルが崩壊した後に積極的な金融緩和を行うことで対処すべきである」という政策運営手段である。これに対して，後者はBIS viewと称され「バブル崩壊後に発生する経済へのマイナスの影響の大きさを考えると，金融政策はバブルの発生を回避することに努めるべきである」という考え方である（詳しくは白川〔2008〕参照）。

バブルの発生を初期の段階で認識できるか否かについては統一的な見解があるわけではない。しかし予測が難しいにもかかわらず，グローバルな金融危機を経験した現在においては，バブルお

よびその発生についてより注意深い検討が必要になっている。日本銀行の「金融政策運営の枠組み」の第2の柱には，「発生の確率は必ずしも大きくないものの，発生した場合には経済・物価に大きな影響を与える可能性があるリスク要因についての点検」という文言があり，これをバブル発生を予知する触覚と見なすこともできるだろう。またECB（欧州中央銀行）の2つの柱のアプローチの**金融分析**（monetary analysis）の部分を，バブルの発生および予防に対する配慮と読むこともできる。さらに日本銀行の通常業務におけるオーバーサイトも金融システム全体のリスクを評価する重要な要素となっている。

　以上，金融政策運営の側面からマクロ・プルーデンス政策を解説してきたが，プロシクリカリティの問題は，制度設計の側面からも検討されている。バーゼルIIIではプロシクリカリティの視点から見直しが行われていることを第7章では解説した。それ以前の自己資本比率規制においては，良好な経済環境の下で市場リスクを過小評価し，不況期では逆に市場リスクを過大評価してしまい，そうした金融機関の行動が実体経済の景気変動を増幅させるという問題があることが明らかになった。こうした問題を緩和（カウンターシクリカル）するために，金融機関に対するリスクの評価期間を長くする，金融機関が経済環境の良好なときに自己資本を積み増して景気の悪化に備えるように自己資本比率規制を運用する仕組み（これを**資本バッファー**という）を導入している。

### *Column* ⑰　危機管理モデル

　第7章で説明したように，LLRというと，通常は流動性不足に陥った個別銀行に対する救済策としての役割を担ってきた。中

央銀行が個別銀行に一時的に流動性を供給する伝統的な政策を**狭義のLLR**と呼ぶのに対して、金融危機が発生したとき、中央銀行が金融市場に潤沢な流動性を供給することを**広義のLLR**と呼ぶことにしよう。広義のLLRは、1987年のブラック・マンデーの際、FRB議長就任直後のグリーンスパンが金融市場に大量に流動性を供給することで、危機を短期間に収束させたことが始まりである。この対策は**危機管理モデル**と称され、その後の金融危機に対する雛形となった。

危機管理モデルからは、公開市場操作を採用することで、①供給した資金を吸収することが容易である、②資金を取り入れるか否かの判断を金融機関の自主性に委ねることができる、というメリットを享受できる。つまりこの手法は、金融危機に際し政策当局が個別金融機関を救済することや、株式市場に介入することを巧みに回避しているといえる。

危機管理モデルはなぜ効果があるのだろうか。金融危機の事態においては、担保として提供した債券価格の暴落から、金融機関は資金不足分を補うためにさらなる債券の投げ売りに走る。流動性不足の状態にあるとき、資金を供給する主体はいないからである。広義のLLRは、民間取引からは資金を調達できない金融機関に資金を供給することを意味する。

ところがその一方で、近年、定期的に金融危機が発生する事態が起きている。ブラック・マンデー以降で発生した金融危機に、1994年のメキシコ通貨危機、97年のアジア通貨危機、98年のロシア財政危機とLTCMの破綻、2000年のITバブル崩壊がある。金融危機は常に市場流動性の不足から発生するため、危機管理モデルは、金融危機の度に採用されている。しかし大量の流動性を市場に供給する危機管理モデルは、金融危機に対処する有力な手段となる一方、大量の流動性供給は必然的に次のバブルの遠因ともなっている。

## Column ⑱　わが国最初の紙幣は山田羽書

現存する史料から判断すると，1600年ごろから伊勢山田地方で流通していた山田羽書(はがき)が日本最古の紙幣であると考えられる。この山田羽書は，伊勢山田の商人（神職を兼ねる）がその経済的信用力に基づいて発行した銀建ての小額紙幣であり，明治初頭まで約300年の間，地方貨幣として間断なく利用されていた。

伊勢山田地方には伊勢神宮があり，毎年，多数の人びとが参詣のため，同地を訪れていたことから，銭貨に対する需要も巨額なものとなっていた。これに対し，銭貨の供給は必ずしも円滑ではなかったため，山田地方では慢性的に銭貨不足の状態にあり，その解決策として紙幣＝私札の導入が考案されたのであった。

このように山田羽書は商人札として自然発生的に登場したが，その後，寛永期から三方会合所と称される自治行政機関の管理下に置かれ，幕府公認のもとで発行制度が整備されていった。金・銀・銭貨という正貨以外の使用を認めなかった幕府が，その直轄地である伊勢山田地方において羽書という紙幣の流通を江戸時代を通じて公認していた点は興味深い。

ちなみに，世界最古の紙幣は，10世紀に中国は四川地域で発行された交子(こうし)と呼ばれる鉄銭の預り証である。ヨーロッパ地域での最初の紙幣はイギリスの金匠手形（Goldsmith Note）であり，これらをあわせて考えると，紙幣は中国，日本，ヨーロッパ諸国の順で登場したということができる。紙幣の登場・普及は，紙の製造技術や印刷技術とも密接に関連しており，中世までの間，これらの技術面では東洋のほうがはるかに先進的であったという点を踏まえて考えると，当然のことともいえる。しかしながら，どういうわけか，中国における貨幣・金融の歴史も日本のそれと同様にこれまであまり紹介されていない。このため，貨幣・金融史についてもヨーロッパ中心の歴史観が知らず知らずのうちに醸成されたといえるのではないか。

## 参考文献

鹿野嘉昭〔2006〕『日本の金融制度（第2版）』東洋経済新報社。

白川方明〔2008〕『現代の金融政策――理論と実際』日本経済新聞出版社。

白川方明〔2009〕「マクロ・プルーデンスと中央銀行」日本銀行ホームページ。

日本銀行金融研究所編〔2011〕『日本銀行の機能と業務』有斐閣。

Alesina, A. and Summers, L.〔1993〕"Central Bank Independence and Macroeconomic Performance: Some Comparative Evidence," *Journal of Money, Credit and Banking*, Vol. 25, No. 2.

# 第9章 アメリカ，カナダの金融システム

**包金銀**
*江戸時代，大口取引の決済手段として，金銀貨を紙で包装した包金銀が利用されていた。*

　金融のグローバル化の進展はまた，各国の金融制度が競争状態に置かれるようになったことを意味している。それゆえ，各国とも，金融システムの設計に際しては，国内的な事情のほか，規制・監督の国際的な整合性にも配慮しなければならなくなっている。そして，日本の金融システムの今後を議論するに際しては各国の金融システムについての知識が不可欠となっている。

　本章および次章では，欧米主要国の金融システムについて概説する。アメリカの場合，金融システムの大枠は 1930 年代に，地方分権という建国精神を基本としつつ金融資本による産業支配の防止を目的として構成された。このため，1980 年代前半までは競争制限的な規制が適用されていたが，その後，自由化が大きく進んでいる。一方，カナダでは，1980 年代後半，自国銀行の競争力確保を狙いとして大胆な制度改革が実施された。

# 1 アメリカの金融システム

> 大恐慌以前の金融システム

アメリカの金融システムを鳥瞰的に眺めたとき，比較的自由に発達してきた金融市場が大恐慌で大きな痛手を受け，その教訓から競争制限的な金融システムが構成される段階と，そこで確立した枠組みが経済環境の変化から制度疲労を起こし，1970年代後半以降に金融制度改革をむかえる段階とに分けて考えてみるとわかりやすい。

まず，アメリカの金融システムの特徴を歴史的に説明していこう。アメリカの金融システムは国家の成立過程・発展に性格づけられている。当初アメリカで開設されたのは州政府の監督下にある**州法銀行**（state bank）であった。それぞれの州は，設立要件を満たしさえすれば自由に銀行を設立できるフリーバンキングを採用していたため，州法銀行の数は増大し，またこれらの銀行が独自に発行する銀行券の種類も増大していった。アメリカの歴史は開拓の歴史でもあるから，当時の不十分な州政府の監督のもとにおいては，辺境に銀行を開設し，信用の裏付けのない大量の銀行券を発行したまま逃亡する経営者が後を絶たなかった。こうした銀行は**山猫銀行**（wildcat bank）と称されている。

また，弱小銀行が乱立し，中央銀行も存在しなかったこの時代には恐慌も頻発した。州法銀行の多産多死の問題と，それぞれの銀行が異なった銀行券を発行することから発生する煩雑さに対処するため，**全国通貨法**（National Currency Act）によって連邦政府

が国法銀行（ナショナル・バンク）を認可することができるようになったのは1863年からである。翌年にこれは**国法銀行法**(National Bank Act) に改正された。このほか、通貨である**グリーンバック**（裏が緑色で印刷されていることからドル紙幣をこのようにいう）が発行されたのは1862年である。この結果、アメリカにおいては、州法銀行と国法銀行からなる**二重銀行制度**（Dual Banking System）が成立することとなった。二重銀行制度は、アメリカにおいて監督当局が複雑に入り組み、規制措置の煩雑さを生み出す問題の原因になった。

**本店銀行制度**　さらに、アメリカの金融システムが州法銀行から出発していったことは、支店設置を制限する**本店銀行制度**が発達する原因にもなった。これは**単一銀行制度**（Unit Banking System）とも呼ばれている。後の1927年の**マックファーデン法**（McFadden Act）は、国法銀行にも州を越えて支店設置をすることを禁じ（**州際業務規制**）、州法銀行と同列に並ばせようとするものであった。このため、アメリカでは本店のみで支店を有しない、あるいは支店数がきわめて少ない銀行が多数発生することになった。現在においても、全国に支店をもつ都市銀行が存在する日本・カナダと比較して、アメリカには零細規模の小銀行が多数存在しているのである。後述する銀行持株会社の設立は、こうした地理的業務制限規制を逃れるための手段と見なすことができる。

　また、アメリカの中央銀行である連邦準備制度の設立は1913年であり、他の国々と比較してきわめて遅い。それ以前には、1791年に政府のための銀行である**第一合衆国銀行**（First Bank of the United States）が20年の時限立法のもとで創設された。しか

しこの第一合衆国銀行は更新されず，1816年から36年まで新たに第二合衆国銀行（Second Bank of the United States）が設立されたものの，継続されなかった。その後アメリカでは中央銀行のない時代が20世紀初頭まで続いたのである。イギリスでは1844年のピール条例でイングランド銀行が中央銀行として発足していたし，わが国でも1882年（明治15年）に日本銀行がすでに開設されていた。しかも設立時にアメリカで発足したのは12の連邦準備銀行からなる制度であり，まだ一元化された政策をとる組織体ではなかった。これは，アメリカの建国の成立過程で最初に州単位での行政が確立していったことから，権力が集中することを嫌う国民性があったことによる。

### 大恐慌の教訓から構成された競争制限的な金融システム

大恐慌というと私たちは1929年10月24日の株価暴落（いわゆる暗黒の木曜日）ばかりを思い浮かべるが，実体はその後の3次にわたる銀行恐慌（第1次銀行恐慌〔1930年10月〕，第2次銀行恐慌〔1931年3月〕，最後の銀行恐慌〔1933年3月〕）が経済に及ぼした悪影響のことを指している。アメリカの金融システムは大恐慌の経験を踏まえて1930年代に確立された。この時期は，**国法銀行時代**（1864～1913年）に頻発した金融恐慌，また連邦準備制度が設立されていたにもかかわらず発生した大恐慌の反省から，政府が金融市場に本格的に介入し，規制していく過程と見なされる。

さて，大恐慌の教訓から，金融機関間あるいは銀行間の無制限な競争を抑制することを目的としていくつかの規制が導入された。1933年の**グラス＝スティーガル法**（Glass-Steagall Act）により，商業銀行が投資銀行活動を行うことを禁じた（銀行・証券の分離）。

銀行に対して証券業にまたがる営業を規制したのは，預金者と投資家との間に利益の対立が起こりやすいことを懸念したためである。とくに，複数の利害関係者のうち特定のものだけの利益を優先する事態のことを**利益相反**（conflict of interest）という。たとえば，銀行が自ら融資している業績不振会社に社債を発行させ，資金を引き揚げることなどが挙げられる。

さらに，**レギュレーションQ**（Regulation Q）では，銀行の預金金利に上限が設定された（預金金利規制）。要求払預金については無利子とする一方，貯蓄・定期預金については最高金利に対する規制を課していたのであった。これは，預金獲得のためにリスクの限度額を超えた高い金利を銀行が提示することに配慮した規制といえる。また，すでに触れた州際業務を禁止する**マックファーデン法**（1927年）も，銀行業務に地理的な制限を課すことによって過度の拡張主義を封じ込めることを目的としていた。いずれも金融機関同士が過度の競争に走ることを防止する競争制限規制であった。

> 預金保険制度の創設

このときの改革でその後のアメリカの金融構造を基礎づけたものに**預金保険制度**がある。1933年に連邦政府は**連邦預金保険公社**（FDIC, Federal Deposit Insurance Corporation）を設立し，政府および商業銀行を主とする加盟銀行があらかじめ一定の出資を行い，その基金によって加盟銀行の預金者に対して一定額の預金支払を保証した。

預金保険制度の効果は絶大であり，預金保険制度成立以後，銀行倒産件数は激減した。その理由として，加盟銀行はFDICの監査を受けることを義務づけられ，投機的な投資活動が抑制されたこと，銀行に預けられている預金の安全性が保証されたことなど

が挙げられる。とくに，後者は金融の安定化に大きく貢献した。なぜなら第7章で説明したように，金融不安の端緒となる銀行取付けは銀行経営自体の悪化が原因であるばかりでなく，たとえ健全な営業をしていたとしても発生する可能性を秘めているからである。しかし，この時期成立した預金保険制度は預金の一定額しか保証しないと定めていたにもかかわらず，実質的には全額保証の意味合いをもっていたので，次節で説明するように1980年代における**貯蓄貸付組合（S&L）**の大量破綻の遠因となった。

　一方，連邦準備制度内の権限の一元化もこの時期に行われた。フリードマンとシュヴァルツは彼らの著書において，当時ニューヨーク連銀と他の連銀との政策上の意思統一ができなかったこと，また当時の連邦準備制度が「中央銀行による最後の貸し手機能」の役割を十分果たせなかったことが，1930年代の銀行恐慌に拍車をかけたと主張している。こうした反省から連邦準備制度内の権限は，ワシントンの理事会に集中することとなった。さらに，連邦準備制度において金融政策の手段である公開市場操作の方針を決定する**連邦公開市場委員会**（FOMC, Federal Open Market Committee）もこのとき整備された。

　また，大恐慌時の株価大暴落の反省から，証券市場の制度もこの時期に確立されている。1933年証券法は発行証券の情報公開を義務づけ，34年証券取引法は証券業者の不正行為・インサイダー取引の禁止を定めている。証券業界を監督する**証券取引委員会**（SEC, Securities and Exchange Commission）はこのとき設立された。また，小口の間接証券（出資証券と呼ばれる）を発行し，それによって得た資金を大口投資する投資会社（investment company）も1940年の投資会社法によってSECの規制監督下に

置かれることとなった。

> 金融機関の概要

1970年代後半からの改革を迎えるまで、アメリカの金融市場はこの時期に確立した枠組みに基づいていた。ここでアメリカの金融機関の主なものを理解しておくことにしよう。その概観は図 9-1 に描かれている。

(1) **連邦準備制度**（FRS, Federal Reserve System） 1913年に設立されたアメリカの中央銀行は**連邦準備制度**と総称され、通常 "Fed"（フェッド）と呼ばれている。Fed は、12 の**連邦準備銀行**（連銀、Federal Reserve Banks）とこれを統括する**連邦準備制度理事会**（FRB, Board of Governors of the Federal Reserve System）等からなっている。FRB は 7 名の理事から構成され、大統領が指名し、議会の承認のうえ任命される。理事の任期が14年とかなり長いのは、中央銀行の独立性に配慮しているためである。これに対して議長、副議長は、理事会のなかから同様の手続きで任命され、任期は4年である。

また、公開市場操作を施行する機関として、12名からなる連邦公開市場委員会（FOMC）があり、その構成員は FRB の7名、12の連銀総裁のうち5名の計12名である。ただし、実際に公開市場操作を行うのはニューヨーク連銀であるため、5名のなかにはニューヨーク連銀総裁が必ず含まれている。

(2) **商業銀行**（Commercial Bank） 商業銀行は、要求払預金・貯蓄預金・定期預金・信託業務によって資金を集め、企業を対象に商業貸付、あるいは個人を対象に住宅抵当貸付・消費者金融として貸し出す業務を行っている。

(3) **銀行持株会社**（BHC, Bank Holding Company） **銀行持株会社**とは、銀行あるいは銀行業と密接に関係のある会社の株を大量保

*1 アメリカの金融システム* 245

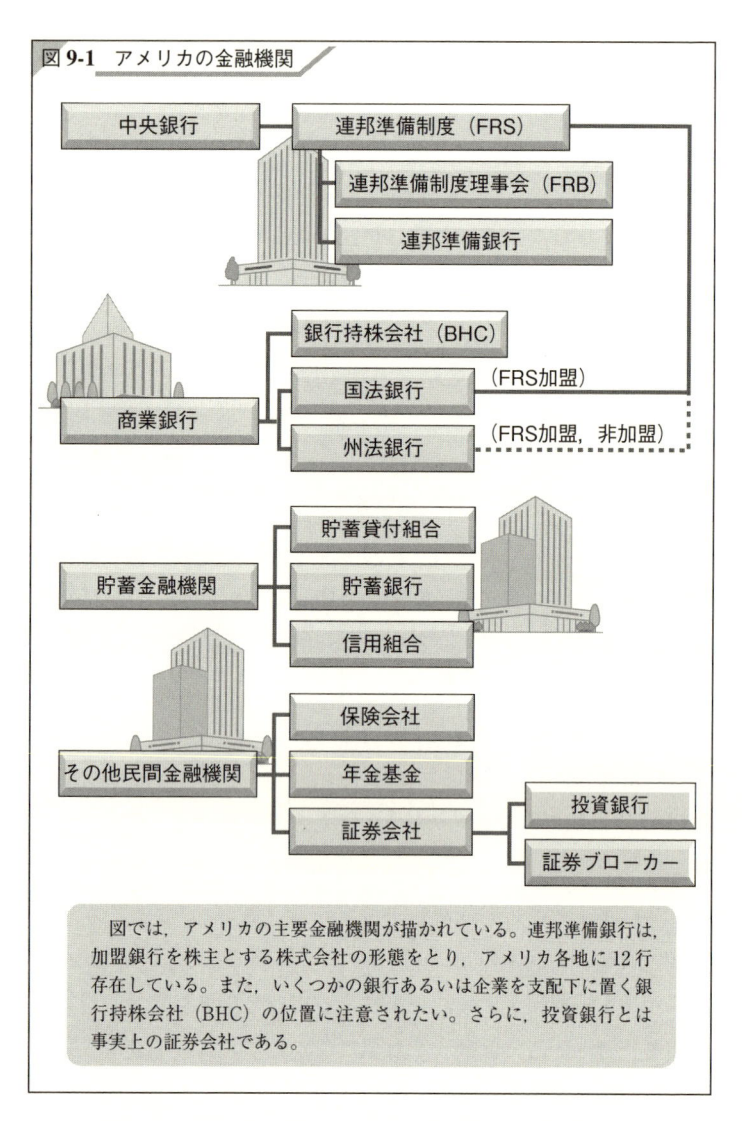

## 図 9-1 アメリカの金融機関

- 中央銀行 — 連邦準備制度（FRS）
  - 連邦準備制度理事会（FRB）
  - 連邦準備銀行
- 商業銀行
  - 銀行持株会社（BHC）
  - 国法銀行（FRS加盟）
  - 州法銀行（FRS加盟，非加盟）
- 貯蓄金融機関
  - 貯蓄貸付組合
  - 貯蓄銀行
  - 信用組合
- その他民間金融機関
  - 保険会社
  - 年金基金
  - 証券会社
    - 投資銀行
    - 証券ブローカー

図では，アメリカの主要金融機関が描かれている。連邦準備銀行は，加盟銀行を株主とする株式会社の形態をとり，アメリカ各地に12行存在している。また，いくつかの銀行あるいは企業を支配下に置く銀行持株会社（BHC）の位置に注意されたい。さらに，投資銀行とは事実上の証券会社である。

有し，所有・支配する会社である。傘下の銀行が1つの場合は単一銀行持株会社，複数の場合は複数銀行持株会社と呼ばれる。

図 9-2 アメリカの銀行監督機構

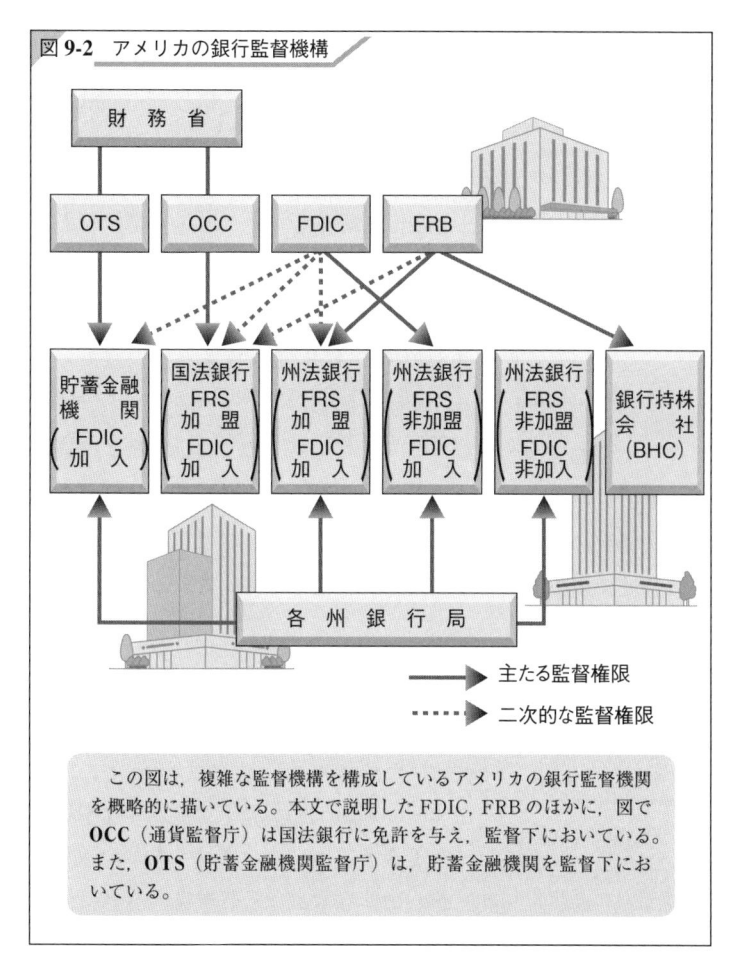

```
          財 務 省
    ┌────┬────┼────┬────┐
   OTS  OCC  FDIC  FRB
```

| 貯蓄金融機関(FDIC加入) | 国法銀行 FRS加盟 FDIC加入 | 州法銀行 FRS加盟 FDIC加入 | 州法銀行 FRS非加盟 FDIC加入 | 州法銀行 FRS非加盟 FDIC非加入 | 銀行持株会社(BHC) |

各 州 銀 行 局

▶ 主たる監督権限
▶ 二次的な監督権限

> この図は，複雑な監督機構を構成しているアメリカの銀行監督機関を概略的に描いている。本文で説明したFDIC, FRBのほかに，図で**OCC**（通貨監督庁）は国法銀行に免許を与え，監督下においている。また，**OTS**（貯蓄金融機関監督庁）は，貯蓄金融機関を監督下においている。

(4) **貯蓄貸付組合**（S&L, Savings and Loan Association）　S&L は，小口の貯蓄性預金を集め，それを住宅抵当貸付にあてることを目的として設立された協同組織形態の金融機関である。連邦貯蓄貸付公社（FSLIC, Federal Savings and Loan Insurance Corporation）は S&L の預金保険機関である。

さらに，賃金労働者を対象として東部諸州で発達した**貯蓄銀行**（savings bank），住宅ローン以外の消費者金融機関としてクレジット・ユニオン等がある。その他の金融機関として，生命保険会社，損害保険会社，年金基金等がある。

　また，主要な証券会社として**投資銀行**（investment bank）がある。投資銀行とは銀行ではなく，証券発行の引受・販売業務を行っている会社である。たとえば，J. P. モルガンは，グラス゠スティーガル法によって，商業銀行であるJ. P. モルガンと投資銀行であるモルガン・スタンレーに分離した。

　これら金融機関を監督するためにアメリカでは，**図9-2**に描かれる機構が構成されている。この図が示すように，アメリカの銀行監督機構がかなり複雑になっているのは，すでに説明した二重銀行制度に象徴される歴史的経緯に基づいている。

## 2　アメリカにおける金融システム改革

**資金循環構造の変化**

　前節で説明してきたように大恐慌の経験を踏まえて確立したアメリカの金融システムは，二重銀行制度とそれに伴う複雑な監督機構のもとにきわめて強い制約を受けていた。州際業務の禁止（マックファーデン法），銀行・証券の分離（グラス゠スティーガル法），預金金利規制（レギュレーションQ）によって金融機関の間の競争を抑制し，さらに預金保険制度によって金融機関の信頼を保証することで，金融市場の安定を図っていたのである。競争制約的な制度は市場効率を阻害するため，こうした制度は経済効率の犠牲とひきかえに

市場の安定性を得ていたともいえる。

この規制のうえに構築された金融システムは，経済環境の変化から制度疲労を起こし，1970年代後半から「金融革命」とも称される改革を余儀なくされる。この金融革新は，経済環境の変化に対処するために政府が規制を緩和していく過程であると同時に，コンピュータの技術進歩に代表されるエレクトロニクス化によって商業銀行が規制を逃れていく過程ともいえる。その目的は，決済手段を供給する費用や，決済のために用いる時間と費用を節約し，市場を効率化することにあった。これを，第4章「貨幣と決済」で説明したように決済手段の発達とともに鋳造貨幣から法定不換紙幣，あるいは手形・小切手への発達という大きな歴史的流れの一環とみることもできよう。ただその発達がコンピュータと通信技術の発達に基づくものであり，その急速な環境変化が金融市場に与えた影響は史上例がない大きさであった。

とくに，1970年代後半の金利上昇期に，金利規制されている銀行預金から，より高い金利を求めて証券関連商品に資金が流失してしまう現象が顕著に現れた。こうした資金循環構造の変化によって銀行の相対的競争力が低下してしまうことを打開するために，金融システムが自由化されていったのである。また，制約的な枠組みのなかに置かれている民間の金融機関の立場からすれば，技術革新によって規制を回避する手段を見いだすことは急務であった。

一方，預金保険制度は，設立当初の目的とは異なり，モラル・ハザードを引き起こし，1980年代に貯蓄貸付組合の大量破綻を招いた。1990年代に入ってアメリカの金融システムは，預金保険制度を中心に大きく改革された。以下では，1930年代までに

確立した規制を連邦政府が緩和する，あるいは金融機関が規制を回避しようとすることがアメリカの金融システム改革の原動力となったことを説明していこう。

### 規制からの逃避

地理的業務規制，業際分野規制を逃れるために，どのような手段が用いられてきたのであろうか。銀行持株会社（BHC）は商業銀行を所有する法人として支店設置規制を逃れ，複数店舗を営業することを目的に20世紀初頭から発達してきた。BHCは，コマーシャル・ペーパー（CP）を発行することで資金を集め，いくつかの独立した銀行を買収して支配下に置いていった。CPとは，有名大企業が運転資金を調達するため手形の形式で振り出す短期の無担保約束手形である。したがって，銀行の地理的業務規制を逃れるために発達したのは複数銀行持株会社であった。

BHCに対する規制は1956年の**銀行持株会社法**（Bank Holding Company Act）によって初めて導入されたが，このとき対象となったのは複数銀行持株会社のみであり，単一銀行持株会社は規制外であった。つまり，単一銀行持株会社の形態をとることにより，銀行であれば禁止された業務に参入できることを意味したのであった。そのため1960年代後半に至って単一銀行持株会社は，業務多様化を目的として企業買収をすることとなり，急速な成長をとげた。1968年に創業されたシティコープ（Citicorp）はその代表例である。

このように銀行持株会社は，支店設置規制を逃れることを目的とした複数の銀行を保有する伝統的タイプのものと，近年増加した非銀行業務参入を目的とした1つの銀行を保有するタイプのものがある。前者は支店設置規制を，後者は業務分野規制を合法的

に逃れることを目的として発達してきたことに注目されたい。現在，大手の銀行のほとんどがBHCの形態で運営されている。とくに，1987年にFRBがBHCに証券業参入を認めたことから，グラス＝スティーガル法の形骸化はいっそう進むこととなった。当時の代表的なBHCにはシティコープ，バンカメリカ，チェース・マンハッタン，J. P. モルガン等があった。

> ディスインターミディエーション（金融仲介離れ）

　1970年代に入ると，金融市場効率化のために預金金利規制は次第に緩和・撤廃の方向に向かった。一方，民間金融機関も規制を逃れるためにいくつかの金融商品を開発していった。

　まず，コンピュータと通信技術の発達を利用して新たな金融商品を創設したのは，金利規制を受けていない証券会社であった。1971年に創設されたMMF (Money Market Mutual Fund) は，小切手を振り出せるという特徴をもった小口資金を，高利回りの短期金融資産に運用する投資信託である。1977年にアメリカ最大の証券会社であるメリルリンチが，MMFを利用したCMA (Cash Management Account) を新しい金融商品として売り出したことからMMFは急増した。CMAは，証券預かり口座を開いた顧客の資金が自動的にMMFに運用され，小切手，クレジット・カードの使用といった決済機能，証券を担保とした融資機能が可能となる金融商品であった。

　こうした証券会社の金融商品は，1970年代後半のインフレーションのもとで市場金利が高騰したため，金利が規制されている銀行預金よりも大きく優位に立つこととなった。その結果，銀行預金は，証券会社が創設した金融商品へと大きくシフトした。この現象はディスインターミディエーション (disintermediation〔金融

仲介離れ]）と呼ばれている。

> 預金金利規制の段階的撤廃

この事態に対して，銀行はどう対処したのだろうか。1972年にマサチューセッツ州の貯蓄銀行に認可されたNOW勘定 (Negotiable Order of Withdrawal) は，貯蓄預金であっても，利子付きの小切手類似のNOW（譲渡可能性支払指図書）を振り出すことができるという特徴をもっていた。つまり，NOW勘定は，実質的に利子付き当座預金の性格をもち，利子率の上限規制を逃れることを目的とした金融商品であった。NOW勘定はニューイングランド諸州を中心に普及していったが，認可されない州の銀行は同様の性格をもつ自動振替サービス (ATS, Automatic Transfer Service) で対抗することになった。

しかし，1970年代の後半の高金利は，預金金利の規制を受けている銀行には大きな負担であった。そこで銀行の立場を守るために，1980年の**金融制度改革法**で預金金利規制が86年までに段階的に撤廃される方針が定められた。続いて1982年の**ガーン゠セント・ジャーメイン預金金融機関法** (Garn-St. Germain Act) では，すべての金融機関に**MMDA** (Money Market Depositary Account) を売り出すことが認められた。MMDAとは，月間平均残高さえ満たせば，枚数制限があるものの，小切手が振り出せる短期金融市場連動預金である。さらに1983年には，MMDAから小切手振出枚数制限を除いた**スーパーNOW**がすべての金融機関に認められた。MMDAによって商業銀行はようやく証券会社に対抗できることとなったが，同時に金利が規制されていたときには被ることのなかった市場金利の変動リスクにさらされるようになったのである。こうした新しい金融商品は，コンピュータ・通信技術の発

展なしには成立しなかったことに注意されたい。預金金利規制は1986年までに完全に撤廃されている。

### アメリカの預金保険制度とモラル・ハザード

預金保険制度は、1930年代の銀行恐慌に対する最も効果的な手段であった。しかし、第7章で説明したように預金保険はモラル・ハザードをもたらすという副作用をもった経済措置である。1980年代後半に起こった貯蓄貸付組合（S&L）の大量破綻は皮肉なことにその典型的な例であった。

S&Lは、アメリカの持ち家奨励策に基づき、それほどリスクの高くない小額の住宅抵当貸付を長期間、固定金利により実行することを目的に創設されていた。したがって、その保護機構である連邦貯蓄貸付保険公社（FSLIC）の保険も、そうした事情を前提にして設定されていたのである。言い換えれば、低い投資リスクの見返りに、FSLICの保険で手厚く保護されていたといえる。

1970年代後半のインフレによってアメリカの市場金利が上昇したとき、S&Lは経営難に陥った。S&Lの住宅抵当残高は長期・低金利であったので、高金利の短期市場金利で賄うことに無理が生じたのである。さらに、証券会社のMMFに預金がシフトしていったため、S&Lは預金獲得のために金利を上げざるをえなかった。この結果、S&Lは、保有資産からの収益よりも預金金利の支払のほうが多くなってしまった。つまり、預金・貸付の金利が逆鞘になり、S&Lは大幅な赤字となったのである。この時点で**貯蓄貸付組合を解散して預金を返済し、差額負担をFSLIC**つまり政府が負担するのが最善の策であったと現在ではいわれているが、当時の自由化政策は、経営難の貯蓄貸付組合に収益性の高い業務活動を認可することで事態を打開しようとした。

1980年の預金金融機関規制緩和・通貨管理法,および82年のガーン゠セント・ジャーメイン法によって,S&Lの預金金利自由化と業務規制緩和が行われた。これは低いリスクの投資のみを行うという前提で保護されているS&Lが,他の金融機関と同じようにリスクの高い投資を行う権利を得たことを意味していた。

その結果,預金者,S&L経営者ともに**モラル・ハザード**(moral hazard)に陥ったのである。S&L経営者は,ハイリスク・ハイリターンの商業不動産融資・一般融資が可能になり,たとえ破綻したとしても,預金保険によって政府にその負債を肩代わりできた。また,預金が保障されているかぎり,預金者は高い預金金利だけに注意を払えばよく,S&Lの経営内容には注目する必要はなかった。こうした環境のもとで,1980年代の景気後退は貯蓄貸付組合の大量破綻を引き起こした。

この事態を解決するために,1989年に**金融機関改革救済執行法**(FIRREA, Financial Institutions Reform, Recovery and Enforcement Act)が制定され,**整理信託公社**(RTC, Resolution Trust Corporation)を新設し,破綻銀行の整理に当たること,FSLICも解体のうえFDICへ統合することが決められた。

| 預金保険制度の見直しと早期是正措置の導入 |

1991年2月にアメリカ財務省から議会に提出された「**金融制度近代化案――より安全でより競争力のある銀行制度に向けての提言**」は,これまでの金融制度を抜本的に改革することを目的としていた。その主な内容として,カバーする対象が必要以上に拡大している預金保険を小口預金者のみに限定し,納税者の保護を図ること,自己資本比率の充実している銀行には,新規業務への進出を認める一方,不十分な銀行に対しては早期是正措置

をとること，技術進歩・業務革新によって時代遅れになった法律，とくに業際・州際の規制を緩和すること，現行の複雑に重複している監督体制を簡素化し，政策の一貫性および市場の効率性を図ることなどが提言されていた。

この財務省案は**金融機関の安全性および消費者選択法**（FISCCA, Financial Institutions Safety and Consumer Choice Act）として議会に提出されたが，1991年12月の金融制度改革法で成立したのは，預金保険制度の改革とそれに伴う銀行に対する規制強化のみであった。そのことは，法案名が**連邦預金保険公社改善法**（FDICIA, Federal Deposit Insurance Corporation Improvement Act）に変更されたことからも明らかである。同法案では，州際規制・業際規制を緩和する改正は実現せず，金融制度近代化案（財務省案）よりも，かなり後退している。これは，業界間の利害対立におよぶ州際・業際規制の変更は棚上げされ，より緊急性が高い預金保険制度の改革が優先されたためである。

注目されるのは，①経営破綻銀行の処理にあたってFDICに最も低いコストの方法を採用することが義務づけられたこと，②各銀行の自己資本比率を反映させた預金保険料率を決定するというルールが定められたことである。前者では問題を起こした銀行に対する支援の上限を設定し，後者では銀行経営についてのリスク管理をルールづけることで，銀行がリスク・テイカーに陥ることを防止している。いずれも，銀行・預金者がモラル・ハザードによって引き起こすリスクを，政府は無制限に肩代わりしないことを宣言している。とくに，自己資本比率の状態によって銀行を5つのランクに分類し，ランクが下がるにつれて業務制限が拡大し，役員人事にまで行政当局の介入を受けることを定めた。このこと

は，逆にいうと自己資本比率を上げれば，その銀行は健全性が高いと見なされ，よりリスクの高い活動を行えることを意味している。

**州際規制・業際規制の撤廃**

1991年連邦預金公社改善法成立の際に積み残された2大課題（州際規制・業際規制の撤廃）のうち，前者の州際規制撤廃は94年のリーグル゠ニール州際銀行業務効率化法（Riegle-Neal Interstate Banking and Branching Efficiency Act of 1994）によって実現した。さらに後者については，1999年11月にグラム゠リーチ゠ブライリー法（Gramm-Leach-Bliley Act）が成立し，これをもって33年のグラス゠スティーガル法によって規制されていた銀行・証券の垣根が撤廃されるに至った。

グラム゠リーチ゠ブライリー法の内容をみると，グラス゠スティーガル法の第20条（銀行が，証券の引受等を主たる業務とする会社と系列関係をもつことを禁止），および第32条（銀行と証券会社との間で取締役等を兼任することの禁止）が撤廃され，第16条（銀行の証券業務の禁止），第21条（証券会社の預金受入れ禁止）の撤廃ではないことがわかる。したがって，金融持株会社として銀行・証券業務が営めることが可能になったのであり，銀行本体が証券業務を行ったり，証券会社本体が預金受入れができるようになったわけではない。しかし，それにもかかわらず，グラム゠リーチ゠ブライリー法の成立は，アメリカにおける銀行・証券・保険業の相互参入の法的枠組みが整ったことを意味する。

**図9-3**は，グラム゠リーチ゠ブライリー法によって改革された金融制度の概要を説明している。この図から明らかなように，この時の改革には，①新たに規定される**金融持株会社**は，これまで

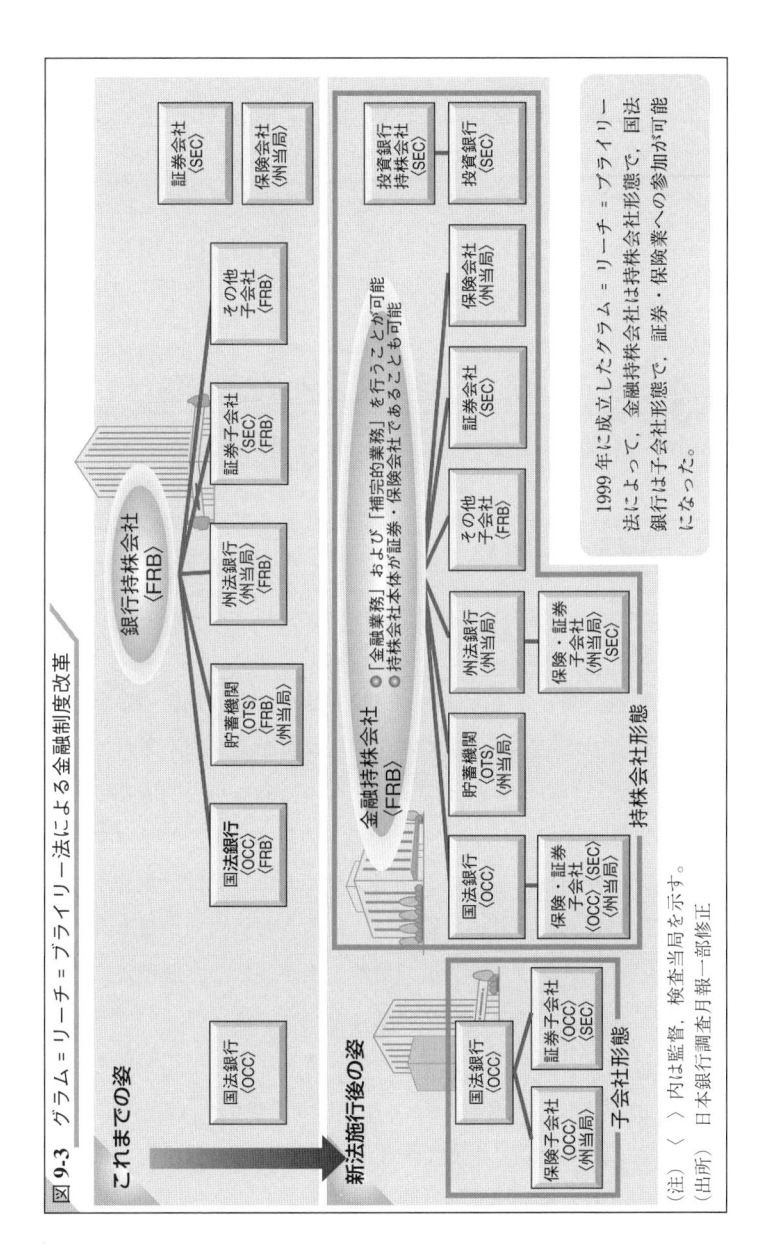

図 9-3 グラム=リーチ=ブライリー法による金融制度改革

**これまでの姿**

銀行持株会社〈FRB〉
- 国法銀行〈OCC〉〈FRB〉
- 貯蓄機関〈OTS〉〈州当局〉
- 州法銀行〈州当局〉〈FRB〉
- 証券子会社〈SEC〉〈FRB〉
- その他子会社〈FRB〉
- 証券会社〈SEC〉
- 保険会社〈州当局〉

**新法施行後の姿**

子会社形態
- 国法銀行〈OCC〉
  - 保険子会社〈OCC〉〈州当局〉
  - 証券子会社〈OCC〉〈SEC〉

金融持株会社〈FRB〉
- ○「金融業務」および「補完的業務」を行うことが可能
- ●持株会社本体が証券・保険会社であることも可能

持株会社形態
- 国法銀行〈OCC〉
- 保険・証券子会社〈OCC〉〈SEC〉〈州当局〉
- 貯蓄機関〈OTS〉〈州当局〉
- 州法銀行〈州当局〉
- 保険・証券子会社〈州当局〉〈SEC〉
- その他子会社〈FRB〉
- 証券会社〈SEC〉
- 保険会社〈州当局〉
- 投資銀行持株会社〈SEC〉
- 投資銀行〈SEC〉

1999年に成立したグラム=リーチ=ブライリー法によって、金融持株会社は持株会社形態で、国法銀行は子会社形態で、証券・保険業への参加が可能になった。

(注)〈　〉内は監督、検査当局を示す。
(出所) 日本銀行調査月報 一部修正

2 アメリカにおける金融システム改革　257

の銀行持株会社の業務のみならず，証券会社，保険会社をも傘下に治めた金融業務を営むことができる，②国法銀行は子会社を通じて証券・保険業務を新たに営むことができる，③FRBを金融持株会社に対する包括的監督当局とし，他の監督当局を持株会社グループ内の機能別監督当局と位置づけ，役割分担を明らかにしている，といった特徴があった。

## 3 グローバルな金融危機と制度改革

サブプライムローン問題

以上の経緯を経て，アメリカの金融システムは確立したと思われていたが，2000年代初頭のITバブル崩壊に対する金融緩和とそれに続く住宅バブルの発生，さらにはサブプライムローン問題に端を発する住宅バブル崩壊が世界的規模の金融危機を引き起こすに至って，抜本的な制度改革を余儀なくされている。

サブプライムローンがどのようなものであるか説明することから始めよう。住宅ローンはプライム，ノンプライム，サブプライムローンに分類される。このうちプライムローンは，債務不履行の可能性が最も低いという意味で，債務者の信用力が最も高いローンをいう。ノンプライムは，債務返済が遅延した履歴がある等のプライムよりもリスクが高い場合をいう。最後にサブプライムとは，破産した経歴のある預金者等，芳しくない信用履歴をもつ債務者が含まれる場合をいう。とくに**サブプライムローン問題**とは，住宅バブル崩壊によって発生したアメリカの低所得者による住宅ローンの大量債務不履行を意味する。

住宅バブルの崩壊とともに，中堅金融機関や投資ファンドの経営難が表面化したのは 2007 年の 8 月ごろであった。その後，サブプライムローン市場の崩壊のみならず，証券化商品にも影響が及び，翌 2008 年 9 月 7 日には，アメリカの住宅金融系**政府支援機関**（**GSE**, Government Sponsored Enterprise）であるファニーメイ（FNMA, Federal National Mortgage Association），フレディマック（FHLMC, Federal Home Loan Mortgage Corporation）に対して，財務省と連邦住宅金融局（FHFA）は公的資金注入による救済を公表した。さらに，2008 年 9 月 15 日に発生した大手投資銀行リーマン・ブラザーズの破綻から，国際的な規模でシステミック・リスクが拡散した。このリーマンショックの影響を受けて，アメリカの大手投資銀行は銀行に買収される（メリルリンチ）か，あるいは銀行持株会社（BHC）を設立して FRB の監督下に置かれる（ゴールドマン・サックス，モルガン・スタンレー）ことになった。リーマンショックの直後に，アメリカ最大の保険会社グループである AIG（American International Group）も，CDS 関連の損失から公的管理下に置かれた。この状況を金融市場に発生したリスクの推移からみてみよう。

> LIBOR-OIS スプレッド

　この時期における短期金融市場のストレスを測る指標として，LIBOR-OIS スプレッドが注目されている。**LIBOR**（London Inter Bank Offered Rate, ロンドン銀行間オファー金利）はロンドン銀行間取引金利である。とくに，3 か月 LIBOR は代表的なターム（期間）物金利であり，①今後 3 か月の期間に期待されるオーバーナイト金利に，②3 か月の間のリスクを反映したプレミアムを上乗せしたものと考えられる。これに対して 3 か月物の

*3* グローバルな金融危機と制度改革　　259

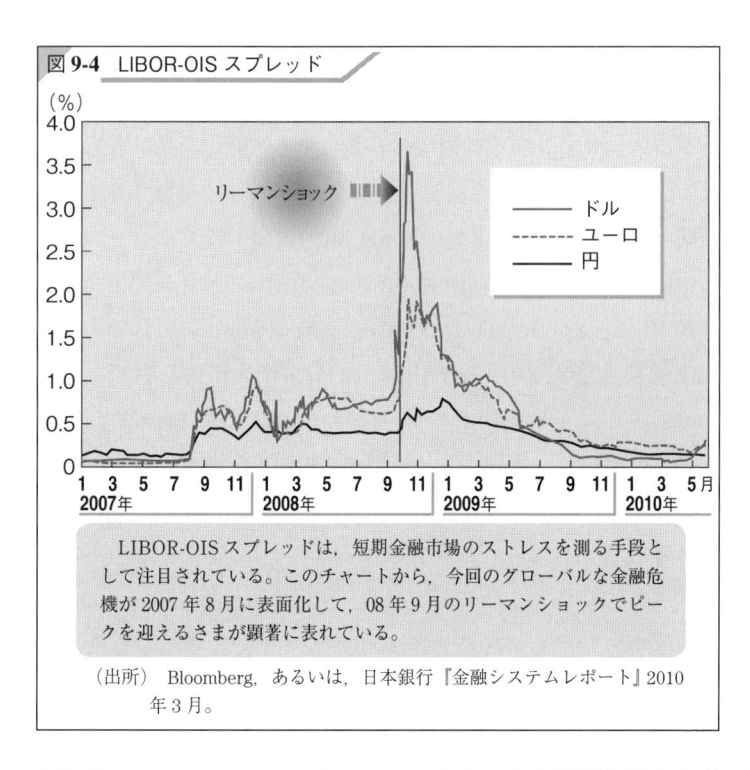

### 図9-4 LIBOR-OIS スプレッド

(%)

> LIBOR-OIS スプレッドは，短期金融市場のストレスを測る手段として注目されている。このチャートから，今回のグローバルな金融危機が2007年8月に表面化して，08年9月のリーマンショックでピークを迎えるさまが顕著に表れている。

（出所） Bloomberg, あるいは，日本銀行『金融システムレポート』2010年3月。

OIS（Overnight Index Swap）は，コールレートと固定金利とを交換する金利スワップを意味し，市場が予想する3か月間のオーバーナイト金利と見なせる。そこで3か月 LIBOR から3か月物 OIS を引いた差（LIBOR-OIS スプレッド）は，銀行取引における流動性リスクやカウンターパーティ・リスクの大きさを測る物指しとなる。

ここで通貨としてドルを選択すれば，ドルにおける短期金融市場のストレスの推移をみることができるし，円であれば円における短期金融市場のストレスの推移をみることができる。したがって，これらの数値を時系列的に取っていけば，それぞれの短期金

融市場のストレスの推移を観察することができる。図 9-4 から明らかなように，2007 年 8 月以降 LIBOR-OIS スプレッドが急拡大した。とくに，リーマンショックが発生した 2008 年 9 月以降に LIBOR-OIS スプレッドはそのピークを迎える。ちなみに Taylor〔2009〕は，この LIBOR-OIS スプレッドを用いて，今回のグローバルな金融危機を分析している。

**ドッド゠フランク法**　グローバルな金融危機を経て，アメリカの金融システムの制度改革がどのようになっているか，以下で検証してみよう。金融制度の設計においては効率性と安定性が座標軸であり，制度改革はそれらのトレードオフの上に成立している。グラス゠スティーガル法（1933 年）が効率性の犠牲の上に安定性を求めるという性格があった一方で，その対極にあるグラム゠リーチ゠ブライリー法（1999 年）は，安定性の不備の対価として効率性を重視するという性格をもっていた。

リーマンショックという不測の事態を受けて，アメリカ財務省は 2008 年 9 月に緊急避難として買収額最大 7000 億ドルとする**不良資産救済プログラム**（TARP, Troubled Asset Relief Program）を公表し，10 月に**緊急経済安定化法案**（EESA, Emergency Economic Stabilization Act of 2008）が成立した。これは不良債権の買取・資本注入を目的とした制度である。さらにこの後，アメリカの金融システムは抜本的な制度改革を迫られることとなり，こうした事態を受けて 2010 年 7 月に**ドッド゠フランク法**（Dodd-Frank Wall Street Reform and Consumer Protection Act, ドッド゠フランク・ウォールストリート改革および消費者保護法）が成立した。

ドッド゠フランク法の内容は以下のようになっている。まずド

ッド゠フランク法は，第8章で説明したマクロ・プルーデンスにウエイトを置いた監督体制の確立を目的としている。そのために金融システム全体のリスクを監視する機関として FSOC（Financial Stability Oversight Council，金融安定監督評議会）を新設した。FSOC が預金取扱銀行以外の金融機関を指定する一方で，それらの監督を FRB が行うという体制を創出した。これは，投資銀行に代表される預金を取り扱わない金融機関に対する規制の不備が原因で，グローバルな金融危機が発生したため，規制対象を拡大することを意味している。さらに，預金を取り扱うか否かにかかわらず，システム上重要な金融機関に対して，金融危機防止を目的に，厳格な規制を課すこととしている。ここで**システム上重要な金融機関（SIFIs**, Systematically Important Financial Institute）とは，経営不振に陥れば金融システムのリスクとなりうる巨大金融機関を意味する。また OTS（貯蓄金融機関監督庁）を廃止し，その権限を OCC（通貨監督庁）に移管している（**図9-2** 参照）。

次に，TBTF 問題に対する考え方を明らかにしている。金融機関を救済するために公的資金を投入することを原則禁止とし，破綻処理コストは大規模金融機関（資産500億ドル以上）から徴収することとした。また，個別金融機関の救済のために Fed が緊急融資することも禁じている。さらに，預金保険対象金融機関のみならず，それ以外の金融機関に対しても，その破綻が金融システムのリスクになりうる場合は，FDIC（連邦預金保険公社）が破綻手続きを開始できるようにした。その一方で金融機関自身にも，破綻処理計画の策定を事前に義務化している。FRB の監督対象に指定された金融機関・銀行持株会社（資産500億ドル以上）に対しては，自己資本・レバレッジ・流動性等について健全性要件

の加重を求める。これらは，金融危機において納税者の負担を回避することを目的とした施策である。

さらに，金融機関の業務内容や範囲については，いわゆるボルカー・ルールが反映されている。もともとボルカー・ルールはオバマ大統領の呼びかけにより，ポール・ボルカー（元FRB議長，1979～87年）を中心にまとめられた金融規制案であり，2010年1月に提案された。ドッド゠フランク法における**ボルカー・ルール**は，預金取扱銀行とその持株会社に対して自己勘定トレーディングとヘッジファンド等への出資の原則禁止，大規模合併の原則禁止といった内容からなっている。とくに，銀行の自己勘定取引の制限やヘッジファンド等への出資制限は，第7章で言及したナロー・バンク論を強く反映しているとの指摘がある。また，今回のドッド゠フランク法の業務範囲制限では，リスクの高いデリバティブ取引に対して，中央清算機関での清算を義務化すること等が導入されている。

その他，ドッド゠フランク法には，消費者や投資家の保護，金融機関の経営陣の報酬規制などが組み込まれている。これらの内容は，アメリカの金融システムの大枠を定めたものであり，実際の施行までには移行期間をも含めて今後，時間を要するものとなっている。

# 4 カナダの金融システムとその改革

**カナダの金融システムの特徴**

カナダはその建国の当初から移民，貿易，資本の自由化が国是として推進されるなど，「自由の国」として発展してきた。また，カナダは世界最大の経済大国である隣国のアメリカとヒト，モノ，カネの面での相互依存関係がきわめて強いだけでなく，輸出入ともアメリカとの取引が7割以上を占めるなど対アメリカ依存度が非常に高い。それゆえ，カナダの経済システムは，北アメリカの経済発展に伴う経済的利益を享受したいという願望とカナダとしての政治・経済的自立とアイデンティティーを確保したいという国民意識との葛藤のなかで，成長・発展を遂げてきたといっても過言ではない。

もっとも，金融に関しては，1980年の銀行法改正までの間，アメリカ資本による銀行業務への進出を制限するため，長年にわたって外国資本の参入は支店，現地法人という進出形態のいかんを問わず，厳しく規制されていた。その結果，カナダの銀行業界は総資産の約9割をビッグ・ファイブと呼ばれる大手5行が占めるという寡占体制となり，内部では競争原理が必ずしも有効に機能していなかった。

実際，カナダの金融システムは日本のそれに近く，「四大柱」（Four Pillars）と呼ばれる4sつの金融機関，すなわち特許銀行，信託・貸付会社，生命保険会社および証券会社を中心とした専門金融機関制度が採用されている。このうち特許銀行とは，幅広い

店舗ネットワークを背景として全国的に銀行業務を営んでいる大手銀行のことをいう。そしてまた，専門金融機関制度を制度面から支えることを狙いとして，日本と同様に，業態間には分離主義に基づく高い垣根が設けられるとともに，効率性よりも金融システムの安定性が重視されてきた。

この間，カナダの企業金融においては間接金融が支配的となっており，証券市場を通じる資金調達はきわめて零細な規模にとどまっていた。また，金融機関に対する監督規制に関しては，連邦政府と州政府との権限が業態ごとに異なるほか，連邦法に基づいて設立された銀行であっても，証券業務の取扱いは各州の規制に従うことが規定されるなど，複雑に入り組んでいた。

制度改革の狙いと業態間での垣根の撤廃

1980年代になると，アメリカにおける金融の自由化の動きを契機として高まった金融の自由化・グローバル化の流れのなかで，カナダにおいても旧来の金融に関する諸規制や業態間の垣根のあり方が見直されるようになってきた。というのも，自由化・グローバル化の流れのなかで高まった金融革新の動きが，業態間の業務分野に関する境界線を曖昧化させただけでなく，従来の専門金融機関制度に基礎を置いた金融機関保護政策がカナダの金融機関の国際競争力をかえって低下させるおそれが出てきたからである。

こうしたなかで，マルルーニー政権は1984年，「カナダの新しい方向 —— 経済刷新のためのアジェンダ」を公表し，今後における金融システム改革の方向を打ち出した。そして，実際の制度改革は，1987年における証券業務への参入自由化および92年の各金融機関業務の相互開放という2段階に分けて実施された。

このうち第1段階の制度改革は，1986年に実施されたビッグバンと称されるイギリスでの証券自由化にちなみ，カナダ版ビッグバンとも呼ばれる。以下，各段階における制度改革の概要を説明する。

　第1段階の証券業務への参入自由化は，国内証券市場の育成および過小資本にあった国内証券会社の資本力強化を図るためには強力な銀行資本による証券業務への進出が急務であるとの考え方に基づき，他の業態に先駆けて実施された。加えて，証券業務に対する監督規制体系も簡素化され，連邦監督下の銀行や保険会社などが営む証券業務については連邦政府が，それらの証券子会社は州政府がそれぞれ監督することになった。連邦レベルでの監督機構の整備・強化は証券の分野にとどまらず，連邦規制下の銀行，信託会社および保険会社については新設の金融機関監督局により，一元的に監督されることになった。この結果，大手銀行による証券会社買収が大きく進み，現在では大手証券会社のほとんどが証券子会社として大手銀行の系列下にある。

　第2段階では，銀行，信託・貸付会社および保険会社という業態間における業務分野の境界線が曖昧化してきたという現実への対応を狙いとして，各業態のコアとなる業務への他業態の参入を制限する一方，そうしたコア業務については，①子会社を通じた相互参入を全面的に認める，②法律により取扱いが制限されている金融商品についても他の金融機関等との提携により販売することを認める（いわゆるネットワーキング），といったかたちで相互参入が図られた。たとえば，銀行は信託・保険業務を本体で営むことはできないが，子会社経由あるいは業務提携により間接的に営むことが可能となったのである。

一方，相互参入に伴う弊害の発生防止のため，各金融機関とその所有者との関係を規定する所有権ルールが改正され，非金融法人による金融機関への資本参加に制限が加えられたほか，そうした利害関係者との間の取引を制限する自己取引規制が導入された。そして，こうした制度改革を受け，大手銀行が大手の信託会社を買収したり，生命保険会社が銀行子会社を設立するなど，金融のコングロマリット化がさらに進んでいる。

　わが国においてはカナダの金融システム改革は，**カナダ方式**と呼ばれる業態別子会社を通じた相互参入として連想されることが多いが，以上のことからも明らかなように，実態的にはユニバーサル・バンキング方式に近く，それぞれの金融機関が他業に進出するに際しては最も適切と判断される経営形態を選択できるよう構想されているといえよう。

### *Column* ⑲　銀行の競争力とは

　日本の金融機関が 1980 年代後半，国際金融市場においてそのプレゼンスを向上させていったとき，銀行の競争力とは何かが各国金融機関の間で話題となっていた。多くの場合，銀行の競争力は総資産，貸出，預金などの規模指標あるいは ROA（総資産収益率）等の財務指標で捉えられ，そうした観点から各国銀行の競争力が議論されてきたが，必ずしも説得的な見方が提示されるまでには至っていないように窺われる。ここでは，銀行の競争力について改めて考えよう。

　「大きいことはいいことだ」。これは，約 35 年前に流行った CM である。銀行の競争力を総資産，預金量などの規模指標で捉えて議論するというアプローチは，暗黙のうちにそういった考え方を前提としている。確かに銀行は規模の経済性が強く作用する産業であり，大きいほうが競争上有利という側面はありうる。し

かし，大きさだけで競争力を議論するのが適切かと問われれば，「否」といわざるをえない。銀行の大きさは，母国の経済規模，貯蓄率の高さ，金融制度のあり方や政府による銀行監督・規制体系のあり方とも密接に関連しており，そうした外部環境が有利な国に所在する銀行ほど，実質的な競争力はともかくとして，表面的には競争力があると結論づけられるからである。これは，同じ成長力をもつ2つの菊の株を，1つは陽が燦々と照り注ぐ南面の広い庭で育て，もう1つを北側の木々が生い茂った庭に植えたとすると，環境の違いだけで，南面の菊のほうが大輪の花となる可能性が高いという点からも明らかである。

したがって，各国の銀行の競争力を比較するに際しては，一般企業と同様に，良質のサービスをどれだけ安価かつ迅速に提供しうるかという観点から論じる必要がある。この場合，銀行の競争力をどういった指標でもって計測するのが適切かが問題となる。銀行は家計から預金として受け入れた資金を企業に貸し付けている，あるいは金融仲介サービスの生産に特化した専門的仲介業者であるという点に着目すると，その競争力は，金融仲介サービスの生産技術の優劣でもって捉えられよう。たとえば，国際金融市場において「優良案件」と評価される貸出案件をどれだけ多く組成できたか，貸出全体としてのリスクを適切な水準に調節しているか，どれだけ多くの新金融商品を開発したかなどに基づき，銀行の競争力を比較するほうが理論的にみても説得的である。

こうした観点から各国銀行の競争力を捉えると，日本の銀行は確かに規模の面では圧倒的な優位性を有しているが，スワップ・オプション取引技術や複合金融商品の開発など，金融取引面での技術革新力においてアメリカの銀行の後塵を拝しているといわざるをえない。その意味で，日本の銀行は規模比較から導かれるほど競争上優位であるとはいい難い。一方，アメリカでは反独占の立場から銀行の量的拡大が法的に制限されているため，銀行の規

模はさほど大きくはないが，金融技術力においては他国の銀行のそれを凌駕している。今後，日本の銀行が国際的にみても競争的な産業として生き残っていくためには，自らイノベーションに積極的に取り組んでいくことが従来以上に重要な課題となっているといえよう。

### 参考文献

入舩剛〔1994〕「カナダの金融制度改革について」『金融研究』第13巻第2号。

翁百合〔2010〕『金融危機とプルーデンス政策』日本経済新聞出版社。

髙木仁〔2006〕『アメリカの金融制度（改訂版）』東洋経済新報社。

野々口英樹・武田洋子〔2000〕「米国における金融制度改革法の概要」『日本銀行調査月報』2000年1月号。

林直嗣〔1994〕『カナダの金融政策と金融制度改革』近代文芸社。

松尾直彦〔2010〕『Q&A アメリカ金融改革法――ドッド゠フランク法のすべて』金融財政事情研究会。

三谷明彦〔2010〕「米国・英国における金融規制の動向」『地銀協月報』2010年11月号。

藪下史郎〔1987〕『アメリカの金融市場と構造』東洋経済新報社。

Friedman, M. and A. J. Schwartz〔1963〕*A Monetary History of the United Sates, 1867-1960*, Princeton University Press.

Paulson, H. M.〔2010〕*On the Brink: Inside the Race to Stop the Collapse of the Global Financial System*, Business Plus（有賀裕子訳〔2010〕『ポールソン回顧録』日本経済新聞出版社）.

Taylor, J. B.〔2009〕*Getting off Track: How Government Actions and Interventions Caused, Prolonged, and Worsened the*

*Financial Crisis*, Hoover Institution Press Publication(村井章子訳〔2009〕『脱線 FRB』日経 BP 社).

# 第10章 欧州諸国の金融システム

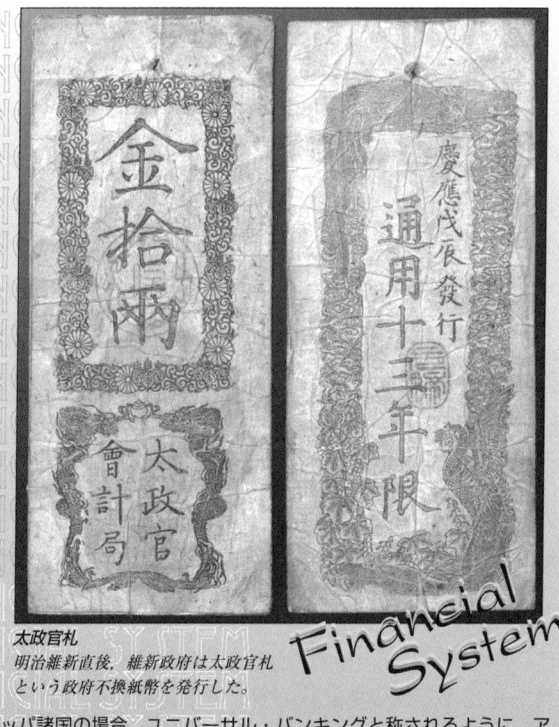

**太政官札**
明治維新直後,維新政府は太政官札という政府不換紙幣を発行した。

　ヨーロッパ諸国の場合,ユニバーサル・バンキングと称されるように,アメリカや日本とは異なり,銀行による証券業務兼営が制度的に認められている。しかしながら,証券業務を銀行本体あるいは子会社のいずれを通じて行うかという点に関しては,各国ごとに異なっている。また,政府当局による銀行監督規制のあり方も,国ごとに異なっている。

　本章では,このように多様な形態をとるヨーロッパ主要国の金融システムについて説明する。具体的にいうと,EU金融統合に際して合意された金融サービスに対する監督規制の調和について簡単に触れた後,イギリス,ドイツおよびフランス3か国の金融システムの特徴や最近の動きを説明する。

# *1* EUの金融統合

**EU金融統合に向けての動き**

ヨーロッパ諸国では，1967年にEC（欧州共同体）が発足するなど，古くから域内統合に向けた動きがあり，そうした動きの延長線上で市場統合が検討されるようになった。すなわち，1985年に承認された「域内市場統合白書」においては，域内に現存している各種の非関税障壁を全廃のうえ，人・物・資本・サービス移動の自由化を媒介としてEU（欧州連合）の市場統合を図るとともに，市場における競争の促進を通じたEU経済の活性化，対外競争力の強化を図ることが提唱された。なお，1993年11月の欧州連合条約（いわゆるマーストリヒト条約）の発効に伴い，従来の欧州共同体を包摂する欧州連合（EU）が発足したため，本章では，EUという用語で叙述を統一する。

EU金融統合とは，EU域内に単一の金融市場を創設し，最終的には経済・通貨を統合することをいう。もう少し具体的にいうと，EU金融統合は，①域内資本移動の自由化，②金融サービスの自由化，③欧州中央銀行制度・単一通貨制度への移行を三本柱とする。このうち域内資本移動の自由化は，1960年の第1次資本移動自由化にはじまり，88年6月には完全自由化の最終方針が合意され，第4次自由化指令が採択された。その後，各国が相次いで自由化措置を実施した結果，1990年7月には域内取引だけでなく域外取引を含めた資本移動の自由化が実現した。

### 金融サービスの自由化

第2の金融サービスの自由化とは，各国の銀行，証券会社，保険会社等が国境を越えて EU 域内他国へと自由に金融サービスを提供できたり，他国に支店を自由に開設できたりすることをいう。金融サービス提供の自由化は資本移動の自由化を前提としており，これら2つの自由化が達成されれば，EU は金融取引に関しては域内障壁のない単一の市場としての要件をほぼ満たすことになる。

ただし，その推進にあたっては，EU 統合の基本原則に従い，各国の金融システムを相互に尊重・承認したうえで必要最低限のルールの調和（ミニマム・ハーモニゼーション）を図ることが求められる。それゆえ，金融機関の健全性維持や預金者保護のあり方といった金融サービスに対する規制監督の根幹にかかわる部分については各国間のルールを統一し，その他に関しては各国の裁量に委ねる（現状を追認する）ことになったのである。また，1989年12月の第2次銀行指令により銀行業務に関しては，単一免許制度，母国監督主義，ユニバーサル・バンキングといった原則が打ち出された。

**単一免許制度**とは，EU 域内のいずれかの国で取得された銀行免許については他の EU 諸国でも有効とする制度のことをいう。また，**母国監督主義**（ホーム・カントリー・コントロール）とは，原則としてその免許を交付した国が銀行監督にあたることをいう。証券業務に関する投資サービス指令や生命保険指令においても，同様の考え方がほぼ同じかたちで盛り込まれた。そしてまた，銀行業務の範囲については銀行本体が銀行業務と証券業務全般を兼営できるよう幅広く規定されるなど，**ユニバーサル・バンキング**が認められる一方で，銀行業務の具体的あり方は各国に委ねられ

ることになった。この金融サービスの自由化については，各国による所要の国内措置の手当て完了に伴い，1993年1月に実施に移された。

> 欧州中央銀行制度・単一通貨制度への移行

EU加盟国では，これまでの間，1989年4月にドロール委員会が提示した報告書（通称ドロール報告）を指針として，EU統合に向けて所要の措置を講じてきた。ドロール報告では，第1段階で，金融市場における資本移動の自由化の達成および域内全通貨の ERM（Exchange Rate Mechanism）加盟を目指し，第2段階で欧州中央銀行制度（European System of Central Banks, ESCB）の創設（ただし，金融政策の最終責任は各国中央銀行に残存），第3段階で欧州中央銀行による域内単一金融政策の遂行と単一通貨制度への移行，をそれぞれ目標とする3段階アプローチによる通貨統合が提唱された（**表10-1**参照）。

経済・通貨統合に関しては，ドロール報告公表後も各国からさまざまな案が出され，激しい議論が戦わされた。しかし，1990年10月にイギリスが ERM に加盟したことで，通貨統合の第1段階がスタートした。そして，1994年初頭から第2段階がスタートし，同時に欧州中央銀行の先駆けとなる**欧州通貨機構**（European Monetary Institute, EMI）が創設された。この**欧州中央銀行制度**においては，政府からの独立性を法的に確保するため，加盟各国に対し，その中央銀行法を欧州中央銀行制度設立法と整合的なものに改正することが義務づけられた。こうしたなかで第2段階開始（1994年1月）とともに実施された対政府信用供与の禁止規定については，93年末にかけて国内法，制度改正に踏み切る動きが相次いだ。また，中央銀行の政府からの独立性確保や物価

表10-1 経済・通貨同盟への3段階アプローチ

| | 第1段階 | 第2段階 | 第3段階 |
|---|---|---|---|
| 特徴および位置付け | ○既存の制度的枠組みのなかで、経済・金融政策協調を強化<br>○資本移動の自由化および金融サービスの自由化を進め単一の金融市場を実現 | ○最終段階移行に向けての準備期間 | ○経済通貨同盟の実現 |
| 欧州中央銀行制度 | ○中央銀行総裁会議の機能強化<br>○欧州準備基金（ERF）の創設 | ○欧州通貨機構（EMI）の創設。ただし、金融政策の最終責任は各国中央銀行に残存 | ○欧州中央銀行制度創設による単一の金融政策への移行 |
| 通貨制度 | ○EC加盟国全通貨のERMへの参加<br>○ECUの民間利用に関するすべての障害の除去 | ○ERMにおける変動幅の縮小 | ○為替相場を永久的に固定<br>○ユーロを単一の通貨へ |
| 経済政策面の協調 | ○域内市場を完成し、競争政策を強化<br>○域内不均衡是正のため、構造・地域政策、財政経済政策を協調 | ○マクロ経済政策協調を強化<br>○構造・地域政策のパフォーマンスを評価 | ○構造・地域政策の一段の強化<br>○財政等マクロ経済政策の分野におけるEUのルール・手続に拘束力をもたせる |
| 開始時期 | ○資本移動の自由化（90年7月）<br>○イギリスのERM参加（90年10月） | ○無条件に94年1月1日スタート | ○99年1月に開始（経済的基準の達成を条件とする） |

EU諸国では、1989年のドロール報告に基づき、3段階からなる通貨統合が提唱され、99年1月、15か国のうち11か国の参加を得て、通貨統合が実現した。

1 EUの金融統合　275

安定を金融政策の主要目的として規定することを狙いとして、中央銀行法を改正する動きもEU諸国で高まった。

> 実現したEU金融統合

EU金融統合あるいは第3段階への移行については、1991年1月にオランダのマーストリヒトで開催されたEC首脳会議での合意（**マーストリヒト条約**）により、遅くとも99年1月までに実施するよう定められていた。この規定にしたがい、インフレ率や財政赤字、為替レートの安定などといった移行基準を満たしたドイツ、フランスなどEU 15か国のうち11か国が、1999年1月1日、「**ユーロ**」をユーロ通貨圏における単一通貨とすることを正式に採択し、ここにおいてヨーロッパ金融統合（EMU, Economic and Monetary Union）が実現した。また、これに先立つ1998年12月31日、EU蔵相理事会は共通通貨であるユーロ（95年12月に決定）と各参加国通貨との交換レートを不可逆的に固定した。

この結果、ユーロ圏は同日より人口で約2億9000万人、国内総生産6兆3000億ドルという、アメリカに匹敵する大きな経済圏として発足した。次いで、2002年1月1日以降ユーロ建ての紙幣・硬貨の流通が始まった。

そしてまた、マーストリヒト条約に基づき、EMU参加国における金融政策は、各国中央銀行に代わって、新たに創設された**欧州中央銀行**（European Central Bank, ECB）により一元的に運営されることになった。すなわち、ユーロ圏の金融政策はECBの政策理事会が決定し、各国中央銀行はその指示にしたがって金融調節等を行う。また、マーストリヒト条約は「ECBの最重要課題は物価の安定」と規定しているのみならず、そうした使命達成のため、ECBにはかなり高い独立性が付与されている。

# 2 イギリスの金融システム

金融システム面での特徴

　イギリスでは，伝統的に金融機関，とりわけ銀行の業務範囲を規制したり，銀行を監督したりするための法律はなく，銀行の自主的経営が尊重されてきた。銀行法が初めて成立したのも，1979年になってからのことである。もっとも，この銀行法も銀行の免許制等を定めるにとどまり，業務範囲に関してはとくに規定していない。その結果，多種多様な金融機関がそれぞれ得意とする金融サービスの分野へと自主的に特化し，相互の業務分野を侵さないという慣行が維持されてきた。

　このようなイギリスの金融システムの場合，その特徴としては，第1に，金融機関の形態や業務内容が長年にわたる伝統や慣習により自然に形成されたことが挙げられる。具体的にいうと，商業銀行業務は主としてロンドン手形交換所加盟銀行（**クリアリング・バンク**）が，証券の発行・引受業務は主として**マーチャント・バンク**がそれぞれ専門的に営んでいる。こうした分業体制はまた，第1章で述べた商業銀行主義の考え方を反映したものということができる。

　第2には，ロンドン金融市場，いわゆる**シティ**（City）の国際金融市場としての重要性である。シティとは，ロンドンの中心部にある約1平方マイル（2.7平方キロメートル）の地区のことをいう。ここには古くから銀行，証券会社，保険会社等が密集していたが，19世紀後半からは国際金融センターとして発達し，とく

に1950年代以降はいわゆるユーロ取引の活発化とともに国際的な重要性が高まっている。

### 金融組織の概要

イギリスの金融組織は，図10-1のように各種の金融機関により構成されている。まず最初に，**英蘭銀行（イングランド銀行〔The Bank of England, BOE〕**は，1694年にシティの商人や地主が出資する株式会社組織のイギリス最初の銀行として設立された後，17世紀末におけるイングランドおよびウェールズでの銀行券発行権の独占などを通じて，次第に中央銀行としての地位を確立してきた。イギリスは元来，慣習法の国であるため，BOEについても単一の根拠法は存在せず，長年の伝統や慣習に従って実際の業務が運営されている。BOEは1946年のイングランド銀行法により国有化されたが，銀行監督権限が付与されたのは79年の銀行法成立時であり，その後87年の新銀行法により銀行監督権限が一段と強化された。後で詳しく述べるように，この銀行監督権限はBOEからFSA〔金融監督庁〕に移管されたが，保守党政権の下で現在，BOEに再移管する方向で検討が進められている。

次に民間金融機関についてみることにしよう。イギリスの場合，商業銀行のことを**預金銀行（deposit banks）**という。この預金銀行は，ロンドン手形交換所加盟銀行（クリアリング・バンク），スコットランド手形交換所加盟銀行，北アイルランド系銀行，およびその他の預金銀行の4種類からなる。そのなかでもロンドン手形交換所に加盟する大手銀行4行が，預金・貸出業務において圧倒的なシェアを占めている。

また，イギリスにおいては，マーチャント・バンク（merchant bank）と呼ばれる証券の発行・引受け業務に特化した金融機関が

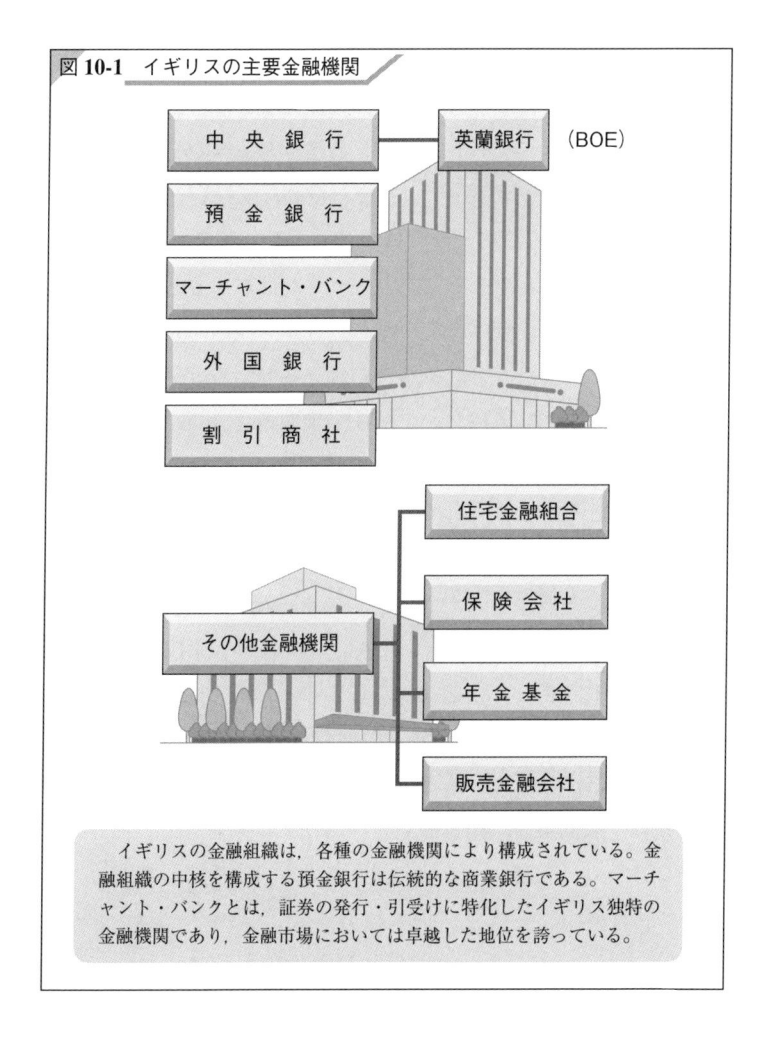

### 図10-1 イギリスの主要金融機関

- 中央銀行 ── 英蘭銀行（BOE）
- 預金銀行
- マーチャント・バンク
- 外国銀行
- 割引商社

- その他金融機関
  - 住宅金融組合
  - 保険会社
  - 年金基金
  - 販売金融会社

> イギリスの金融組織は，各種の金融機関により構成されている。金融組織の中核を構成する預金銀行は伝統的な商業銀行である。マーチャント・バンクとは，証券の発行・引受けに特化したイギリス独特の金融機関であり，金融市場においては卓越した地位を誇っている。

あり，金融市場においては卓越した地位を誇っている。マーチャント・バンクの起源はロンドンを中心に外国貿易や外国為替手形の引受けに従事していた商人とされることが多い。現在では，主に法人を対象とした大口取引（ホールセール・バンキング）を営ん

2 イギリスの金融システム　279

でいる。マーチャント・バンクの業務は非常に多様で，①大口顧客からの預金受入れ，手形の引受け，貸付などの銀行業務，②ユーロ市場でのシンジケート・ローン業務，③証券の発行・引受け業務，④証券ブローカー・ディーラー業務，⑤投資顧問業務，⑥M&A（企業の合併・買収）の斡旋・仲介業務，⑦リース業務，などを手掛けている。マーチャント・バンクはもともと過小資本のところが多く，自己資本充実のため，近年，他国の大手金融機関の傘下入りを余儀なくされる事例が目立っている。

　このほか，イギリスにおいては住宅金融組合（building society）と呼ばれる協同組織の貯蓄金融機関がある。この住宅金融組合は，少額の個人貯蓄を受け入れて個人住宅の購入資金を貸し付けるところに特色がある。住宅金融組合の負債の大半は，流動性の高い出資金と預金からなる。一方，資産は長期の個人向け住宅抵当貸付となっている。1970年代後半以降，預金銀行が住宅ローンにも積極的に取り組むようになったことなどから，住宅金融組合と預金銀行の同質化が進んだ。この同質化の流れは，1986年の住宅金融組合法の改正で一段と加速され，住宅金融組合は現在，送金・振替・取立業務，消費者ローン業務，不動産取引の仲介業務，保険ブローカー業務などを取り扱うことができるようになっている。

### 近年における金融システム改革

1980年代以降，イギリスにおいても，わが国と同様に，金融自由化の流れのなかで各金融業務の間の伝統的な垣根の崩壊とそれに伴う金融機関の同質化が進んだ。そうした状況下，ロンドン・シティの国際金融市場としての地位維持を狙いとして，預金金利の自由化，証券市場の改革（いわゆるビッグバン）や，

銀行監督制度の整備等が実行に移された。以下では，それらを簡単に概観する。

　第1には，金利の自由化が挙げられる。イギリスでは，1971年に預貸金金利が原則自由化されたが，その後も小口預金金利については金利変動が硬直的であるなど，従来の金利協定が事実上残っていた。しかし，個人預金をめぐる銀行と住宅金融組合などとの競争激化から，1980年代以降は利付きの当座預金など新種預金が開発されるとともに，小口預金金利の自由化が進展した。そして，1984年には市場金利連動型の高利当座預金（High Interest Cheque Account）が発売され，自由化が完了した。

　第2には，証券市場の改革が挙げられる。イギリスの証券市場においては長年にわたって，ジョバー（ブローカーとのみ取引するマーケット・メーカー），ブローカー（顧客からの注文をジョバーにつなぐ仲介者）からなる分業体制が採用されてきたが，その閉鎖的な体質や最低委託手数料制が次第に批判されるようになった。そのため，①業者間の競争促進，②外国金融機関への門戸開放，③コンピュータと情報技術の統合による市場の効率化，などを目指して，1986年10月にビッグバン（Big Bang）と呼ばれる包括的な証券市場改革が実施された。

　この改革で打ち出された具体的な施策としては，①固定的な株式売買手数料の自由化，②「単一資格制度」（ジョバーとブローカーの兼業禁止）の廃止，③外部資本による証券取引所会員権の取得条件の緩和，④取引所内での立会場の廃止およびスクリーンを使った自動気配システム（stock exchange automated quotations, SEAQ）の導入，などが挙げられる。こうした証券市場改革を受け，イギリスの4大銀行や外国の大手金融機関がイギリスの主要

証券会社を傘下に置く動きが広範化した。

　第3に，金融サービス法（Financial Services Act, FSA）の制定が挙げられる。ビッグ・バンにより内外金融機関による証券業への参入が活発化したことなどを受けて，金融秩序の維持，投資家保護を図る観点から，1986年10月に金融サービス法が制定された。同法は，①規制対象となる「投資業」を広く定義する（株式，公社債のほか，オプションや先物，生命保険などまでも含める）とともに，認可業者あるいは適用免除業者以外の者による投資業務運営を禁止する，②認可業者の直接的な規制・監督は自主規制機関（self regulatory organizations, SRO）に委ね，さらに SRO を統括する機関として，貿易産業省から委任を受けた**証券投資委員会**（Securities and Investment Board, SIB）を新たに設置する，③国内外を問わず，イギリス国内に恒久的に所在する事務所において投資業を営む場合には，認可を必要とする，などといった点からなる。

　第4に，銀行監督制度の整備が挙げられる。1979年銀行法では，①金融機関を預金受入機関と非預金受入機関に分け，預金受入業務を BOE による免許制にすること（これを二元的銀行免許制度という），②預金受入機関を大手を中心とした承認銀行とそれ以外の認可銀行に分けて，後者に対しては BOE が直接経営状況を調査できるようにすること（直接的監督権限の付与），③すべての預金受入機関を構成員とする預金保護基金を設立すること，などが定められた。しかし，1980年代に入ると，イギリスにおいても金融革新が進展するなかで，84年に承認銀行の1つであったジョンソン・マッセイ・バンカーズ社の破綻が表面化したことなどを契機として，銀行監督制度の見直しが迫られることになっ

た。

　このため，1987年には銀行法が改正され，承認銀行と許可銀行の二階層制が廃止されるとともに，資本金500万ポンド以上の免許取得機関のみが銀行の呼称を使えるようになった。そのうえで，BOEの直接的な監督権限をすべての銀行に拡大し，BOE内に銀行監督理事会（Board of Supervision）を設置するほか，預金保護基金の付保限度額が引き上げられた。このほか，新たにBOEが大口融資規制や買収規制，自己資本・流動性の諸規制の指導を実施すること等が定められた。

　以上のとおり，イギリスでは長期間にわたってBOEが「シティの番人」として銀行監督に従事してきたが，金融業務に対する監督機能の一元化を目的として1998年6月，銀行監督権限がBOEからSIBに移管され，このSIBを母体として金融監督庁（Financial Supervisory Authority, FSA）が設立された。それとともにBOEは金融政策の遂行に専念することになった。しかしながら，2008年9月のアメリカ大手証券会社リーマン・ブラザーズ社の経営破綻を契機として生じた世界的な金融危機（リーマンショック）のなかで，イギリス銀行の経営が大きく悪化し，一部には国有化される金融機関もみられた。こうした危機的な状況に至った背景にはFSAの監督が十分でなかったことがあるとされ，現在，保守党政権の下で銀行監督権限をBOEに再移管する方向で検討が進められている。

## 3 ドイツの金融システム

> 金融システム面での特徴

1990年7月の東西両ドイツの経済・通貨統合により、旧東ドイツには原則として旧西ドイツの金融システムがそのまま移入され、旧西ドイツ同様のサービスが提供される環境が整えられた。ここでは、旧西ドイツの金融システムを中心にその特徴点をみていこう。

旧西ドイツにおけるすべての金融機関は、1961年に制定された「信用制度法」(Kreditwesengesetz)をその根拠法としている。信用制度法上、銀行は「商人として銀行業務を営む法人」と定義され、預貸金業務、振替決済業務のほか、証券業務や信託業務等を含む広範な業務が銀行の業務として認められている。また、旧西ドイツでは預貸金金利が1970年代前半に完全に自由化されるなど、古くから金融取引を自由に行いうる制度的枠組みが確立されている。そして、その金融システム上の特徴としては、次の3点が指摘されることが多い。

第1に、ユニバーサル・バンキングが制度として採用されている結果、銀行は広範な業務を営むことができる。すなわち、銀行は信用制度法に基づき、多種多様な期間や金額の預貸金業務、振替決済業務、割引業務のほか、有価証券代行・仲介・寄託業務、投資業務、保証業務、信託業務、ファクタリング業務等を営みうるだけでなく、政令によって有価証券の売買、外国為替の売買、金融債の発行、貴金属の売買などが認められている。ユニバーサ

ル・バンキングの是非については，旧西ドイツ国内でも 1960 年代から 70 年代にかけて議論され，79 年にまとめられた「信用経済の基本問題に関する委員会」（通称ゲスラー委員会）報告書では，改善すべき点はあるものの，基本的にはユニバーサル・バンキングのほうが銀行分業制度よりも好ましいとされ，これが現在に至るまでのコンセンサスになっている。

第 2 は，貯蓄銀行，公法上の特殊金融機関といった公的金融機関のウエイトが，総資産ベースで 50 ％弱ときわめて高い。貯蓄銀行のほとんどは地方自治体によって設立されているほか，その債務については地方自治体により保証されるなど，民間金融機関に比べて優遇されている。このため，貯蓄銀行の経営は比較的安定しているほか，民間金融機関では対応しきれない政策金融や制度金融，あるいは小口貯蓄資金の吸収等の面で大きな役割を果たしている。一方，大銀行の預金シェアは 10 ％程度にすぎないが，大銀行の場合，零細株主から無記名株式の寄託を議決権の代理行使委任とともに受けている。このため，株式総会での議決を通じて企業経営に大きな影響を及ぼすことが可能となっている（いわゆる「銀行による企業支配」）。

第 3 には，短期金融市場はインターバンクのコール市場を中心として形成され，オープン市場や資本市場が未発達なことが挙げられる。ドイツの場合，短期金融市場としてはコール・手形市場のほか，TB 市場等があるが，このうちコール市場が全体の 80 ％以上（取引残高ベース）を占め，TB 市場等のオープン市場はあまり発達していない。こうした背景としては，①預金金利の自由化が早くから完了していたため，投資家による資本市場での資産運用ニーズが低かった，②ユニバーサル・バンキングを反映して企

業や公共部門の銀行借入依存度が高く,資本市場からの資金調達ウエイトが低かった,③有価証券取引税が高いといった税制上の問題がある,などといった点が指摘されている。

一方,資本市場については,小規模かつ未発達なものにとどまっていた。これは,前述のオープン市場未発達の理由に加え,①旧西ドイツの株式会社数そのものが他国に比べて少ない,②企業サイドからみれば,ユニバーサル・バンクであるハウスバンクから多種多様な金融サービスを迅速に受けられるため,あえて手続きが複雑でコストもかかる株式・債券取引を積極的に行うニーズが生まれなかった,③旧西ドイツには債務証書借入(分類上は貸付に含まれる)という一定の流通性をもった資金調達手段のウエイトが高い,といったことなどを背景としている。

**金融機関の概要**

ドイツの金融機関としては図 10-2 のようなものがあり,これらは,ユニバーサル・バンク(商業銀行グループ,貯蓄銀行グループ,信用協同組合グループからなる)と特定の目的のために設立された専門銀行等に大別される。

ブンデスバンク(Deutsche Bundesbank)は 1957 年に旧西ドイツの「ドイツ連邦銀行法」に基づいて設立されたドイツの中央銀行であり,90 年 7 月の東西ドイツ通貨統合後も,旧東ドイツ国家銀行の中央銀行としてのすべての機能を引き継ぎ,統一ドイツ全体の中央銀行としての役割を果たしている。ドイツでは,過去 2 度にわたり天文学的ハイパー・インフレーションを経験してきたことから,国民の中央銀行に対する物価安定への期待が高いため,各国の中央銀行のなかでも,とりわけ行政府からの独立性が高い。たとえば,ブンデスバンクに対しては「経済安定・成長促

## 図10-2　ドイツの主要金融機関

- 中央銀行 ── ブンデスバンク
- 商業銀行グループ
  - 大銀行
  - 地方銀行
  - 個人銀行
  - ポストバンク
  - 外国銀行支店
- 貯蓄銀行グループ ── ドイツ自治体銀行
  - 州立銀行・振替中央機関
    - 貯蓄銀行
- 信用協同組合グループ ── ドイツ協同組合中央銀行
  - 協同組合中央金庫
    - 信用協同組合
- 専門銀行
  - 抵当銀行
  - 特殊銀行
  - 公法上の金融機関
- その他金融機関

　ドイツの主要金融機関は，典型的なユニバーサル・バンクである商業銀行，貯蓄銀行，信用協同組合のほか，特定目的のために設立された専門銀行等に分類される。このうち貯蓄銀行と信用協同組合は，単位機関，州レベルおよび国レベルの機関という3段階の組織からなる。

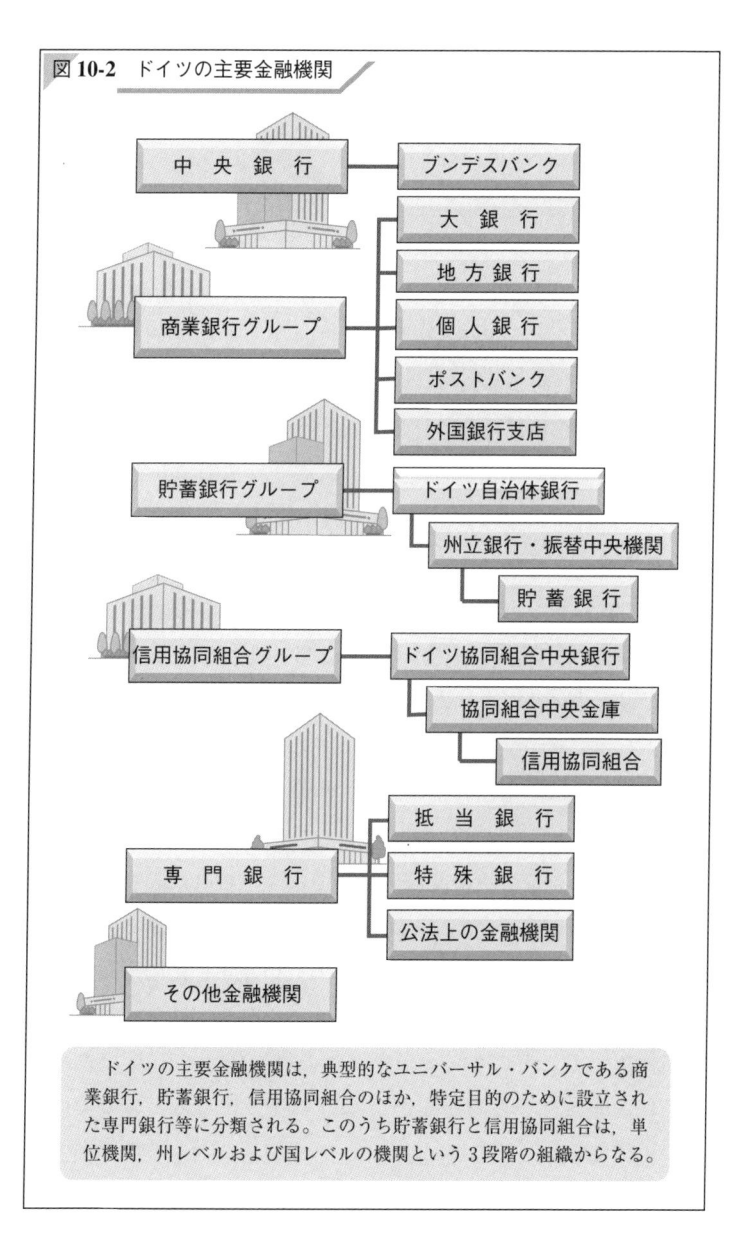

進法」（1967年制定）に基づき連邦政府の経済政策に協力することが義務づけられているが，同行が法律上認められた権限を行使する際には連邦政府の命令を受けないとされている。

商業銀行（信用銀行）グループは，大銀行，地方銀行，個人銀行および外国銀行支店から構成されている。このうち大銀行は典型的なユニバーサル・バンクであり，短・長期の信用業務のほか，証券業務についても銀行本体で営んでいる。地方銀行は，営業基盤が特定地域に限定されているだけで，基本的な業務においては大銀行と大きな相違はない。個人銀行は，ドイツでも最も古いタイプの信用機関で，合名会社および合資会社形態で営まれる小規模銀行で，特定の顧客を相手に業務を行っている。

貯蓄銀行グループは，末端の貯蓄銀行とそれらを州レベルで統合する州立銀行・振替中央機関，およびその上部機関としての国レベルのドイツ自治体銀行からなる。貯蓄銀行の大部分は，各州の貯蓄銀行法に基づき地方自治体を保証人として設立された金融機関であり，その行政区域内においてのみ営業が可能となっている。貯蓄銀行は，主に大衆の貯蓄性預金を吸収して，不動産担保の長期貸付を行っている。

貯蓄銀行の資金の決済業務については，州政府が設立した貯蓄銀行である州立銀行が担っている。そうした経緯もあって貯蓄銀行による決済業務の安全性維持のため，州立銀行には州政府による公的保証が付されていたが，それが結果として貯蓄銀行をも政府が保証することになっていた。この点，1990年代半ばまではとくに問題にはならなかったが，90年代末になると競争条件の衡平化に反するとして民間銀行はEU委員会に対し不服申請を行った。そして，EU委員会では2001年5月に公的保証は不公正

であるという判断を示した。これを受け，ドイツ連邦政府は2005年7月に公的保証を廃止することにし，その後，州立銀行再編の動きが進展している。

信用協同組合グループは，組合員への金融サービス提供を主たる目的とする庶民金融機関であり，ドイツで最大の店舗網（約1230行，約1万3700店舗）を有する。このグループも，個々の信用協同組合と，州レベルの協同組合中央金庫および国レベルのドイツ協同組合中央銀行と呼ばれる上部機関から構成される。信用協同組合には，農業信用協同組合と商工業信用協同組合の2系列がある。

以上のようなユニバーサル・バンクの範疇に属さない銀行としては，特定の銀行業務を専門的に行うことを目的として設立された専門銀行とその他金融機関の2種類がある。このうち専門銀行としては，不動産抵当業務を行う公営および民営の抵当銀行や割賦信用機関，投資会社，特別立法によって設立された復興金融公庫，輸出信用有限会社などがある。

### ドイツにおける資本市場改革の動き

ドイツでは，先に述べたとおり，早くから預金金利等が自由化されていた一方で，資本市場に対しては数多くの規制が課せられていた。これが資本市場の健全な発展を阻害するなか，投資家は非効率な資産運用を強いられることになった。このような事態の改善を目指してドイツにおいても，1990年，94年の2度にわたって資本市場振興法が制定され，資本市場の改革が断行された。すなわち，1990年の第1次資本市場振興法では，有価証券取引税等の諸税の廃止，情報システム・インフラの整備が実施された。次いで，1994年の第2次資本市場振興法では，インサイ

ダー取引規制を定めた「証券の売買取引に関する法律」が制定されたほか，証券取引所に対する監督が強化されるなど，証券取引や証券取引所制度にかかわる制度の整備が進められた。

しかし，これらの改革措置は，証券市場の拡大，活性化をもたらさなかった。ドイツの場合，そもそも株式を公開しない会社が多数にのぼるが，その背景としては，会社法における厳しい規定の存在が挙げられる。すなわち，従業員が500人以下の会社の場合，株式公開に際しては，公開しない会社との比較において労働者の意思をより経営に反映させるよう厳格に規定されていたのである。こうした障害の解消を狙いとして1994年，会社法が改正され，従業員500人以下の公開有限責任会社について規制緩和が行われ，労働者との共同意思決定において非公開有限責任会社と同等の状況に置かれることとなった。

こうした制度改正とともに株式の公開が相次ぎ，1995年における新規公開会社数は前年の2倍近く伸びた。しかし，証券取引所による監督規制は複雑であったほか，公開有限会社は税制上，非公開・非上場の会社に比べて不利な点が多いなど，株式公開にかかわる環境の整備は必ずしも順調には進んでいなかった。そのため，新規株式公開会社数は再び，低調な水準に戻った。

そうした状況下，1997年7月，さらなる証券市場の効率化を目指して第3次資本市場振興法が閣議決定され，98年から施行された。この振興策は，①外国企業に対する証券発行手続きの簡素化などの規制緩和を行う，②投資家保護のための証券取引監督局の強化を行う，③投資信託の運用規制を緩和するとともに，投資信託の新商品を市場に導入する，といった措置から構成されていた。そうしたなかで，株式の最低額面金額の大幅引き下げ，フ

ァンド・オブ・ファンズの自由化,投資信託の商品性改善,高齢者ファンドの育成などが漸次実施された。その結果,家計部門の金融資産に占める現預金の比率が1991年から99年までの間で10％ほど低下する一方で,株式・投資信託の比率は急上昇した。また,ベンチャー企業向けの資本市場の整備を目指して1997年には成長企業向け株式市場としてノイアマルクトが創設された。このようにして,銀行が優越的な地位にあったドイツにおいても近年,経済に占める資本市場の役割や機能が高まりつつある。

## 4 フランスの金融システム

金融システム面での特徴

フランスでは,戦後クリーピング・インフレが長く続いたため,金や不動産といった実物資産を選好する傾向が強いといわれている。また,そうした国民性が,銀行の資金調達を難しくさせてきたため,政府では,長期資金の安定的供給を主たる目的として政府系の特殊金融機関を数多く設立してきた。このため,フランスではこれまで金融構造上,公的部門のウエイトが高かった。そしてまた,金融資産の蓄積が低水準にとどまっていたことが,資本市場の発達を遅らせた1つの大きな要因となっていたとされることが多い。

こうした独特の金融構造を反映して,フランスの金融システムは次のような特徴を有している。第1に,基本的にユニバーサル・バンク制度が採用されている。ただし,フランスの金融機関のなかでも,あらゆる銀行業務を営むことができるのは銀行だけ

である。銀行以外の金融機関は，それぞれの準拠法によって定められた範囲の業務に営業活動が限定されている。

第2には，主要な商業銀行は国有化されていたが，1990年代前半にかけて民営化された。フランスでは，旧銀行法（1945年制定）によって，中央銀行であるフランス銀行およびクレディ・リヨネ，ソシエテ・ジェネラル，国立商工業銀行，パリ国立割引銀行の4大銀行が国有化された。その後，1966年に国立商工業銀行とパリ国立割引銀行が合併し，パリ国立銀行となり，3大国有銀行が形成された。

しかし，その後は，銀行の所有形態は政権の交代とともに国有化に傾斜したり，民営化されたりと大きく揺れ動いたが，1980年代後半から90年代前半にかけて民営化された。2000年代に入ると，大手銀行間の合併・買収が進み，クレディ・アグリコル，ソシエテ・ジェネラルおよびBNPパリバという3大銀行グループが形成され，現在に至っている。

第3には，資本市場および短期金融市場（とくにオープン市場）の整備が遅れていることが挙げられる。フランスではもともと，国民が株式・債券を含め金融資産への投資に対して消極的であったほか，市場集中主義に基づき上場は1か所の証券取引所に限られたことなどから，資本市場の整備が遅れていた。また，銀行間の資金繰りの調整の場であるインターバンク市場の整備・拡充には，フランス銀行，財務省ともあまり熱心でないといわれてきた。しかし，1980年代後半以降，フランスにおいても金融・資本市場の整備が進められている。

### 金融機関の概要

フランスの金融機関は，1984年銀行法に基づき銀行業務を営む信用機関（le

établissements de crédit）とその他の金融機関および同法の対象外とされている金融機関に分類される。信用機関は，銀行，組合金融機関，貯蓄共済金庫，市町村信用金庫，金融会社，および特殊金融機関の6種類に分類される（図10-3参照）。そして，各金融機関は上部団体である代表機関に属することが義務づけられている。代表機関には，中央機構と業界団体の2種類がある。中央機構は，それ自体としても金融機能を一部果たしている。すべての代表機関はフランス金融機関協会の下に統合されており，フランス金融機関協会は，各中央機構・業界団体の意見を集約のうえ，利害調整を行う立場にあるほか，財務省や**フランス銀行**との交渉の窓口にもなっている。

　フランスの中央銀行にあたるフランス銀行（Banque de France）は，1800年にナポレオンⅠ世の提唱により政府から独立した株式会社として設立された。その後，1945年銀行法に基づき国有化された。こうした事情もあって，フランス銀行は，政府（財務省）からの独立性が比較的低く，金融政策に関しては政府の決定した政策を実施するだけの執行機関的な色彩が強かった。しかし，欧州連合条約に基づき中央銀行による金融政策運営上の独立性の確保が義務づけられたことを受け，1993年にフランス銀行法の改正が行われた。政府からの独立性強化のため，①金融政策理事会を新設し，同理事会に金融政策に関する決定権限を委ねる，②金融政策理事会メンバーは特別の事情がない限り，任期中に罷免されない，③政府への信用供与の禁止，という方向で改正された。

　銀行はユニバーサル・バンクであり，そのなかでも大手3行は，3大銀行と呼ばれるように，預金・貸出ともに3行計で全銀行の50％前後のシェアを有しているほか，多くの中小銀行や金融機

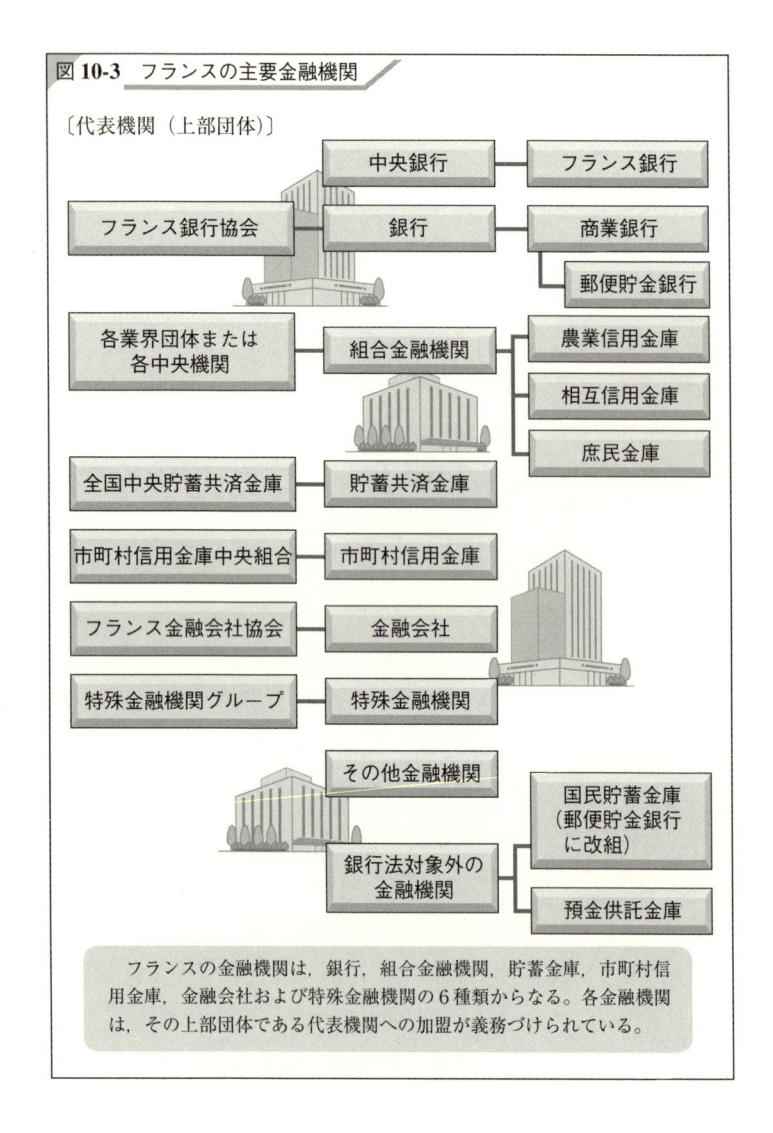

### 図10-3 フランスの主要金融機関

〔代表機関（上部団体）〕

- 中央銀行 — フランス銀行
- フランス銀行協会 — 銀行 — 商業銀行
  - 郵便貯金銀行
- 各業界団体または各中央機関 — 組合金融機関
  - 農業信用金庫
  - 相互信用金庫
  - 庶民金庫
- 全国中央貯蓄共済金庫 — 貯蓄共済金庫
- 市町村信用金庫中央組合 — 市町村信用金庫
- フランス金融会社協会 — 金融会社
- 特殊金融機関グループ — 特殊金融機関
- その他金融機関
  - 銀行法対象外の金融機関
    - 国民貯蓄金庫（郵便貯金銀行に改組）
    - 預金供託金庫

> フランスの金融機関は，銀行，組合金融機関，貯蓄金庫，市町村信用金庫，金融会社および特殊金融機関の6種類からなる。各金融機関は，その上部団体である代表機関への加盟が義務づけられている。

関を系列下に置くなど，フランス国内において大きな影響力を有している。一方，組合金融機関（banques mutualistes ou coopératives）は，協同組合組織の金融機関であり，地場の中小企業・手工業者・農水産業者・個人等を対象に預金を受け入れ，貸出を行っている。組合金融機関は，農業信用金庫，相互信用金庫，庶民金庫に大別される。

また，銀行法対象外の金融機関としては，国民貯蓄金庫，預金供託金庫等があり，それぞれの根拠法に基づき金融業務を営んでいる。このうち国民貯蓄金庫は1881年に全国の郵便局を窓口として零細預金を受け入れることを目的として設立され，吸収した資金は預金供託金庫に預託することが義務づけられていたが，2006年に郵便貯金銀行という商業銀行に改組された。預金供託金庫は政府系の金融機関で，貯蓄金庫，相互組織の共済組合などから資金を受け入れ，国債等により資金の運用を行っている。

## 近年における金融システム改革

フランスでは，伝統的に金融・資本市場に対して多数の規制が課されるなど，統制色の強い市場管理が行われてきた。しかし，1980年代以降は，当局主導により金融・資本市場の自由化が進められている。そしてまた，近年におけるフランスの金融・資本市場改革の特徴点としては，次の3点を指摘することができる。

第1は，証券投資促進を目的とした証券の多様化である。国債に関していえば，その円滑な消化を図るため，さまざまなオプションを付けた新種の国債が発行された。たとえば1984年には一定期間経過後同一額面の新発債と交換できる更新可能国債（通称ORT）が，86年には交換オプション権を証券化した交換証書付国債が発行された。一方，企業部門においても，1983年に準株式としての参加証券や無議決権優先株の一種である投資証券が創

設された。こうした証券の多様化のほか、流通市場の整備も進められ、1983年には一種の店頭登録株式市場である第二部市場が開設された。

第2には、短期金融市場をはじめとする各種市場の整備が挙げられる。1984年以降、インターバンク市場参加者を1984年銀行法適用先および証券会社に限定する一方で、オープン市場の整備を目的として、CD市場（85年3月）、CP市場（85年12月）、TB市場（86年1月）が相次いで創設された。また、1986年には金融先物市場（MATIF）が開設されたほか、87年には株式オプション市場（MONEP）も開設された。

第3には、イギリスのビッグバンにならった**プチ・バン**と呼ばれる証券市場改革が1988年に実施されたことが挙げられる。具体的にいうと、証券仲介手数料が自由化されたほか、銀行の証券業務に関する規制が大幅に緩和された。この結果、銀行と証券の資格分離を前提にする証券売買制度、証券取引所会員制度が崩れ、銀行など非会員業者による証券ブローカー会社への資本参加、買収が認められた。

プチ・バンの結果、フランスにおいても企業の資金調達に占める株式の比重は大幅に上昇した。また、国内外の銀行・証券・生損保による国内証券会社への資本参加が可能となったことから、証券会社の子会社化が進み、現在ではその過半はフランス国内大手銀行や外資系銀行の子会社からなる。このようにして、銀行は子会社を通じて資本市場取引にも参入が可能となり、実態的にもユニバーサル・バンクとして業務を展開することとなった。さらに、1996年には、金融業務近代化法等の成立により銀行が直接、取引所取引を行うことも可能となった。

また，フランス政府では国内資本市場への投資促進を狙いとして1980年代後半から90年代初頭にかけて有価証券や投資信託への投資に対する税制面での優遇措置（再投資された運用収益への課税繰り延べ，キャピタルゲイン課税に対する非課税措置の導入など）を相次いで導入した。その結果，預金からMMFへの大幅な資金シフトが進むなど，家計による投資信託投資が急拡大し，近年ではフランスの投資信託市場はアメリカに次ぐ世界第2位の規模を誇るに至っている。

### *Column* ⑳　ポンド，ドルの起源

　世界の主要通貨であるポンドおよびドルという呼称は，どのようにして生まれたのであろうか。ここでは，この問題について考えることにしよう。

　まずイギリスのポンドである。この貨幣単位は，古代ローマ帝国の重量単位であるポンドゥス（pondus）に由来する。すなわち，古代ローマ帝国においては重量1ポンドゥス（約327g，現在の1ポンド約454gより軽い）の銀から240個のデナリウス銀貨がつくられたことにならい，イギリスでも8世紀ごろには重量1ポンドの銀から240個のペニー銀貨がつくられた。その後，1816年の銀本位制からの離脱および金本位制への移行に伴い，ポンドは銀の重量とは切り離された貨幣単位となり，現在に至っている。

　ある金額がポンド建てであることを示すため，「£」という記号が用いられているが，これは古代ローマ帝国においてポンドゥスと等しい重量単位とされたリブラ（Libra）の頭文字である「L」にちなんだものである。なお，イギリスのポンドはスターリング・ポンド（Sterling Pond）と呼ばれることもあるが，これは先に述べたペニー銀貨の銀純分が数世紀にわたって0.925という高

水準に維持されていたことにちなんで,高品質であることを示すためにスターリングという言葉がとくに用いられるようになったものである。その後,銀貨の純分は1920年に0.5へと引き下げられたにもかかわらず,引き続きポンドの前にスターリングという言葉が冠せられ,現在に至っている。

次はドルあるいはダラーである。この言葉は,アメリカ建国よりも古い歴史をもっている。すなわち,16世紀はじめ,ボヘミアのヨアヒムスタールで良質の銀鉱脈が発見された。ヨアヒムスタール産の銀でつくられた銀貨が欧州各国に広く流通するようになったが,銀貨は産出地にちなんでヨアヒムスターレルあるいは単にターレルと呼ばれた。その後,この銀貨が各地に伝播していくなかで,ターレルから転化したターラー,ダーレル,ダラーといった名称が銀貨の貨幣単位として使用されるようになったのである。ちなみに,幕末の開港とともに,わが国には大量のメキシコ銀貨が流入してきたが,それらはメキシコ・ドルと呼ばれていた。

通貨単位としてのドルを示す記号である「$」の起源に関する定説はこれまでのところなく,①アメリカで1ドルとして使用されたメキシコ(当時はスペイン領)の8レアル銀貨に,ジブラルタル海峡の両岸に対峙（たいじ）する岩山を象徴した2本の柱(ヘラクレスの柱)が描かれていたことから,この銀貨が|8|と略記され,それが$に変化した,②2本の柱(||)に巻きついているリボンにちなんで$と書かれた,などといった仮説が主張されるにとどまっている。

## *Column* ㉑　ギリシャ危機とユーロ

2009年末,ギリシャは突然,経済・財政危機に陥った。政権交代の結果,財政状態に関する統計が長年にわたって粉飾されていたことや,同年の財政赤字がGDPの12.5％にまで拡大することが判明し,同国に流入していた外資がいっせいに引き揚げられ

たからである。これを受け，翌10年5月〜6月にかけてギリシャ政府の資金繰りは破綻寸前にまで至った。

　ここまではよくある話である。通常は自国通貨が大幅に下落し，緊縮的な財政金融政策が採用される。そして，経済はやがて底を打って回復する。しかし，ユーロ参加国であるギリシャの場合，為替相場の下落は望めないほか，緊縮的な金融政策も実施できない。残された選択肢は，ユーロからの離脱あるいは他のユーロ参加国による支援の実施である。実際には後者が選択され，IMFおよびEUによる支援が実施されたほか，ECBは財政危機国の債券を加盟各国が資金を拠出したESFS（欧州金融安定基金）を通じて購入することを決定した。

　ギリシャ危機はアイルランドやポルトガルにも波及し，現在はソブリンリスク問題という範疇で議論されている。この問題はユーロのあり方を考えるうえで格好の論点を提供している。ユーロ参加国には，財政赤字をGDPの3％以内，そして国債の発行残高をGDPの60％以内に収めることが求められる。狙いはユーロの価値安定化であり，そのために各国の財政政策運営に制約が課されている。しかし，ギリシャはそれを破ったのである。

　約束を守れないギリシャをユーロから放逐するのは簡単である。しかし，それはユーロへの信認を揺るがすほか，欧州統合という理念にも反するため，とりえない選択肢である。そうであるがゆえに，ドイツやフランスは支援の手を差し伸べたのである。ギリシャ危機の根源は，各国に財政政策運営の裁量を認めつつ通貨統合を図ったところにあり，この問題にどう向き合うのか各国政府は市場から問われているといえよう。

### 参考文献

相沢幸悦編〔1998〕『欧州通貨統合と金融・資本市場の変貌』日本評論社。

島野卓爾・岡村堯・田中俊郎編著〔2000〕『EU入門――誕生から,政治・法律・経済まで』有斐閣。

# INDEX 索引

●アルファベット

BCBS →バーゼル銀行監督委員会
BHC →銀行持株会社
BIS view　234
BIS 規制　197
BOE →英蘭銀行
CD →譲渡性預金
CHIPS　223
CMA　251
CP →コマーシャル・ペーパー
EESA →緊急経済安定化法案
EFT　15
EMI　274
ERM　274
ESCB　274
EU　272
FB →政府短期証券
FDIC →連邦預金保険公社
FOMC →連邦公開市場委員会
FRA →金利先渡し取引
FRB →連邦準備制度理事会
FRB view　234
FRS →連邦準備制度
FSLIC →連邦貯蓄貸付公社
FSOC　262
FXA →外国為替先渡し取引
GSE →政府支援機関
JOM →本邦オフショア市場
LCR →流動性カバレッジ比率
LIBOR　259
LIBOR-OIS スプレッド　260
LLR →最後の貸し手機能
MMDA　252
MMF →マネー・マネジメント・ファンド
NOW 勘定　252
NSFR →安定調達比率
OCC →通貨監督庁
OIS　260
OTS →貯蓄金融機関監督庁
RTGS →即時グロス決済
S&L →貯蓄貸付組合
SEC →証券取引委員会
SIB →証券投資委員会
SIFIs →システム上重要な金融機関
SNA →国民経済計算
SPC →特別目的会社
TARP →不良資産救済プログラム
TB　122　→割引短期国債も参照
too big to fail　191

●あ 行

相対決済　94
相対取引　112, 148　→顧客市場も参照
アウトライト取引　135
アカウンタビリティ　229
赤字主体　2
アサインメント（債権譲渡）　142
安定調達比率（NSFR）　203
アンバンドリング　174
一般受容性　78
一般的支払手段　78
一般売買　120
インターネット銀行 31
インターバンク市場　114
インターバンク・ローン　184
インフレーション税　217

301

裏書　211
英蘭銀行（イングランド銀行，BOE）　278
エクイティ・ファイナンス　70
円転換規制　45
追い証　137
欧州中央銀行　276
欧州中央銀行制度　274
欧州通貨機構　274
横断的リスクの評価軸　232
大いなる安定　231
大口融資規制　189
オーバーボローイング　64
オーバーローン　65
オフサイト・モニタリング　189
オフショア市場　124
オプション　140
オプション取引　140
オープン市場　114
オペレーショナル・リスク　198

● か　行

外国為替円決済制度　102
外国為替先渡し取引　137
外国為替資金特別会計　136
外国為替市場　132
外国為替証拠金取引　137
外国為替相場　133
外国為替取引　132
外国為替持高に関する限度規制　189
外為法　44
外部貨幣　211
カウンターシクリカル・バッファー　201
価格・物価の安定　231
価格変動リスク　6
垣根問題　39
額面発行　129

貸出金利　151
貸出約定平均金利　152
貸付信託　40
価値尺度財　81
価値の保存　81
カナダ版ビッグバン　266
カナダ方式　267
株式市場　114, 126
株式取引　3
貨幣　78
貨幣経済　79
貨幣の機能　81
為替管理　44
為替手形　211
為替平衡操作　136
為替リスク　6
監視　5
間接金融　11, 70
間接金融の優位　64
ガーン＝セント・ジャーメイン預金金融機関法　252
管理通貨制度　84
危機管理モデル　236
技術的独占　85
基準気配　129
期待理論　145
規模の経済性　9
強制通用力　85, 86
競争制限規制　188
業態別子会社　50
共同決済　95
協同組織金融機関　35
業務分野規制　39
均一価格販売方式　128
緊急経済安定化法案（EESA）　261
銀　行　11, 12, 90
銀行貨幣　90
銀行間市場　133

銀行券　210, 212
銀行・信託の分離　41, 42
銀行中心型システム　21
銀行取付け　90, 179
銀行の銀行　213
銀行持株会社（BHC）　245, 250
銀行持株会社法　250
金属貨幣　78
金本位制　217
金　融　2
　——の空洞化　22
金融革新　46
金融監督庁　194
金融機関　10
金融機関改革救済執行法　254
金融機関検査・考査　188
金融機関の安全性および消費者選択
　法　255
金融危機　233
　グローバルな——　233, 260
金融恐慌　179, 184
金融検査マニュアル　195
金融再生委員会　194
金融再生法　194, 195
金融先物取引　48
金融資産負債残高表　59
金融市場　112
金融システム　19
　——の安定　215
　——の安定性維持　231
　——の不安定化　178
　安定的な——　178
金融商品　3, 112
金融制度改革関連法　49
金融制度改革法　252
金融制度近代化案　254
金融仲介機関　10, 90
金融仲介機能　12
金融仲介人　80

金融庁　196
金融取引表　59
金融の証券化　141
金融派生商品（デリバティブ）　7,
　112, 136
金融分析　235
金融メカニズム　158
金融持株会社　31, 51, 256
金利裁定　144
金利先渡し取引（FRA）　137
金利選好　67
金利の期間構造　146
金利リスク　6
組合方式　143
グラス＝スティーガル法　242,
　248, 261
グラム＝リーチ＝ブライリー法
　256, 261
クリアリング・バンク　277
グリーンバック　241
黒字主体　2
グロス決済　95
景気循環増幅効果　→プロシクリカ
　リティ
計数貨幣　79
決　済　86
　——の仲介　90
決済機能　12, 91
決済システム　94, 98
決済専門銀行　31
決済リスク　96, 221
現金通貨　85, 86
現金の漏出　18
現先市場　47
現先取引　120
ケンブリッジ方程式　106
コア Tier 1　200
交換差額表　100
交換媒体　81

索　引　303

交換方程式　106
拘束性預金　163
公的金融システム　36
購買力　84
衡平的劣後化学説　171
公募入札　127
顧客市場　148
国法銀行　241
国法銀行時代　242
国法銀行法　241
国民経済計算（SNA）　59
国立銀行条例　28
護送船団方式　39, 194
国庫短期証券　122
国庫短期証券市場　122
コマーシャル・ペーパー（CP）
　48, 121
コマーシャル・ペーパー市場
　121
コール・オプション　140
コール市場　114, 116
コール・手形市場　115
コルレス銀行　104

●さ　行

債券市場　114, 126, 127
債権譲渡　→アサインメント
最後の貸し手機能（LLR）　189,
　215
　狭義の――　236
　広義の――　236
財政投融資　36
財政融資資金特別会計　36
最適ポートフォリオ　73
財投債　36
債務　3
債務不履行リスク　5, 80
先物取引　135, 137
先渡し取引　137

サブプライムローン問題　258
サンスポット・タイプの取付け
　182
時価発行　129
時間的リスク対策　224
直物取引　135
資金循環勘定　58, 61
資金総合口座　48
資金の最終的貸し手　2
資金の最終的借り手　2
資金偏在　65
時系列的リスクの評価軸　233
自己資本比率規制　189
事後的措置（セーフティ・ネット）
　187, 189
資産証券化　142
資産選択の理論　73
資産変換　13
資産流動化　142
市場介入　136
市場規律　187
市場集中の原則　129
市場取引　112, 149
市場リスク　6, 185, 198
システミック・リスク　15, 225
システム上重要な金融機関（SIFIs）
　262
事前的措置　186
シ団引受方式　127
実効金利　164
シティ　277
時点決済　95
支払完了性　86
資本市場型システム　21
資本バッファー　235
資本保全バッファー　200
仕向銀行　102
収益・リスク管理　7
州際業務規制　241

304

州法銀行　240
受　信　15
商業銀行　20, 245
商業銀行主義　20
証券会社　10, 12, 35
証券市場　126
証券投資委員会（SIB）　282
証券取引委員会（SEC）　244
証券取引法第65条　30
証拠金　137
譲渡性預金（CD）　47, 121
譲渡方式　142
商品貨幣　78
情報生産　5
情報の非対称性　181
ジョバー　281
親近性　42
審　査　5
新ジャスダック市場　132
信託銀行　35
信託方式　142
新短期プライムレート　164
信用供与　15
信用金庫　35
信用組合　35
信用創造　15
信用創造機能　12
信用秩序の動揺　178
信用取引　79
信用リスク　5, 184
信用割当て　162
スクリーン・マーケット　133
スーパーNOW　252
スワップ　138
スワップ取引　135, 136, 139
政策割当ての原理　227
政府金融機関　38
政府支援機関（GSE）　259
政府短期証券（FB）　123

政府の銀行　216
整理信託公社　254
セキュリタイゼーション　141
セーフティ・ネット　→事後的措置
全銀システム　102
全国通貨法　240
全他行合算のネット決済　95, 222
専門化の利益　9
早期警戒制度　198
早期健全化法　194, 195
早期是正措置　198
総合銀行主義　20, 21
相　殺　87
増　資　129
総資本　200
造幣益　217
即時グロス決済（RTGS）　97
即時決済　94
その他 Tier 1　200

● た　行

対顧客市場　133
第二地方銀行協会加盟地方銀行　34
単一銀行制度　241
単一免許制度　273
短期金融市場　114
短期プライムレート　151
担保方式　143
地方銀行　34
中央銀行　210
中央銀行の独立性　227
中期国債ファンド　47
鋳造貨幣　79
長期信用銀行　34
長期プライムレート　151
長短金融の分離　39
直接金融　10

貯蓄　58
貯蓄貸付組合（S&L）　192, 244, 247, 249, 253
貯蓄銀行　248
貯蓄金融機関監督庁（OTS）　248
貯蓄超過主体　58
通貨価値の安定　215
通貨監督庁（OCC）　248
ディスインターミディエーション　251
ディスクロージャー　188
定量的な流動性規制　202
手形　211
手形交換所　100
手形交換尻　100
手形交換制度　98
手形市場　114, 120
デリバティブ　→金融派生商品
テレフォン・マーケット　133
電子資金振替　15
店頭市場　129
店頭取引　127
店頭銘柄　129
投機的動機　107
東京外国為替市場　133
東京証券取引所　129
東京ドル・コール市場　114, 124
投資銀行　248
投資超過主体　58
特別目的会社（SPC）　143
都市銀行　34
ドッド＝フランク法　205, 261
取引動機　107
ドルの金交換停止　218

●な　行

内国為替制度　102
内部貨幣　211
ナロー・バンク論　203

二重銀行制度　241
日銀決済の RTGS 化　98
日銀小切手　220
日銀当座預金　220
日銀当座預金振替　220
日銀ネット　98
日本銀行　30
日本版ビッグバン　51
ニュメレール　84
値洗い　137
ネット受取限度額　224
ネット決済　95
ネットワーキング　266
ノイアマルクト　291
ノンバンク　12

●は　行

ハウスバンク　171
派生的預金　16
バーゼルⅠ　197
バーゼルⅡ　198
バーゼルⅢ　200
バーゼル銀行監督委員会（BCBS）　197
バーゼル合意　197
発券銀行　210, 213
発行市場　126
バランスシート規制　188
被仕向銀行　102
ヒックス（J. R. Hicks）　89
ビッグ・バン　281
ビッグ・ファイブ　264
標準貸出金利　163
秤量貨幣　78
非預金取扱機関　12
ファイアー・ウォール　50
負債取引　3
プチ・バン　296
普通銀行　34

プット・オプション　140
物々交換　81
歩積・両建て　163
プライムレート　149
ブラック・マンデー　196
フランス銀行　293
振替　90, 93
振込　93
不良資産救済プログラム（TARP）　261
フルコスト原理　155
プルーデンス政策　187
プレミアム　140
プロシクリカリティ（景気循環増幅効果）　233
分業主義　28
分散投資　8
ブンデスバンク　286
ヘラクレス　132
ヘルシュタット・リスク　223
法定不換紙幣　85
母国監督主義　273
保証人　80
ボラティリティ　140
ポリシー・ミックス　227
ボルカー・ルール　205, 263
本源的証券　10
本源的預金　15
本支店レート　151
本店銀行制度　241
本邦オフショア市場（JOM）　124

●ま　行

マクロ・プルーデンス　232
マザーズ　132
マーシャルのk　106
マーストリヒト条約　276
マーチャント・バンク　277, 278
マックファーデン法　241, 243

窓口販売　48
マネーサプライ　105
マネーストック　105
マネーストック統計　105
マネタリーベース　104
マネー・フロー表　58
マネー・マネジメント・ファンド（MMF）　48, 251
マンデル（R. A. Mundell）　227
ミクロ・プルーデンス　232
未決済残高　97, 222
ミスマッチ　150
メインバンク　34, 162, 166, 171
メガバンク　31
モニタリング　188
モラル・ハザード　149, 190, 249, 254

●や　行

約束手形　211
山猫銀行　240
有担保原則　43
郵便局　36
郵便貯金　70
ユニバーサル・バンキング　21, 267, 273, 284, 291
ユーロ　276
要求払預金契約　181
預金銀行　278
預金金利規制　43
預金通貨　90, 92
預金取扱機関　12
預金保険制度　190, 191, 243, 249
与信　15
欲求の一方的一致　82
欲求の二重の一致　82
予備的動機　107

## ● ら　行

ラインバンク　170
利益相反　42, 243
リーグル゠ニール州際銀行業務効率
　　化法　256
リスク管理　9
利付金融債　40
リバンドリング　175
リーマンショック　205, 259, 261, 283
流通市場　127
流動性カバレッジ比率（LCR）
　　202
流動性選好　107
流動性リスク　6
量的リスク対策　224
リレーションシップバンキング
　　170

臨時金利調整法　44, 151
レギュレーションQ　243, 248
レバレッジ比率　202
レポ市場　125
連邦公開市場委員会（FOMC）
　　244, 245
連邦準備銀行　245
連邦準備制度（FRS）　245
連邦準備制度理事会（FRB）　245
連邦貯蓄貸付公社（FSLIC）　247
連邦預金保険公社（FDIC）　243
連邦預金保険公社改善法　255
労働金庫　35
ローン・パーティシペーション
　　142

## ● わ　行

割引短期国債　122　→TBも参照

**著者紹介**

**酒井良清**（さかい　よしきよ）
　現　在　神奈川大学経済学部教授。
　　　　　横浜市立大学名誉教授。
　　　　　ミネソタ大学 Ph.D.（経済学）。

**鹿野嘉昭**（しかの　よしあき）
　現　在　同志社大学経済学部教授。
　　　　　大阪大学博士（経済学）。

金融システム〔第4版〕
*Financial System*, 4th ed.

ARMA
有斐閣アルマ

| | | |
|---|---|---|
|1996年12月20日|初　版第1刷発行| |
|2000年12月30日|改訂版第1刷発行| |
|2006年12月30日|第3版第1刷発行| |
|2011年10月30日|第4版第1刷発行| |
|2021年 8月10日|第4版第8刷発行| |

著　者　　酒　井　良　清
　　　　　鹿　野　嘉　昭

発行者　　江　草　貞　治

発行所　　株式会社　有　斐　閣
　　　　　郵便番号　101-0051
　　　　　東京都千代田区神田神保町2-17
　　　　　電話　（03）3264-1315〔編集〕
　　　　　　　　（03）3265-6811〔営業〕
　　　　　http://www.yuhikaku.co.jp/

文字情報／レイアウト　ティオ
印刷　大日本法令印刷株式会社・製本　牧製本印刷株式会社
©2011, Yoshikiyo Sakai, Yoshiaki Shikano. Printed in Japan
落丁・乱丁本はお取替えいたします。
★定価はカバーに表示してあります。

ISBN 978-4-641-12449-3

**JCOPY** 本書の無断複写（コピー）は、著作権法上での例外を除き、禁じられています。複写される場合は、そのつど事前に、（一社）出版者著作権管理機構（電話03-5244-5088, FAX03-5244-5089, e-mail:info@jcopy.or.jp）の許諾を得てください。